Miko-Edition

Jörn Breiholz
Frank Wieding

Das Machtkartell
Die Stadt als Beute

Danksagung

Wir danken den zahlreichen Menschen in dieser Stadt, SPD-Mitgliedern und Nicht-SPD-Mitgliedern, die uns bei der Recherche zu diesem Buch mit Informationen und Sachverstand zur Seite standen. Ohne die engagierten Anmerkungen von Informanten, Freundinnen und Freunden hätte dieses Buch nicht erscheinen können. Unser besonderer Dank gilt den Kolleginnen und Kollegen in den Hamburger Zeitungsredaktionen, die teilweise seit Jahrzehnten mit hartnäckiger Recherche und engagierter Berichterstattung die Dinge immer wieder beim Namen genannt haben. Ohne ihre Veröffentlichungen wäre dieses Buch so nicht zustande gekommen. Da einige Gesprächspartner berufliche oder private Nachteile befürchten, müssen wir auf die namentliche Nennung all jener, die uns mutig und tatkräftig geholfen haben, leider verzichten.

Jörn Breiholz
Frank Wieding

Das **Machtkartell**
Die Stadt als Beute

Eine Bilanz nach
mehr als 40 Jahren
SPD-Regierung
in Hamburg

Miko-Edition

Die Autoren:

Jörn Breiholz, Jahrgang 1967, seit 1988 als Journalist tätig. 1991 Gründung des Hamburger Stadtmagazins „HH 19" und dort bis 2000 Chefredakteur. Seit 1990 freier Mitarbeiter bei Zeitungen und Zeitschriften, seit 1993 für die öffentlich-rechtlichen Rundfunkanstalten und seit 1995 fürs Fernsehen. Recherche-Reisen nach Kuba, Weißrussland und Kolumbien, 1999 Buchveröffentlichung „Druck im Quartier – Erfahrungen mit Fixerräumen" (Paranus Verlag).

Frank Wieding, Jahrgang 1966, seit 1988 als Journalist in Hamburg tätig. Seit 1992 als Redakteur bei der „Hamburger Morgenpost" beschäftigt, seit 2001 in leitender Position in der Lokalredaktion. Schwerpunkt der journalistischen Arbeit sind politische und soziale Reportagen und Berichte. 1998 Buchveröffentlichung „Operation Tierbefreiung" (Echo-Verlag).

Inhalt

Zur Geschichte dieses Buches:
Watergate am Rothenbaum

Angefangen hat die Geschichte dieses Buches vor sieben Jahren im Hamburger Stadtteil Rotherbaum, zwischen Mittelweg und Rothenbaumchaussee. Dort muss eines Tages jemand, der ein geschultes Auge für die Filet-Grundstücke der Stadt hat, verträumt vor dem alten HSV-Sportplatz gestanden haben. Was für ein herrlicher Bauplatz! Wenn man hier etwas hinklotzen könnte! Vielleicht hatte er auch einen Taschenrechner dabei: Grundfläche, Geschossflächenzahl mal Quadratmeterpreis – die wirtschaftlichen Berechnungen müssen überwältigend gewesen sein.

Ob sich das so zugetragen hat, wissen wir nicht. Es scheint überhaupt niemand so recht zu wissen, was dort gespielt wurde. Aber der gesamte Vorgang, so werden Sie noch aus diesem Buch erfahren, scheint irgendwie symptomatisch zu sein für die Art und Weise, wie in der Stadt Hamburg Grundstücksdeals und Bauprojekte an den Interessen der Bürger vorbei gefingert werden. Also: Alle Jahre wieder bemühte ich mich als Präsident des HSV bei der Stadt um die Verlängerung des Pachtvertrages für den HSV-Sportplatz an der Rothenbaumchaussee, den die Stadt jeweils nur für ein Jahr abschloss. Offenbar aber war der Senat angestoßen worden, über die weitere Verwendung des Sportgeländes am Rothenbaum gründlich nachzudenken. Da war der Deutsche Tennisbund, der endlich große, internationale Turniere in Hamburg austragen wollte und begehrlich auf die Flächen schielte, da war die Universität, die dringend eine Erweiterung ihres Sportgeländes verlangte, da waren Deutscher Turnerbund und Hamburger Sportbund, die auf die Unterversorgung der Stadtteile Harvestehude und Rotherbaum mit Sportstätten für den Schulsport verwiesen. Alle waren schon mit Maximalforderungen bei der Stadt vorstellig geworden. Der HSV-Platz war allen im Weg, sollte anders genutzt werden. Immerhin: Nach einem Round-Table-Gespräch beim Ersten Bürgermeister, damals Henning Voscherau, erhielt der HSV den Auftrag, bis Ende 1991 ein Konzept für die Nutzung des Geländes vorzulegen. Wir setzten uns mit

Dr. Friedel Gütt vom Hamburger Sportbund, der die Interessen der sportlichen Nachbarn koordinierte, zusammen und entwickelten unter Einbindung von namhaften Architekten ein detailliertes Konzept für den "Sportpark Rotherbaum". HSV, Deutscher Tennisbund, DTB und Universität sowie Hamburger Sportbund in seltener Einmütigkeit unter Zurückstellung der jeweiligen Eigeninteressen – das war für Hamburg ein Novum.

Das Konzept sah eine große zusammenhängende Grünfläche vor, die den sportlichen und Freizeit-bezogenen Interessen der Anwohner gerecht wurde, auch die bisher mit Sportmöglichkeiten nicht versorgten Einrichtungen wie Schulen, Kindergärten, Altersheime einbezog und ebenso der Universität entgegen kam. Das für 200.000 Mark erstellte Konzept mit ausgearbeiteten Plänen und einem Modell präsentierten wir dem Senat im Rathaus – und dann brach plötzlich das große, bleierne Schweigen aus.

Hinter den Kulissen wurden Pläne gewälzt. Auf dem Gelände sollten plötzlich an die 350 Wohnungen (darunter und eine Einrichtung für betreutes Wohnen für die älteren Mitbürger) errichtet werden. Was und wer hatte diesen Sinneswandel der Politiker bewirkt? Nachdem der erste Sturm der Entrüstung sich gelegt hatte – bei mir allein gingen damals an die 30.000 Protest-Unterschriften aus dem Stadtteil ein – folgte erneut eine längere Periode des Schweigens. Bis dann Ende 1993 das Aus für den HSV kam. „Das Hamburger Abendblatt" schrieb: „Die Sozialdemokraten hatten sich nach langem internen Ringen entschlossen, auf dem HSV-Gelände Ecke Rothenbaumchaussee und Turmweg 350 Wohnungen zu bauen. Sie sollen sich aus Sozialwohnungen, Altenwohnungen zusammensetzen."

Aber was steht heute an der Rothenbaumchaussee? Ein Medienpalast (demnächst soll dort ein zweiter entstehen), jede Menge teure Eigentumswohnungen. Von Sozialwohnungen wenig zu sehen, von Altenheimen natürlich auch nicht. Nichts ist übrig geblieben von den damaligen Versprechungen. Wie sind diese Entscheidungen zustande gekommen, wer hat sie so beeinflusst und dafür gesorgt, dass sie die Kontrollgremien der Stadt anstandslos passieren konnten? Bei der Suche nach den Hintergründen dieses Watergates am Rotherbaum stößt man überall auf kunstvoll errichtete Nebelwolken – und Schweigen.

Wer da wen eventuell mit Geld und guten Worten überzeugt hat, wer die Sache so gefingert hat, dass die neuen Pläne, die nicht mehr viel mit der ursprünglichen Entscheidung zu tun hatten, die Kontrollinstanzen reibungslos durchliefen, bleibt das Geheimnis des Watergate am Rothenbaum. Erst Jahre später, als der involvierte Bauträger Konkurs anmelden mußte, erfuhren wir interessante Details.

Ausser mehr Verkehr hat dieses Projekt dem Stadtteil nichts eingebracht. Leichtfertig vertan wurde die Chance auf Nutzung einer grünen Lunge durch Schulen und Universität gerade in diesem Stadtviertel, verschenkt wurde die stadtplanerische Möglichkeit, Reserveflächen für die Erweiterung der benachbarten Tennisanlage bereitzuhalten. Wem nützt die bedenkenlose Zerstörung einer Grünfläche? Sicher nicht den Anliegern! Nur ein weiterer Skandal in der an dubiosen Vorgängen reichen städtischen Bauszene Hamburgs? Wer hat Macht und Einfluss in dieser Stadt, an den Interessen der Einwohner vorbei Pläne durchzusetzen, die lediglich den Interessen einiger weniger dienen? Und über den Städtebau hinaus: Wie kommen in dieser Stadt mitunter weitreichende politische Entscheidungen zustande, die offenkundig in einsamen Zirkeln getroffen und, wenn überhaupt, als Mogelpackungen an die Öffentlichkeit gelangen? Wie passieren sie die politischen Kontrollinstanzen? Wer regiert die Stadt? Wer bedient sich hier auf Kosten der Allgemeinheit? Fragen über Fragen, die sich in einer einzigen bündeln lassen:

Was ist eigentlich los in Hamburg?

Diese Fragen lassen mich seitdem nicht mehr los. Sie waren der Anstoß, das schwer zu packende Phänomen, das jeder Hamburger unter dem Begriff "Filz" kennt, einmal aufzuarbeiten und in Form eines Buches zu veröffentlichen. Lange hat es gedauert, bis ich vor zwei Jahren in Jörn Breiholz und Frank Wieding zwei Autoren fand, die bereit waren, die Herausforderung anzunehmen. Tatsächlich hat es dann bis heute gedauert, Fakten zusammenzutragen, Hintergründe zu recherchieren und zu überprüfen. Das vorliegende Buch erhebt dabei keinen Anspruch auf umfassende, vollständige Beantwortung aller Fragen, aber es zeigt exemplarisch, was in Hamburg los ist. Das Buch deckt die Mechanismen und vor allem die Auswirkungen auf verschiedenen Ebenen auf, die offenbar unweigerlich (man kennt Beispiele aus anderen Bundesländern) entstehen, wenn eine Stadt seit „Menschengedenken" ununterbrochen von einer Partei regiert wird.

Der Zeitpunkt der Veröffentlichung im Vorwahlkampf mag unglücklich erscheinen. Daher unterstütze ich ausdrücklich den Hinweis, der sich auf Wunsch der Autoren in diesem Buch befindet: Es wäre zu billig, dieses Buch für Wahlkampfzwecke einzusetzen. Denn es geht im Grunde nicht um eine bestimmte Partei, sondern um den Zustand der Demokratie in Hamburg.

Ich sehe das Buch als einen Denkanstoß. Möge es die Demokratie und die demokratischen Prozesse in unserer schönen Stadt befördern!

Jürgen Hunke

Liebe Leserin, lieber Leser,

Filz, das ist zunächst ein „Textilerzeugnis aus wirren Fasern, die sich durch Walken unter Einwirkung von Druck und feuchter Wärme verschlingen"[1]. Filz, das ist nach Paul O. Vogel, dem langjährigen Leiter der Staatlichen Pressestelle in Hamburg, „ein sehr nützliches Gewebe, das schwer zu zerreißen ist"[2]. Es sei nun einmal „Teil der menschlichen Natur, sich in festen Strukturen zu bewegen."[3] Nun, als gewissermaßen Gottgegeben wollen die Autoren dieses Buches den politischen Filz, der dem Textil in seinen Eigenschaften so ähnlich ist, nicht hinnehmen. Trotzdem ist dieses Buch keine Anklageschrift. Es ist eine Dokumentation von Begebenheiten, die wir in den vergangenen Jahren als Journalisten in Hamburg recherchiert oder die Kollegen Hamburger Zeitungen und anderer Redaktionen zusammengetragen haben. Dieses Buch bietet nur einen Einblick in die Strukturen einzelner, ausgewählter Behörden, in die Verquickung von politischem Mandat und beruflicher Tätigkeit. Namen, Behörden, Firmen, Stiftungen und Vereine, die in diesem Buch nicht vorkommen, müssen damit nicht automatisch Filzresistenter sein als die, mit denen wir uns beschäftigt haben. Wir haben lediglich nur nicht alle unter die Lupe genommen, wohl ahnend, dass wir beispielsweise auch in der Schulbehörde oder der Volkshochschule fündig geworden wären. Dieses Buch ist eine Sammlung von Zusammenhängen, an denen unterschiedlichste Menschen beteiligt waren: Hamburgerinnen und Hamburger, die politisch in parlamentarischen Gremien wie der Bürgerschaft tätig sind oder waren, aber auch außerparlamentarisch, die in Behörden arbeiten, in Stadtteileinrichtungen, in sozialen Projekten oder städtischen Firmen. Es waren Sozialdemokraten, die uns bei der Arbeit unterstützt haben, aber auch Menschen, die der Partei den Rücken gekehrt haben oder nie etwas mit ihr zu tun hatten.

So unterschiedlich die Informanten waren, so eint sie doch zwei Dinge: Sie engagieren sich in dieser Stadt für die Menschen, die hier wohnen, arbeiten und leben. Und sie sind konfrontiert mit den Konsequenzen, die sich ergeben, wenn eine Partei nahezu uneingeschränkt über Jahrzehnte die politische Macht ausübt – Vetternwirtschaft, Begünstigung, Filz, persönliche Bereicherung und manchmal Korruption. Die Grenzen sind fließend. Es ist längst zur Realität geworden, dass für die Stadt wichtige Entscheidungen nicht mehr in den Händen aller Menschen, die hier leben, liegen, sondern nur noch in den Händen weniger Mandatsträger an der Spitze der Partei. Zu manchen Zeiten besaß Hamburg ein nahezu oligarchisches System, nach Aristoteles eine Entartungsform der Aristokratie, in der wenige ihre Macht rein aus eigennützigen Interessen ausüben.

In Hamburg ist es die SPD, die seit mittlerweile elf Legislaturperioden – also seit mehr als 40 Jahren – ununterbrochen die Regierung stellt, manchmal allein, häufiger in Zusammenarbeit mit kleinen Partnern. Sie hat dabei – und das ist das Ergebnis dieser Recherche – immer öfter vergessen, dass sie nicht die Besitzerin dieser Stadt ist. Nicht anders ist es zu interpretieren, wenn der heutige Bürgermeister, Ortwin Runde, nach Abschluß des Parlamentarischen Untersuchungsausschussess (PUA) „Filz", der die Zustände in seiner ehemaligen Behörde und seiner politischen Heimat, der SPD Nord, untersuchte, zu einem ignoranten persönlichen Resümee gelangt: In Hamburg gebe es keinen Filz. Wer den fast 2000 Seiten umfassenden PUA-Bericht gelesen hat, kommt zu einem ganz anderen Schluss. Dabei hat der Ausschuss nur einige Felder staatlichen Handelns und die Verquickung mit der (Partei-) Politik exemplarisch untersucht. Er hätte noch mehr zu tun gehabt, wenn er all jene Firmen unter die Lupe genommen hätte, in denen die Politiker in Aufsichtsräten sitzen, – sich also der Senat faktisch selber kontrolliert.

Journalisten macht es immer misstrauisch, wenn sie bei der Recherche auf verschlossene Türen und unzugängliche Interviewpartner stoßen. Auf Politiker, die sich in Sonntagsreden und zu

Wahlkampfzeiten volksnah und demokratisch geben, aber Interviewanfragen barsch ablehnen. Wir haben bis auf ganz wenige Ausnahmen von nahezu allen wichtigen SPD-Politikern, SPD-Senatoren und -Bürgermeistern auf Interviewanfragen Absagen oder noch nicht einmal Antworten erhalten: Sei es der heutige Bürgermeister Ortwin Runde oder sein Vorgänger Henning Voscherau, der amtierende Bausenator Eugen Wagner oder der ehemalige Bau-, Wirtschafts- und Innensenator Volker Lange. Lediglich Olaf Scholz, der SPD-Landesvorsitzende und im Mai 2001 benannte Hamburger Innensenator, stand uns zu einem Gespräch zur Verfügung.

In einem fünfmonatigen Briefwechsel haben wir beispielsweise versucht, mit Henning Voscherau einen Interviewtermin zu vereinbaren. Bis heute hat der Bürgermeister mit der längsten Amtsperiode der Nachkriegszeit nicht ein inhaltliches Wort mit uns gewechselt. Das allerdings spricht Bände: über Henning Voscherau und über seine Partei, die Hamburger SPD. Es ist die Arroganz der Mächtigen, die sich früher bei Hofe jede Veröffentlichung vorlegen ließen und sich heute hinter Ausreden verschanzen. Oder die dem Vorwurf des Filzes mit dem Versuch der Diffamierung begegnen, wie der Schatzmeister der SPD, Jörg Kuhbier. Er sprach den Autoren – ohne den Inhalt des Buches zu kennen – eine sorgfältige journalistische Recherche ab. „Sie können jedoch nicht im Ernst erwarten, dass ich Ihnen für Ihr Vorhaben als Interviewpartner ein Alibi für eine ernsthafte, vorurteilsfreie Arbeit liefere", begründete Kuhbier sein Schweigen. Um zum Schluss seines Briefes eine vielsagende „Belehrung" loszuwerden: „Es entspricht dem Wesen einer Demokratie, dass es Übereinstimmung zwischen Mitgliedern einer Partei, die von den Wählern einen Regierungsauftrag erhält, und deren öffentlichen Mandatsträgern gibt." Nicht weniger arrogant setzte sich einst Bürgermeister Ortwin Runde mit dem Problem Filz auseinander. „Wer von vornherein etwas gegen Sozialdemokraten habe, betreibe Vorabverurteilung, stelle die Qualifikation der Leute ungeprüft in Frage", berichtet „Die Zeit"[4] über die Ansichten des Bürgermeisters. „Triumphierend schiebt er nach, wenn es denn Filz gebe in seiner Hansestadt, dann ‚bin ich eine geadelte Filzlaus'."[5]

Die Autoren haben nichts gegen Sozialdemokraten, nur weil sie Sozialdemokraten sind. Und so haben wir uns auch nicht mit der beruflichen Leistung von Sozialdemokraten beschäftigt, die in staatlichen Firmen oder halbstaatlichen Einrichtungen die Führungsposten bekleiden. Wir stellen lediglich die Frage, warum es immer Sozialdemokraten sein müssen? Gibt es keine fähigen Geschäftsführer und Manager ohne Parteibuch?

Wie zum Beweis für unsere These, dass die Sozialdemokraten weite Teile der Behörden unterwandert haben und deren Entscheidungen beeinflussen, verweigerte uns ausgerechnet die Behörde für Arbeit, Gesundheit und Soziales (BAGS) jegliche Auskünfte. Eben jene Behörde, der in der Vergangenheit die größten Filzvorwürfe gemacht wurden, die immer wieder auch bundesweit für Schlagzeilen sorgt und deren Arbeit letztlich zur Einsetzung des PUA „Filz" geführt hat, hüllte sich in völliges Schweigen. Dabei ist es eine der Aufgaben der BAGS, die Öffentlichkeit über ihre Arbeit zu unterrichten. Zudem gibt es einen Rechtsanspruch auf Auskünfte. Zitat aus dem Hamburgischen Pressegesetz: „§ 4 Informationsrecht. (1) Die Behörden sind verpflichtet, den Vertretern der Presse und des Rundfunks die der Erfüllung ihrer öffentlichen Aufgabe dienenden Auskünfte zu erteilen." Über das Recht sich hinwegsetzend, wollte die BAGS uns diese Auskünfte nicht erteilen: Warum nicht? Die seit Jahrzehnten von der SPD geführte größte Behörde der Stadt scheint ein ganz eigenes Verständnis von der Ausübung ihrer hoheitlichen Funktion zu haben. Mit Demokratie hat dies wahrlich nichts mehr zu tun. Viel mehr mit dem Stadtstaat Hamburg, der von der SPD teilweise wie ein Parteidistrikt geführt wird: alles unser. Wer nicht für uns ist, ist gegen uns und gehört ausgegrenzt.

Wir wissen, dass die hier beschriebenen Zusammenhänge kein sozialdemokratisches Phänomen sind. Es gibt genügend Beispiele in anderen Bundesländern, herausragend die CSU im Freistaat Bayern, wo die Verhältnisse und die Folgen ähnlich oder noch barocker sind. Daher geht es in diesem Buch auch nicht um die verschiedenen politischen Prioritäten, und es sollen auch keine politischen Inhalte verglichen und bewertet werden. Die so lang anhaltende Macht der Hamburger Sozialdemokraten, ob nun allein herrschend oder mit einem kleinen Koalitionspartner an der Seite, entsprach immer auch den demokratischen Mehrheitsverhältnissen in der Hansestadt. Im Endeffekt haben die Wähler es „so gewollt" – das kann der SPD also niemand nachträglich zum Vorwurf machen.

Die Autoren trugen bei ihren Recherchen keine ideologisch eingefärbte Brille – beide sind parteilos und unabhängig. Sie haben auch unterschieden zwischen jenen Parteigenossen, die ein politisches, auf demokratische Mehrheitsverhältnisse beruhendes Amt bekleiden (z.B. Bezirksamtleiter und Bezirksamtsleiterinnen), und jenen, die dank des „richtigen" Parteibuches – ob nun dafür qualifiziert oder auch nicht – einen Posten in stadteigenen Unternehmen, Behörden oder staatlich finanzierten Trägern zugeschanzt bekamen. Das nun vorliegende Buch ist eine journalistische Bestandsaufnahme von politisch gesteuerten Verhältnissen in dieser Stadt, die teils augenfällige, teils gut getarnte Beispiele der Günstlingswirtschaft, der Korruption und auch des knallharten Machtmissbrauchs offen legt.

Es überraschte die Rechercheure allerdings nicht, dass sie bei ihrer Arbeit immer wieder auch auf Beweise stießen, dass so wenig vorteilhafte menschliche Charaktereigenschaften wie die der Korrumpierbarkeit durch Macht, keine auf Sozialdemokraten beschränkte Moralschwäche darstellt. Die Gunst des eigenen Vorteils ist auch den anderen in Hamburg wirkenden Parteien nicht fremd. Besonders kritisch zu betrachten sind die neuen, immer bei bevorstehenden Wahlen herumschwirrenden, schillernden Formationen, deren Heilslehren meist nichts anderes sind als populistische Krakeleien. Nicht wenige von ihnen denunzieren die Made, weil sie selbst an den Speck wollen.

Dieses Buch erscheint inmitten der heissen Wahlkampfphase zur neuen Hamburger Bürgerschaft. Es wird nicht zu vermeiden sein, dass die eine oder andere Seite versuchen wird, Honig daraus zu saugen, um mit Fingern auf die SPD zu zeigen. Den Autoren geht es jedoch weder darum, die einen abzuwatschen und andere zu munitionieren. Es soll allerdings ohne Rücksicht aufgezeigt werden, was passiert, wenn eine große Partei derartig lange und so gut wie unkontrolliert ihren Machtapparat ausbauen und durch Ämterpatronage in hohen Positionen bis hin zu Verfilzungen hinab in die untersten Teilzeitpöstchen quasi auf ewig absichern kann. Die „Hamburger Verhältnisse" sind nicht nur Beweis für Machtmissbrauch und „Filz" – sie belegen mit wenigen Ausnahmen auch die seit Jahrzehnten andauernde Jämmerlichkeit und Inkompetenz der Hamburger Oppositionsparteien. Sie haben weder parlamentarisch noch in der Öffentlichkeit ihre Pflicht getan, dieses anzuprangern und abzustellen. Zu oft lässt das den Verdacht aufkommen, dass diese PolitikerInnen nur den Mund halten, um bei einem Machtwechsel ebenso weitermachen zu können. So mag es nicht verwundern, dass die Politikverdrossenen auf dem für die Demokratie tödlichen Weg der absoluten Mehrheit marschieren. Das gilt es zu verhindern.

In diesem Sinne hoffen wir, dass dieses Buch auch all jenen, die sich politisch engagieren und auf mehr Bürgerbeteiligung hoffen, ein Ansporn ist. Und wir hoffen, dass dieses Buch auch der Sozialdemokratie hilft, ihre eigenen Leistungen, vielmehr aber die entstandenen Verflechtungen zwischen ihrer Partei und der Stadt, dem Filz, in Frage zu stellen. Mehr als diese Hoffnung kann uns leider nicht bleiben. Denn die Mitarbeiter des Parlamentarischen Untersuchungsausschuss (PUA) „Filz" haben in zweieinhalb Jahren rund 5000 Akten studiert, 60 öffentliche Sitzungen mit Zeugenvernehmungen absolviert, und nicht weniger selten tagte der zwölfköpfige Arbeitsstab. Die rot-grüne Regierung hat aber leider die historische Chance vertan, die Ergebnisse des PUA als das zu benennen, was es ist – „Filz". Nützliche politische Verflechtungen, für die es auch politisch Verantwortliche in dieser Stadt gibt. Zunächst die jeweils einer Behörde vorstehenden Senatorinnen und Senatoren – letztlich aber der amtierende Erste Bürgermeister Ortwin Runde.

Jörn Breiholz
Frank Wieding

Spitzenpolitiker der Hamburger SPD gestern und heute

Generationentreffen Hamburger Bürgermeister: (von l.n.r.): Henning Voscherau, der kein Interview geben wollte, Klaus von Dohnany, der den Konflikt mit der Hafenstraße löste, und Hans-Ulrich Klose, heute Vorsitzender des Auswärtigen Ausschusses im Bundestag

Der Ewige: Bausenator Eugen Wagner, mächtiger Mann des rechten Flügels

Karin Roth, Präses der Behörde für Arbeit, Gesundheit und Soziales: Senatorin eines Erbhofes, der ein Vierteljahrhundert lang fest in Händen der SPD Nord war

Ortwin Runde, Bürgermeister: erster Mann des linken SPD-Flügels an der Spitze des Senats

Helgrit Fischer-Menzel, ehemalige Senatorin der Behörde für Arbeit, Gesundheit und Soziales, stolperte über die Ehegatten-Affäre

Jörg Kuhbier, Ex-Senator, gab den Landesvorsitz an Olaf Scholz weiter

Olaf Scholz, Innensenator und Landesvorsitzender: der neue starke Mann der Hamburger SPD

Den Mann mit dem goldenen Finger. Ex-Senator Volker Lange nennt sich heute „Political Consultant" und versteht wie kein anderer, aus Polit-Kontakten Geld zu machen. Mit den Autoren wollte er darüber allerdings nicht reden

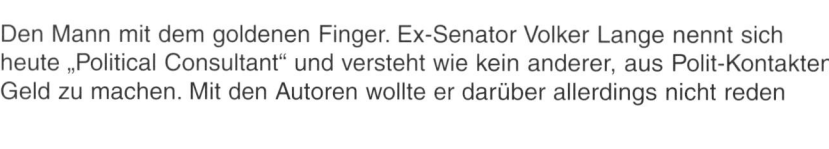

Eine Reise durch die Zeit

Die Geschichte der SPD – von Otto Stolten bis Ortwin Runde

Ein grüner Mercedes-Diesel war der Schlüssel zum Erfolg. Weil ein eigener Parteiwagen fehlte, diente die Privatkarosse von „Bananen-Rudi" dazu, Kollegen zu politischen Veranstaltungen zu chauffieren. Jener Freund der Südfrüchte machte dies natürlich aus allem anderen, nur nicht aus selbstlosen Gründen. Er nutzte seine Droschken-Dienste, um sich in der Partei Wohlwollen zu erfahren. Dieses Wohlwollen gegenüber der Partei sollte sich wenig später lukrativ auszahlen. Weil sich einflussreiche Freunde und Parteikollegen für „Bananen-Rudi" einsetzten, durfte er Obst auf den Hamburger Bahnhöfen verkaufen. Und auch für den Flughafen gabs eine Genehmigung für einen Früchte-Stand.

Nein, dies ist keine weitere „Filz"-Geschichte der Hamburger SPD. Sie könnte es sein. Aber diesen Fall der Günstlingswirtschaft um „Bananen-Rudi" kann man den Sozialdemokraten wirklich nicht anlasten. Denn **Rudolf Conventz**, genannt „Bananen-Rudi", ein Freund „außerehelichen Treibens"[1] und des Glücksspiels, engagierte sich als Fahrer und politisch für die Deutsche Partei (DP). Die war mit Christ- und Freidemokraten sowie dem Bund Gesamtdeutscher Block/Heimatvertriebenen und Entrechteten (GB/BHE) im sogenannten Hamburger Block liiert, der – einmalig in der Hamburger Geschichte – die Sozis von der Macht vertrieb und ab 1953 das Sagen hatte. Allerdings für nicht mehr als eine Wahlperiode. Denn die politischen Geschicke der Block-Politiker, die für ihre politische Mission eigens ein zweites, das Block-Parteibuch erhielten, kann man nur mit „Pleiten, Pech und Pannen", angereichert mit einem bisschen schwarzem „Filz" und einer sehr individuellen Auslegung von Rechtsstaatlichkeit umschreiben. Bananen-Rudi jedenfalls landete nur ein Jahr, nachdem er 1952 zum Vorsitzenden der Deutschen Partei gewählt worden war, im Knast – Interpol hatte ihn im Zockerparadies Monte Carlo festgenommen.

Aber der Reihe nach. Was da im November 1953 die Sozialdemokraten ablöste, kann getrost als „Not-Senat" bezeichnet werden. Einen Monat, nachdem der Block mit 50 Prozent 63 der 121 Abgeordnetensitze gewonnen hatte, während die SPD nur 45,2 Prozent (58 Sitze) erhielt, konnte der Block-Betreuer, der später in die CDU eintrat, **Kurt Sieveking,** nicht einmal genügend Senatoren auftreiben, um den Senat zu bilden. Zunächst ging man nur mit zwölf Senatoren an den Start. Es dauerte noch mehr als drei Monate, bis auf den 15 Senatoren-Sesseln, die zeitweise wie Sauerbier auf dem freien Markt angeboten worden waren, auch Politiker oder eben jene, die sich dafür hielten, Platz genommen hatten. Kurios war, dass ausgerechnet das Schulressort vakant war. Denn gerade wegen ihrer Bildungspolitik hatte die SPD die Wahl verloren und der Block gewonnen. Kurt Sieveking wurde 1897[2] als Sohn einer alteingesessenen Hamburger Patrizierfamilie geboren, war Anwalt und Doktor der Juristerei und Ende der 20er Jahre Finanzexperte des Völkerbundes. Ab Anfang der 50er Jahre arbeitete Sieveking, der 1986 im Alter von 89 Jahren verstarb, im diplomatischen Dienst.

Was nach dem Start des Rechtsbündnisses folgte, nannte die FDP verharmlosend „personelle Unfälle"[3], die aber nichts anderes waren als die ungenierte Verquickung von politischer Macht, persönlichem Vorteil und Bereicherung. Und die Dreistigkeit kannte offensichtlich keine Grenzen. So ließ sich der parteilose Schulsenator und Professor der Philosophie, **Hans Wenke** (Jahrgang 1903, gestorben am 27. Februar 1971), dem auch die Universität Hamburg unterstand, noch als Senator auf einen Lehrstuhl dieser Universität der Hansestadt berufen. Dass der Lehrstuhl zum Zeitpunkt der Berufung noch gar nicht vakant war und der Schulsenator den Uni-Posten ohnehin erst nach Beendigung seiner Senats-Karriere hätte ausüben können, interessierte die „Blockflöten" wenig. Das Prinzip machte Schule in dem kuriosen Anti-SPD-Senat. Der Hafensenator und Freidemokrat **Ernst Plate** (Jahrgang 1900, gestorben am 14. Januar 1973) verlängerte seinen auslaufenden Vertrag als Direktor der Hafen AG schon einmal acht Monate vor Ende der Wahlperiode – und das, obwohl das Arbeitsverhältnis des gelernten Speditionskaufmanns erst nach der Bürgerschaftswahl 1956 ausgelaufen wäre. Da waren die Verfehlungen des CDU-Bausenators **Paul Wilken** (Jahrgang 1898, gestorben am 3. Mai 1968), dem nicht nur eine schlaffe Behördenleitung nachgesagt und der später wegen Unfähigkeit aus dem Senat entlassen wurde, eher unbedeutend: Während seiner Arbeitszeit als Senator fuhr der Diplom-Ingenieur und Ex-Präsident der Handwerkskammer mit seinem Dienstwagen die Baustellen seiner Firma F. Wilken & Sohn ab. Für den Block stellte dies kein Problem dar, denn für den war „selbstverständlich, dass er (Wilken) eine Reihe von Wochen noch Baustellen übergeben hat und mit seinen Brüdern an die Baustellen gefahren ist, um ihnen die Tätigkeit, die er ausgeübt hatte, an Ort und Stelle zu übergeben."[4]

Wohl bis heute einmalig in der Geschichte der Freien und Hansestadt Hamburg war allerdings, dass Bürgermeister Sieveking, der sich im Kalten Krieg den Zorn **Konrad Adenauers** zugezogen hatte, weil er eine Reise nach Leningrad antreten wollte, gleich mehrere Senatoren quasi freikaufen musste – mit Steuermitteln versteht sich. Kurz nachdem der Rechtsanwalt und rechtslastige DP-Mann **Erwin Jacobi** (Jahrgang 1902, gestorben 20. Februar 1967), ein weiterer Obsthändler, zum Senator ernannt worden war, flatterte der Pfändungsbeschluss ins Rathaus – und das Personalamt zahlte. Auch der CDUler **Ewald Samsche** (Jahrgang 1913, gestorben am 31. Mai 1975), der seine politische Karriere in der Gesundheitsbehörde begann, hatte so seine Sorgen mit dem lieben Geld. Die Gläubiger des Kaufmanns, der mal im CDU-Bundesvorstand saß, stellten die Regierung vor die Wahl: zahlen oder es droht ein handfester Skandal. Der Skandal blieb damals aus. Auch in Vetternwirtschaft war der säumige Samsche geübt. Ausgerechnet einem ehemaligen Kollegen aus der Obstbranche schanzte der Senator einen lukrativen Krankenhaus-Auftrag zu:[5] Ozon-Lampen wurden als Luftverbesserer angeschafft, auch wenn der Nutzen mehr als umstritten war. Und weil das Schachern offenbar Samsches größte Qualität war, waren es wieder Kollegen aus der Fruchtbranche, denen der Senator das Lotto-Geschäft versprach, obwohl der Senat beschlossen hatte, dass die Stadt die lukrative Volks-Zockerei in eigener Regie durchführen wollte. Das eigenmächtige Handeln des Block-Senators Ewald Samsche führte dazu, dass die Stadt die Hälfte der zehn bezirklichen Lottostellen an die private Lotto GmbH aus der Obstbranche vergeben musste.

Obwohl der Block umgehend und mit Zustimmung der Mehrheit der Hamburger die sechsjährige Grundschulzeit wieder auf vier Jahre verkürzte, obwohl der Wohnungsbau rekordverdächtig angeschoben worden und obwohl in dieser Zeit die Hamburger Universität und das U-Bahnnetz erweitert worden waren, reichte es nicht, um im November die Wahl zu gewinnen. Hamburg wurde wieder rot. Kurt Sieveking zog als Vorsitzender der CDU-Fraktion in die Bürgerschaft und machte sich noch einmal 1962 als Chef des Sonderausschusses Hochwasserkatastrophe verdient. So wundert es denn auch wenig, dass 1997 der damalige Bürgermeister **Henning Voscherau** (SPD) sagte: „Hamburg hat ihm viel zu verdanken. Wo der Blick nach vorn gefordert war, war er kein ängstlich bewahrender Konservativer, sondern ein mutiger Wegbereiter des Notwendigen und Neuen."

Das Wahldesaster der Blockparteien, das besonders die CDU mit 32,2 Prozent der Stimmen in eine tiefe Krise stürzte, war die zweite Chance für Bürgermeister **Max Brauer.** Er führte die Sozialdemokraten mit satten 53,9 Prozent in die neue Bürgerschaft. Ein ähnlich fulminanter Erfolg – wie damals 1901. Zu jener Zeit galt Hamburg als die Hauptstadt der deutschen Gewerkschaftsbewegung, als mit dem gelernten Schlosser und späteren Redakteur **Otto Stolten** der erste Sozialdemokrat in die Hamburger Bürgerschaft gewählt worden war. Nur drei Jahre später kamen zwölf weitere Abgeordnete hinzu. Was damals noch keiner ahnte: Der Aufwärtstrend der damaligen Sozialdemokratie sollte nahezu ungebrochen bis zum heutigen Tage anhalten. Allerdings versuchte das Bürgertum die „Rote Flut" durch eine Wahlrechtsänderung zu stoppen. Nur wer drei Jahre lang mindestens 1200 Mark versteuert hatte, durfte wählen. 1906 riefen die Arbeiter den Generalstreik aus, um eine Änderung zu erzwingen. Was folgte, waren teilweise von Ausschreitungen begleitete Protestaktionen, für die der SPD die Verantwortung zugeschoben wurde. Allein am 1. Mai 1906, zur Einweihung des Gewerkschaftshauses am Besenbinderhof, versammelten sich mehr als 70.000 Menschen, was **August Bebel** dazu animierte, das Gewerkschaftshaus die „Waffenschmiede der Hamburger Arbeiterschaft"[6] zu nennen. Nur zwei Jahre später hatten die Hamburger Gewerkschaften mehr als 100.000[7] Mitglieder, die SPD zählte 1914 fast 68.000[8] Mitglieder. Fortan wurde die Bürgerschaft quasi in einer noch verschärften Form der Zweiklassengesellschaft, die erst 1917 aufgehoben wurde, gewählt: Zwei Drittel der Abgeordneten wurden von jenen Hamburgern gewählt, die mindestens 2500 Mark versteuert hatten, ein Drittel von denen, die mindestens 1200 Mark versteuert hatten. Trotzdem schaffte es die SPD 1913, dem Todesjahr des sozialdemokartischen Führers August Bebel, mit 20 Genossen in die Bürgerschaft einzuziehen. Bebel war seit 1883 Reichstagsabgeordneter für die Hamburger Sozialdemokraten gewesen. Gleichzeitig kam aus Hamburg eine Menge Geld für die Berliner Parteikasse, da die Partei-Zeitung „Hamburger Echo" mit mehr als 70.000 Abonnenten und die Firma Auerdruck satte Gewinne abwarfen. Nicht zufällig fallen die Erfolge der Sozis in eine Zeit, als das Genossenschaftswesen in Hamburg besonders stark war. Mehr als 1100 lokale Genossenschaften mit rund 1,3 Millionen Mitgliedern gab es bereits 1911. Eines der führenden genossenschaftlichen Unternehmen war die Hamburger „Produktion", der damals mehr als 70.000[9] Menschen angehörten. Ebenfalls damals in Hamburg gegründet: die Volksfürsorge. Die Gewerkschaften prägten die Sozialdemokratie. Und andersherum. Nicht von ungefähr wird **Theodor Bömelburg**, dem Vorsitzenden des Maurerverbandes, schon Ende 1880 der Satz zugeschrieben, der bis heute anscheinend noch Gültigkeit hat: „Partei und Gewerkschaft sind eins."

Im Jahre 1917 erlitt die Sozialdemokratie ihre erste herbe Niederlage. Die USPD und Linkaußen-Gruppen spalteten sich ebenso ab wie der Jugendbund. Die Rumpf-SPD und die Gewerkschaften hielten trotzdem weiterhin zum Staat, während sich die Abtrünnigen auf Konfrontationskurs begaben. Die Novemberrevolution ging auch an Hamburg nicht spurlos vorüber. Vor dem Gewerkschaftshaus kam es zu Kämpfen. Letztlich ging aber die SPD als Sieger aus den Auseinandersetzungen hervor. Bei den Bürgerschaftswahlen im März 1919 errang sie 50,5 Prozent der Stimmen, die USPD kam auf 8,1 Prozent. Otto Stolten wurde zweiter Bürgermeister. Nur ein Jahr später spaltete sich die USPD erneut. Ein Teil der Mitglieder kehrte zur SPD zurück, andere gingen zur KPD. Die Quittung gab es bei der folgenden Bürgerschaftswahl im Jahr 1921. Während die SPD 40,6 Prozent der Stimmen erhielt, sackte die USPD auf 1,4 Prozent ab. Die KPD kam auf elf Prozent der Stimmen. Zu dieser Zeit bekam Hamburg einen Teil seines heute noch prägenden Bildes. Die Fritz-Schumacher-Bauten in der Jarrestadt oder auf dem Dulsberg entstanden. Bis zur Wahlniederlage im September 1931 war die SPD im Senat vertreten. Doch auch nach dem Debakel 1931 bestand die SPD-Koalition fort, weil sich die neuen Machthaber aus NSDAP, KPD und Deutschnationaler Volkspartei nicht auf eine Regierung einigen konnten. 1932 wurde der Senat durch eine Notregierung ersetzt. Anders als man es aus der politischen Vergangenheit hätte vermuten können, widersetzte sich die Hamburger SPD nach der Ernennung **Adolf Hitlers** zum Reichskanzler im Januar 1933 nicht den neuen Berliner Machthabern. Im Gegenteil: Der sozialdemokratische Polizeisenator **Adolph Schönfelder** (Jahrgang 1875, gestorben am 3. Mai 1966) ließ willkürlich Funktionäre der KPD verhaften und kommunistische Druckschriften beschlagnahmen. Und der damalige Vorsitzende des Hamburger Gewerkschaftsbundes ADGB, **John Ehrenteit** (SPD), machte zu Zeiten, als der Senat bereits aus NSDAP, Deutscher Staatspartei und Deutscher Volkspartei gebildet worden war, deutlich, welch Geistes Kind er war: „Gewerkschaftsarbeit ist Dienst am Volke. Die Gewerkschaftsbewegung kennt den soldatischen Geist der Einordnung und der Hingabe für das Ganze.“[10] Die völlige Fehleinschätzung der Gefahr des Hitler-Regimes führte letztlich dazu, dass die SPD mit ansehen musste, wie auch ihre eigene Parteizeitung zum Hassobjekt der NSDAP wurde. Die Zerstrittenheit der Arbeiterbewegung innerhalb von SPD und KPD führte letztlich zur

Stärkung der Nationalsozialisten. So wundert es aus heutiger Sicht wenig, dass die Sozialdemokraten die Zerschlagung ihrer Partei, die Beschlagnahme des Parteivermögens und sogar die Verhaftung führender Sozialdemokraten und des Parteiausschusses durch die Nazis zunächst in geradezu erschütternder Demut über sich ergehen ließen. Keinesfalls im Widerspruch dazu steht, dass insbesondere unbekannte Genossen und Mitglieder der SAJ (Sozialistische Arbeiterjugend), auf die Hamburg heute noch stolz sein kann, sich am Widerstand beteiligten und aus dem Untergrund weiter arbeiteten oder, wie unter anderem Max Brauer, aus der Emigration die SPD unterstützten. Als Schaltstelle des sozialdemokratischen Widerstands entwickelte sich der Zusammenschluss der Eilbeker Genossen. Von hier wurde wöchentlich eine kleine Zeitung, die „Roten Blätter", hergestellt und konspirativ verteilt. Immer mehr Sozialdemokraten und SAJler wurden in den Jahren des Hitlerfaschismus verhaftet, gefoltert oder ermordet. Es waren wieder die bis dato unbekannten Sozialdemokraten, die ihrer Partei und der sozialistischen Jugend „Die Falken" nach 1945 halfen, beim Wiederaufbau des Nachkriegs-Deutschland eine gewichtige Rolle zu spielen.

Insgesamt zwölf Jahre war die SPD verboten, bis sie im November 1946 offiziell von den Alliierten wieder zugelassen wurde. Zunächst einmal war aber die Gründung von Parteien im Nachkriegs-Deutschland verboten, was den Gewerkschaften, deren Organisation erlaubt war, eine bedeutsame Rolle einbrachte. Es waren Sozialdemokraten und Gewerkschafter wie Adolph Schönfelder, die maßgeblich zur Gründung und zum Erfolg der „Sozialistischen Freien Gewerkschaft" beitrugen und die politischen Ideale der Sozialdemokratie nach Hamburg wieder zurückbrachten. Ebenso der parteilose, 1976 verstorbene **Walter Schmedemann** (Jahrgang 1901), der sich als einer von wenigen den Nazis widersetzt hatte und der sich nach Kriegsende um die Gesundheitsverwaltung verdient gemacht hatte. Im Februar 1948 hoben die Genossen ihr Mitteilungsblatt „Der Sozialist" aus der Taufe, bereits ein halbes Jahr zuvor war die Arbeiterwohlfahrt (AWO) wiedergegründet worden, bis schließlich am 21. November 1945 neben der SPD die CDU, FDP und die KPD als Parteien von der Militärregierung zugelassen wurden. Wieder ein halbes Jahr später trat erstmals nach Kriegsende eine Bürgerschaft zusammen, deren Abgeordnete von der Militärregierung bestimmt worden waren. Präsident wurde der Sozialdemokrat Adolph Schönfelder. Im Herbst 1946 sollte die Wahl für die erste ordentliche Bürgerschaft stattfinden. Die SPD stellte ihren Wahlkampf unter das Motto: „Sozialismus, Planwirtschaft, Demokratie" und verabschiedete ein 28-Punkte-Programm für die dreijährige Legislaturperiode – das Top-Thema: der Wohnungsbau. Er sollte noch mehrmals eine elementare politische Aufgabe der Sozialdemokraten werden. Das Wahlkampfthema „Demokratie" verhinderte allerdings nicht, dass „51 Richter und Staatsanwälte der Hitlerjustiz im Amt blieben"[11] und auch **Kurt Struve,** der „einstige Leiter der Allgemeinen Abteilung I der Gesundheitsverwaltung, der seinem Gesundheitssenator Ofterding seit 1940 bei der Entwicklung von Vernichtungsplänen für geisteskranke und behinderte Anstaltspatienten hilfreich zur Seite stand, wurde im Jahre 1950 von den Sozialdemokraten wieder eingestellt."[12]

Nach den Wahlen ging die SPD (acht Senatoren) eine Koalition mit FDP (drei Senatoren) und KPD (ein Senator) ein. Bürgermeister wurde Max Brauer und Adolph Schönfelder erneut Bürgerschafts-Präsident. Doch statt eine konzeptionelle Regierungsarbeit auf die Beine stellen zu können, mussten sich die neuen Hamburger Machthaber einer Naturkastastrophe, einem klirrendkalten Jahrhundertwinter stellen. Brauer war es zu verdanken, dass kurz bevor in der Hansestadt keine Kohle mehr verfügbar war, mit Hilfe der Engländer Eilzüge mit neuem Brennmaterial nach Hamburg durchkamen. Lebensmittel-Knappheit, der schleppende Wiederaufbau der deutschen Wirtschaft und der Rohstoffmangel führten auch unter den sozialdemokratischen Hamburgern zu Unmut. Trotzdem schaffte es die SPD, am 14. August 1949 die absolute Mehrheit der Bürgerschaftsmandate zu erringen. Gegen den Wunsch von Brauer, der ein möglichst breites Regierungsbündnis wünschte, entschied sich die SPD zur Alleinregierung. **Paul Nevermann** (Jahrgang 1902, gestorben 1979), der es in seiner späteren Laufbahn mehrfach schaffte, seine Getreuen zu verärgern, weil er das „Protokoll" missachtete und beispielsweise einfach plattdeutsch redete, wurde Zweiter Bürgermeister. Die politischen Erfolge konnten nicht über die Krisen der SPD hinwegtäuschen. Die Mitgliederzahl stagnierte. Und die Auflage der Partei-Zeitung „Hamburger Echo" stürzte in den Keller – von 216.000 auf 75.000 Exemplare. Ende 1966 wurde sie eingestellt. Gleichzeitig erfreute sich die „Hamburger Morgenpost", die bei Auerdruck, einer Tochter des Echo-Verlages erschien, steigender Beliebtheit.

Und wieder waren es die Krisen, die die SPD stärkten. Während der Flutkatastrophe im Februar 1962 demonstierte **Helmut Schmidt** (Jahrgang 1918), der nach dem Rücktritt **Willy Brandts** im Jahre 1974 Bundeskanzler wurde, die Fähigkeiten der von ihm aufgebauten Innenbehörde. Die Hamburger dankten es vier Jahre später auf ihre Weise und brachten der SPD unter ihrem neuen Bürgermeister **Prof. Dr. Herbert Weichmann** (Jahrgang 1896, gestorben 10. Oktober 1983) ein Traumergebnis: 59 Prozent. Dr. Paul Nevermann, man mag es heute kaum glauben, war wegen seiner gescheiterten Ehe zurückgetreten – seine Frau, von der der ehemalige Präsident des Deutschen Mieterbundes getrennt lebte, wollte beim Besuch der englischen Königin nicht die „First Lady" spielen[13]. Andere Stimmen sagen, in der Partei gab es eine große Gruppe, die den politischen Wechsel wollte. Jeder Anlass sei da willkommen gewesen. Bis 1971 führte Weichmann die Geschicke der Stadt – parteiübergreifend erntete der spätere Ehrenbürger dafür Hochachtung. So sehr, dass nicht wenige ihn als einen würdigen Bundespräsidenten sahen. Weichmann hatte abgelehnt. Nicht nur, weil er 75-jährig endlich von der Politik loslassen wollte. Sondern auch, weil er die Deutschen nicht auf die Probe stellen wollte, wie sie auf ein jüdisches Staatsoberhaupt reagieren würden, berichtet später **Paul Otto Vogel**,[14] zwischen 1964 und 1978 Senatssprecher in Hamburg.

Von der Politik loslassen, zumindest von der Macht, musste **Peter Schulz** (Jahrgang 1930) sehr schnell. Der aus Rostock vor dem SED-Regime geflüchtete Jurist wurde Nachfolger von Herbert Weichmann, der ihn als „brillanten Politiker" empfohlen hatte. Doch nach nur drei Jahren machte ihn, der die S-Bahn nach Harburg gebracht und den Extremisten-Erlass im Senat durchgesetzt hatte, seine Partei zum Sündenbock für das Wahldebakel am 3. März 1974 – und damit zum Bürgermeister mit der kürzesten Amtszeit in der Hansestadt. Die Sozialdemokraten sackten damals von 55,3 auf 44,9 Prozent ab. Was heute ein respektables Ergebnis wäre, war damals eine Katastrophe. Nur sieben Monate nach der Wahl trat Schulz, der Sozialdemokrat aus Familientradition, zurück, verbittert über die Dispute im Senat über die Sparpolitik, aufgerieben zwischen einer aufmüpfigen FDP und angeblichen Parteifreunden, die aus den eigenen Reihen auf den Bürgermeister „schossen". Paul Otto Vogel berichtet später, dass er Alt-kanzler Helmut Schmidt „selten so zornig erlebt"[15] habe, als dieser vom Rücktritt des Bürgermeisters erfuhr, der als „unglaublich fleißiger Politiker, detailbesessen wie Weichmann, ein Intellektueller, der sensibel und verletzbar war"[16], beschrieben wird. Einer jener, der damals keine Nachsicht mit Schulz (und anderen Senats-Mitgliedern) gehabt haben soll, war **Ulrich Hartmann,** der starke Fraktionsvorsitzende und heutige Geschäftsführer der Hamburger Gaswerke GmbH.

Ulrich Hartmann, der SPD-Landesvorsitzende **Werner Staak,** der spätere Chef des städtischen Wohnungskonzerns Saga, und der Bürgerschaftspräsident Peter Schulz waren es dann nach Medienberichten, die im Mai 1981 den Sturz von Bürgermeister **Hans-Ulrich Klose** (Jahrgang 1937) betrieben haben. Sie machten Hamburgs Ersten für ein Umfragetief verantwortlich, wonach die Roten nur noch 2,5 Prozent von den Schwarzen trennte. Dabei hatte Klose, der Jugendstaatsanwalt und später Koordinator in der Justizbehörde war, bei den Bürgerschaftswahlen 1978 ein sozialdemokratisches Traumergebnis eingefahren: 51,5 Prozent – nicht zuletzt, weil sein jugendliches und seriöses, bisweilen philosophisches Auftreten bei den Frauen gut ankam. Ein

Wahlsieg, mit dem er seinen Kritikern, „der murrenden Königsmacher-garde um **Gerd Gustav Weiland** und **Alfons Pawelczyk** noch einmal das Maul stopfen"[17] konnte. Doch mit dem Wahlsieg änderte Klose auch seine Positionierung innerhalb der SPD – was ihm einige Genossen wohl bis heute nicht verziehen haben. Der Lateinamerika-Freund hatte eine steile Parteikarriere hinter sich, als er die Nachfolge von Peter Schulz antrat: Vize der Hamburger Jusos, stellvertretender SPD-Landeschef, Bürgerschaftsabgeordneter, Fraktionsvorsitzender und 1973 Innensenator. Er galt als Mitte-Rechts-Mann. Er war es, der aus den unabhängigen Staatsräten politische Wasserträger machte – sie mussten fortan in der Partei sein. Er war für Kernenergie und Extremistengesetze. Doch nach 1978 übernahm Klose immer öfter Positionen der SPD-Linken – und machte sich innerparteiliche Feinde. „Die Sozialdemokratie verzeiht den Weg von rechts nach links nie", brachte es ein Genosse auf den Punkt. „Ein anständiger Sozialdemokrat geht immer von links nach rechts."[18] So erschreckte der begeisterte Pfeifenraucher, der am liebsten Pastor auf Morsum geworden wäre, die Rechten seiner Partei mit der Aussage, dass ihm 20 kommunistische Lehrer lieber seien als 200.000 verunsicherte junge Menschen. Seine Behauptung, dass Ökonomie und Ökologie gleich wichtig seien, ließ die Wirtschaft maulen. Auch mit dem 38 Millionen Mark teuren Umbau des Rathausmarktes machte sich der künstlerisch veranlagte Klose, der das Kinderbuch „Der kleine Wassertroll und das Märchen von Liebe und Glück" illustriert hatte, angesichts leerer Kassen nicht nur Freunde. Für die Giftaffäre Stoltzenberg im Hamburger Stadtteil Eidelstedt ließ er **Frank Dahrendorf** (Jahrgang 1934) den Hut nehmen, obwohl Klose sicher genug Gründe gehabt hätte, dem Justizsenator zuvor zu kommen. Dahrendorf hatte 1971 als Staatsrat der Innenbehörde geschrieben, dass die Firma Stoltzenberg „durchaus ungefährlich" sei. Acht Jahre später starb auf dem Gelände der achtjährige **Oliver Ludwig** beim Spielen mit Munition. Ein Untersuchungs-Ausschuss beschäftigte sich später mit dem Giftgas- und Munitionsskandal. Zum Eklat kam es, als Klose, der im Fragebogen der „Frankfurter Allgemeinen Zeitung"[19] Ungeduld als seinen größten Fehler angab, auch noch bei der

Kernenergie eine Wende um 180 Grad vollzog. Gemeinsam mit der Mehrheit der Parteibasis und dem Votum eines Sonderparteitages wollte er den Ausstieg der Hamburgischen Electricitätswerke (HEW) aus der Kernkraft. Zudem sollte Hamburg sich nicht am Bau des Atommeilers Brokdorf beteiligen. Doch was scherte den SPD-Vorstand um den Landeschef Werner Staak und den Fraktionsvorsitzenden Ulrich Hartmann, die sich im Kampagnen-Stil der Springer-Presse bedienten,[20] um gegen eigene Genossen zu schießen und „regelrechte Kampagnen" zu führen, die Meinung der Massen. Sie widersetzten sich und stießen mit ihrem Beschluss für Brokdorf und der Androhung in der Bürgerschaft, nicht mit Klose zu stimmen, ihrem ungeliebten Bürgermeister das Messer in die Brust. Klose tat das „einzig mir konsequent Erscheinende"[21] – er trat im Mai 1981 zurück. Zuvor war es innerhalb der Partei zu unüberbrückbaren Spannungen gekommen. Die Links-, Rechts-, Mitte-Lager der Partei tagten in getrennten Sitzungen und verhandelten miteinander wie mit einem Koalitionspartner. Eine Vertagung der Brokdorf-Entscheidung, wie von den SPD-Rechten erwartet, lehnte Klose ab. Er könne diese Erwartung „nicht erfüllen",[22] auch nicht um den „innerparteilichen Frieden (der vielzitierte Schulterschluss)"[23] herstellen zu können. Der Aufstand gegen die Königsmörder Staak und Hartmann ließ nicht lange auf sich warten. Während die Jusos vor dem SPD-Haus an der Kurt-Schumacher-Allee für ihren Uli demonstrierten, forderten vier von sieben Kreisverbänden der SPD den Rücktritt des Parteichefs und des Fraktionsvorsitzenden. Wenig später, am 20. Juni 1981, erzwang ein Sonderparteitag den geschlossenen Rücktritt des SPD-Vorstandes. Gleichzeitig wurde **Klaus von Dohnanyi** zum Bürgermeisterkandidaten gewählt. Hans-Ulrich Klose bekam zwei Jahre später den Herbert-Wehner-Wahlkreis 18 (Harburg) und zog mit 55 Prozent der Erststimmen nach Bonn. Er, der einmal gesagt hatte, mit seiner Partei nur 55 bis 75 Prozent übereinzustimmen, hielt es für fraglich, ob die Hamburger SPD zu einer zukunftsorientierten Politik fähig sei. Denn „mit Schrebergartenmentalität ist nichts zu machen"[24]. Bemerkenswert für einen Sozialdemokraten auch, dass Klose während seiner Amtszeit die Dominanz der Springer-Medien gerügt hatte, die für ein Klima der Intoleranz und Provinzialität sorgen würden.

In schwierigen Zeiten trat Dr. Klaus von Dohnanyi (Jahrgang 1928) das Amt des Ersten Bürgermeisters an. Die Partei rieb sich zwischen ihrem linken und rechten Flügel auf. In keiner Legislaturperiode gab es so viele Parlamentarische Untersuchungsausschüsse wie zwischen 1983 und 1986 – neun waren es an der Zahl. Untersucht wurde unter anderem die Verflechtung von Polizei und Organisiertem Verbrechen, die mangelnde Aufsicht der Behörden gegenüber dem Wohnungskonzern Neue Heimat, Umweltskandale a lá Georgswerder, Ungereimtheiten bei der Stadtreinigung und die bis zur Verstümmelung reichenden Kunstfehler des Professor Bernbeck am Allgemeinen Krankenhaus Barmbek. Der Begriff von den „Hamburger Verhältnissen" machte die Runde. Und dann war da noch die Hafenstraße. Aber der Reihe nach. Zunächst einmal zwei Auszeichnungen, über die sich Dohnanyi freuen durfte, die ihn vermutlich ein wenig von den politischen Alltagssorgen ablenkten: Die Münchner „Männer Vogue" hob ihn im Oktober 1987 auf Platz fünf der am besten angezogenen Deutschen. Dohnanyi sei immer „tadellos und harmonisch gekleidet" – ganz im Gegensatz zum damaligen NRW-Ministerpräsidenten **Johannes Rau**, dessen „Wohnhose" die Lifestyle-Postille rügte. Zwei Monate später wurde der Jurist, dessen Vater kurz vor Kriegsende im KZ ermordet worden war, mit der Theodor-Heuss-Medaille ausgezeichnet – für seinen „persönlichen Einsatz für eine friedliche Lösung" des Problems Hafenstraße. Dohnanyi hatte sein Ehrenwort in die Wagschale geworfen, um die Bewohner der umkämpften ehemaligen Saga-Häuser am Hafenrand davon zu überzeugen, Barrikaden abzubauen und Straßenschlachten zu beenden. Im Gegenzug wollte der Erste Bürgermeister seine Unterschrift unter einen Vertrag für die Nutzung der Gebäude setzen.

Weniger friedlich war der Staat im Sommer 1986, als martialisch ausgestatte Polizeieinheiten rund 800 friedliche Atomkraftgegner auf dem Heiligengeistfeld einkesselten und teilweise mehr als 15 Stunden unter menschenunwürdigen Umständen frieren und hungern ließen. Mit der propagandistischen Mär von Gewalttätern und RAF-Sympathisanten hatte Innensenator **Rolf Lange** die Einkesselung gerechtfertigt, in deren Folge es zu Straßenschlachten und zur polizeilichen Besetzung des Karolinenviertels kam. Jener Rolf Lange, der schon zwei Jahre zuvor für einen handfesten Skandal mit bundesweiter Beachtung gesorgt hatte, als er seine Truppe zum Sturm des Gemeindesaals der St.Stephanus-Kirche losschickte, um die philippinische Seemannsfrau **Susan Alviola** und ihre zwei Kinder aus dem schützenden Kirchenasyl zu zerren und abzuschieben. Beamte jenes Rolf Lange waren es, die höhnische Bemerkungen machten, als sich im Kessel eingeschlossene Männer und Frauen erleichtern mussten, weil ihnen der Weg zur Toilette verweigert wurde. Und während die Herren in Uniform die angeblichen Gewalttäter im Kessel in Schach hielten, brach sich auf der Feldstraße der Staatsterror Bahn. In rechtsbrecherischer Manier zertrümmerten Polizisten die Scheiben eines Taxen-Konvois, dessen Fahrer gegen den Kessel demonstrieren wollten. Innensenator Rolf Lange musste später zwar zurücktreten – mit der staatlichen Geiselnahme der Atomkraftgegner, denen ein Gericht später ein symbolisches Schmerzensgeld zusprach, hatte dies allerdings nichts zu tun. Lange und seine Kollegin aus dem Justizressort, **Eva Leithäuser**, mussten gehen, weil der Unterweltler **Werner Pinzner** ausgerechnet im Hochsicherheitsbereich des Polizeipräsidiums bei seiner Vernehmung ein Blutbad anrichtete. Doch weder Todesschüsse noch die Missachtung der Menschenwürde von Demonstranten versteht man unter dem Begriff „Hamburger Verhältnisse". Er wurde im Juni 1982 geprägt, als Klaus von Dohnanyi die absolute Mehrheit mit der SPD verlor, auf 42,7 Prozent absackte und gezwungen war, mit der GAL zu verhandeln. Denn der Wunschpartner FDP hatte es nicht geschafft, die Fünf-Prozent-Hürde zu nehmen, während die CDU erstmals stärkste Fraktion wurde. Während die SPD-Rechten, Gewerkschaftsbosse und Wirtschaftslobbyisten „ihr hanseatisches Vaterland schon im Chaos versinken sahen"[25], sprachen die Alternativen mit den Roten. Hinter verschlossenen Türen, – obwohl die GALier es lieber öffentlich machen wollten. Aber da spielte die SPD nicht mit. „Wir verhandeln doch nicht in der Manege", empörte sich damals **Ortwin Runde** (SPD)[26]. Und sein Kollege Henning Voscherau wetterte: „Wir lassen uns doch nicht vorführen."[27] Weil die Grünen damals noch Ideale vertraten und Grundsätze ihrer Politik nicht verraten wollten, hielten sie an Forderungen wie dem Atomausstieg oder dem Nein zur Hafenerweiterung in Altenwerder fest. Die „Hamburger Verhältnisse" blieben der Stadt erspart, im Dezember gab es Neuwahlen. Und weil der Hamburger Wähler unberechenbar ist, erhielt die SPD satte 51,3 Prozent, die Christdemokraten um **Walter Leisler Kiep** sackten um 4,6 Prozent und für die Liberalen waren fünf Prozent wieder eine zu hohe Hürde. Die GAL landete bei 6,8 Prozent. Die „Hamburger Verhältnisse" erneuerten sich mit der Wahl im November 1986. Die SPD rutschte auf 41,7 Prozent, die CDU bekam 0,2 Prozent mehr, die FDP schaute erneut von draußen zu und die GAL überschritt sogar die zehn Prozent. Da Dohnanyi sich gegen Rot-Grün ausgesprochen hatte, setzte er auf eine Große Koalition. Gespräche folgten, die die „Frankfurter Allgemeine Zeitung" als Polit-Posse beschrieb und die **Hartmut Perschau** (CDU) als „trübes Spiel" titulierte. Im Mai 1987 dann der vermeintliche Ausweg aus der Regierungskrise – Neuwahlen. Nach 13 Jahren schaffte die FDP wieder den Einzug in die Bürgerschaft (6,5 Prozent). Die SPD kam auf 45, die CDU auf 40,5 und die GAL errang sieben Prozent. Die Koalition mit der FDP startete unter schwierigen Bedingungen. Der Kauf der Neue-Heimat-Wohnungen (die FDP dagegen) oder die Privatisierung öffentlichen Vermögens (die SPD dagegen) waren nur zwei Knackpunkte.

Und Dohnanyi, der als verabscheuungswürdigsten den Verrat bezeichnet und Musil als seinen Lieblingsschriftsteller nennt[28], war damals offentlich schon amtsmüde. Obwohl 73 Prozent[29] der Hamburger seinen friedlichen Hafenstraßen-Weg unterstützten, hatte er schon im November 1987 in einem Schreiben an Bürgerschaftspräsidentin **Helga Elstner** seinen Rücktritt für 1988 angekündigt. Er schriebe schon so frühzeitig, „um sicherzustellen, dass kein aktuelles Ereignis dann Missverständnisse über den Grund meines Rücktritts entstehen lassen kann". Offenbar stand sein angekündigter Rücktritt aber mit Henning Voscherau im Zusammenhang, der von seinem Job als Fraktionsvorsitzender die Nase voll hatte. Schon einmal, 1985, hatte Voscherau sein Amt hinschmeißen wollen, nachdem das große Aufräumen bei der Stadtreinigung aus parteiinternen Rücksichtnahmen weitgehend ausgeblieben war, obwohl die städtische Firma „die Hamburger Bürger jahrelang um zweistellige Millionenbeträge geschröpft und dazu noch dreistellige Millionenbeträge sinnlos verpulvert hat"[30]. Einerseits argwöhnte Dohnanyi zwar, dass Voscherau zum Königsmörder avancieren könnte. Andererseits wusste Dohnanyi, dass er ohne Voscherau an seiner Seite nicht erfolgreich regieren konnte. Ein wenig stand Dohnanyi im Mai 1988, dem Monat seines Rücktritts, schon wie sein Vorgänger Hans-Ulrich Klose dar – allein gelassen von der Partei. Hamburgs Vize-Bürgermeister, **Ingo von Münch** (FDP), lobte Dohnanyi damals als einen „ungewöhnlichen Politiker", ohne zu verhehlen, dass er auch „autoritär und ein Einzelgänger"[31] war. Der heutige NRW-Ministerpräsident **Wolfgang Clement** (SPD) kommentierte: „Nirgends hat sich so deutlich gezeigt, wie kleinkariertes, innerparteiliches Hickhack und Fallenstellerei – nicht zu verwechseln mit offener Diskussion – das politische Klima einer Stadt vergiften können. In einem Umfeld wechselseitiger Abneigung ist gutes Regieren nicht mehr möglich. Wo man seiner Freunde nicht mehr sicher sein kann, offen wie Pawelczyk oder hinterm Rücken wie andere, da gibt es kein fruchtbares Abarbeiten mehr, sondern nur noch Abnutzung."[32] In seiner Rede zur Preisverleihung der Theodor-Heuss-Medaille formulierte Dohnanyi einen „paradoxen" Satz: „Die Provokateure, die Herausforderer, die Grenzüberschreiter sind unentbehrliche Partner jeder Ordnungsmacht, die wirklich dauerhaft den Frieden bewahren will." Er sollte bis heute Recht behalten.

Ausgerechnet jener, der seine Hafenstraßen-Politik nicht mittragen wollte, war Dohnanyis Wunschkandidat als Nachfolger: Henning Voscherau (Jahrgang 1941), der Hamburger Notar, der mächtige Mann des rechten Flügels der SPD. Voscherau, Kind der berüchtigten „Wandsbek-Connection" um die SPD-Rechten Alfons Pawelczyk und Gerd Weiland, ließ sich noch ein wenig bitten, um dann genau zu

Highnoon von Sylt aus die Medien zu informieren und die „öffentlichen Spekulationen" zu beenden. Voscherau wollte Bürgermeister werden – allerdings stellte er seiner Partei harte Bedingungen, die er in einem sechsseitigen Papier an den damaligen SPD-Chef **Ortwin Runde** formuliert hatte. Er, der seit Georgswerder, Stoltzenberg-Skandal und Neue Heimat Misstrauen gegenüber Teilen der Hamburger Verwaltung hegt; er, der als erster des rechten Sozi-Flügels den Hamburger Kessel als „Rechtsbruch"[33] und „Geiselnahme"[34] bezeichnete; er, der dünnhäutige Machtstratege wollte zukünftig alleine darüber entscheiden, wer Senator bleibt und wer Senator wird. Bis dato hatte der Landesparteitag die vom Vorstand vorgeschlagenen Senatoren einzeln in geheimer Abstimmung gewählt – oder eben auch nicht. Zukünftig sollte über die komplette vom Bürgermeister erstellte Senatorenliste abgestimmt werden. Voscherau forderte ein neues „Wir-Gefühl" ein und Lösungen, „die an den Problemen und Interessen aller Bürgerinnen und Bürger gemessen werden" müssen. Weil er offensichtlich seine Zweifel daran hatte, dass ihm auch alle Genossen bei der anstehenden Konsolidierung des Haushalts und der Aufhebung der „Lähmung in dem Bürokratie-Sechseck zwischen Baubehörde, Finanzbehörde/Liegenschaft, Wirtschaftsbehörde, Umweltbehörde, Bezirksämtern und Ortsämtern" folgen würden, mahnte er unmissverständlich: „Wer dabei nicht konstruktiv mitarbeiten will, muss mir jetzt in den Arm fallen, nicht hinterher in den Rücken. Er darf mir seine Stimme nicht geben." Er bekam das nötige Vertrauen – ob aus Überzeugung oder weil einfach keine Alternative zu dem Hockeyfan da war, mag man dahinstellen. Mit ihm kamen auch vier neue Senatoren. Zwei seien hier genannt, weil sie später noch für Wirbel sorgen werden. Ortwin Runde übernahm die wohl verfilzteste Behörde der Stadt, die Behörde für Arbeit, Gesundheit und Soziales. Sein Vorgänger, der mächtige SPD-Linke **Jan Ehlers,** musste die Segel streichen. Und, um es gleich vorweg zu nehmen, ein Aufbrechen der Verflechtungen von Partei und Behörde, ein Zerschlagen jener undurchsichtigen Strukturen zwischen Staat und Zuwendungsempfängern erfolgte auch unter Runde nicht. Politisch war dies vermutlich auch nie gewollt. Ins Innenressort zog **Werner**

Hackmann ein. Der erste Skandal sollte auch hier nicht lange auf sich warten lassen. Wieder einmal sorgten Polizisten für Schlagzeilen, die besonders im Schanzenviertel Menschen jagten und sich offensichtlich der polizeilichen und politischen Kontrolle entzogen hatte. Zwar stellte sich Hackmann damals noch vorbehaltlos hinter seine Polizisten. Doch letztlich stürzte er im September 1994 über jene Auswüchse staatlicher Gewalt, die im März desselben Jahres zur Einsetzung eines Untersuchungsausschusses geführt hatten.

Trotz seines angemahnten „Wir-Gefühls", trotz seiner Stärke in der Partei, trotz oder vielleicht gerade wegen der ihm unterstellten Arroganz, gepaart mit Dünnhäutigkeit, schaffte es Henning Voscherau nicht, die Grabenkriege zwischen linkem und rechten Flügel zuzuschütten. Im Gegenteil: Voscherau rieb sich immer wieder mit der zum linken Flügel zählenden Landesvorsitzenden **Traute Müller** – oder es herrschte Eiszeit zwischen den Kontrahenten. Dabei war das Gezänk völlig unnütz. Denn weder rechter noch linker Flügel hatten und haben trotz vollmundiger anderslautender Ankündigungen politische Visionen für die Weltstadt Hamburg und seine Erneuerung. Doch nichts waren diese Dispute gegen das politische Waterloo, das noch kommen sollte: der Diätenskandal im Jahre 1991. CDU und SPD hatten sich in einer großen „Kohle-Koalition" eine verfassungswidrige satte Diätenerhöhung und eine Altersrente genehmigt. Allerdings hatten sie ihre Rechnung ohne den öffentlichen Aufschrei kalkuliert. Und letztlich machten sie mit dieser geplanten schamlosen Selbstbedienung jene Partei stark, die dadurch – wenn auch nur für eine Legislaturperiode – ins Rathaus katapultiert wurde: die Statt Partei. Eigentlich, als es schon zu spät war, zog eine Abgeordnetenriege um den DGB-Chef **Erhard Pumm** bei Voscherau die Notbremse. Wohl auch, weil die Grünen und der Immobilien-Mogul und FDP-Landeschef **Robert Vogel** mit Verfassungsklage gedroht hatten. Schon zuvor hatte der Zweite Bürgermeister, Ingo von Münch (FDP), das Diätengesetz als „Wählertäuschung" und „schamlos" tituliert. Was blieb, war der Schaden – für die Politik insgesamt. Für die SPD besonders. Und in der ersten Reihe stand der gewaltige SPD-Rechte **Gerd Weiland**, ebenfalls Mitglied der „Wandsbek-Connection". Trotz Protesten aus den eigenen Reihen, hatte er bis zuletzt versucht, „das von ihm vorbereitete Gesetz durch eine handstreichartige Verfassungsänderung wasserdicht zu machen"[35]. Erstmals gab es in dieser Wahlperiode aber auch eine Neuerung, die den Wahlverlusten der SPD und dem Scheitern einer von Voscherau nie gewollten rot-grünen Koalitionsvereinbarung zu verdanken sind. Die Statt Partei, der neue SPD-Partner, schickte zwei parteilose Senatoren ins Rennen: **Prof. Dr. Erhard Rittershaus** (Jahrgang 1931) ins Wirtschaftsressort und **Klaus Hardrath** (Jahrgang 1941) in die Justizbehörde. Zu grundlegenden Veränderungen der wahren „Hamburger Verhältnisse" haben diese Personalien allerdings nicht geführt.

Und dann kamen sie doch, die Anfang der 80er Jahre so gefürchteten „Hamburger Verhältnisse". Unter ihrem neuen, zum linken Parteiflügel zählenden Bürgermeister Ortwin Runde (Jahrgang 1944), der zuvor der Stadt und seiner Partei als Sozial- und Finanzsenator gedient hatte, wurde die erste rot-grüne Koalition der Hansestadt geschmiedet. Runde hatte sich schon 1993 als Kandidat für ein rot-grünes Regierungspaar ins Gespräch gebracht. Er wusste, dass der damalige Bürgermeister Henning Voscherau die Grünen als Koalitionspartner nicht wollte. Während die Grünen 1982, wie erwähnt, an politischen Grundsätzen festhielten, warfen sie nun so ziemlich alles über Bord, was ihnen lieb und heilig war. Exemplarisch seien hier die Hafenerweiterung in Altenwerder und die Teil-Zuschüttung des Biotops Mühlenberger Loch für die Erweiterung des Airbus/EADS-Geländes genannt. Die Grünen bezahlten ihr Machtstreben in Bund und Land in Hamburg mit der Spaltung der Partei. Fünf Abgeordnete verließen mit ihrem Bürgerschafts-Mandat die GAL und gründeten die Bürgerschaftsgruppe „Regenbogen – für eine neue Linke". Der Grabenkriege zwischen Links und Rechts hat der studierte Diplom-Soziologe Ortwin Runde, der schon 1970 als wissenschaftlicher Mitarbeiter in der Arbeits- und Sozialbehörde beschäftigt war, offensichtlich ohne viel eigenes Zutun in den Griff bekommen. Der einst starke rechte SPD-Flügel ist erlahmt. Die Linken haben ihre Chance zur Durchsetzung alter Ideale nicht genutzt und tummeln sich in der voll gewordenen politischen Mitte. Während seine Partei es Ortwin Runde, der als blass und hemdsärmelig verschrien ist, leicht macht, trat er als Zeuge im Parlamentarischen Untersuchungsausschuss „Filz" einen schweren Gang an. Es ging um die „Vergabe und Kontrolle von Aufträgen und Zuwendungen durch die Freie und Hansestadt Hamburg". Gemeint war die Sozialbehörde, jene Mammut-Einrichtung, in der Runde politisch groß geworden war.

„Die SPD und ihre Stellung in Hamburg kann nur von der SPD selbst, von innen heraus gefährdet werden. Nur wenn wir in innerer Zerrissenheit die Kräfte der Partei lähmen, ist unsere politische Macht in Frage gestellt", hatte einst Max Brauer gewarnt.[36] Ortwin Runde bezeugte die Richtigkeit dieses Zitates auf seine ureigene Art. Vor dem Ausschuss konnte oder wollte er sich an vieles nicht erinnern – eine Aussagetaktik, die ihm zahlreiche Negativschlagzeilen einbrachte. Und auch jene Parteisoldatin, die den neuerlichen „Filz"-Ausschuss geradezu erzwungen hatte, hatte Brauers Worte offenbar nicht allzu sehr verinnerlicht: **Helgrit Fischer-Menzel.** Jene starke Frau aus der linken Kaderschmiede Bezirk Nord, die der Alida Schmidt-Stiftung einen Auftrag und Geld zuschanzen wollte. Das moralische wie politische Problem: Geschäftsführer der Stiftung war der Ehemann der Senatorin...

Erläuterungen zu den Fußnoten ab Seite 285

Das Diäten-Debakel

Wie sich eine Große Koalition die Taschen voll machen wollte

Es war ein unrühmlicher Start, den **Henning Voscherau** am 8. Juni 1988 als neuer Bürgermeister hinlegte. Und er sorgte zugleich für Schlagzeilen. Denn Voscherau hatte seinen Beginn als Chef der Hansestadt von einer fetten Pensionsregelung für sich und seinen Finanzsenator **Hans-Jürgen Krupp,** natürlich SPD, abhängig gemacht. Dabei konnte sich der Notar auf das Gesetz berufen. Das sieht nämlich vor, dass Härten, die aus der Senatstätigkeit entstehen, ausgeglichen werden müssen. Genau so eine Härte machte Voscherau für sich und Krupp geltend. „In der Sekunde der Vereidigung", hatte Voscherau argumentiert, verliere er seine „Existenz in eigener Praxis als materielle Grundlage für Familie sowie Alterssicherung." So sollte die Härtefallregelung im Falle Voscherau dazu führen, dass er „monatlich rund 9000 Mark"[1] auf seinem Konto vorfinden würde, wenn er vor Ablauf von vier Jahren aus dem Amt ausgeschieden wäre. Eine Erklärung, wo und wann Voscherau das Risiko sah, zu einem sozialen Härtefall werden zu können, blieb der Bürgermeister allerdings schuldig. Denn selbst wenn seine Politik so miserabel gewesen wäre, dass er nach weniger als vier Jahren Regierungtätigkeit hätte abdanken müssen, hätte er jederzeit seinen Job als Notar in seiner Sozietät wieder antreten können. Voscherau hatte sich für seine Bürgermeistertätigkeit nur beurlauben lassen. Und wie man in diesem Buch noch an anderer Stelle erfahren muss, hätte er nach der Rückkehr in sein Notariat wohl kaum am Hungertuch nagen müssen – im Gegenteil: Die Popularität, die ein öffentliches Amt mit sich bringt, hätte Voscherau vermutlich auch neue Kunden gebracht. So kritisierte „Die Welt"[2] , dass es jeden Steuerzahler verblüffen müsse, „wenn Härtefälle konstruiert werden, die offensichtlich keine sind". Nach zwei Wochen öffentlicher Diskussion um die zumindest moralische Rechtfertigung der Rentenansprüche verzichtete Henning Voscherau auf Anraten seines Rechtsanwalts, den ehemaligen Bürgermeister **Peter Schulz** (SPD), auf das finanzielle Privileg. Er gab den Pensions-Beschluss des Bürgerausschusses an die Präsidentin der Bürgerschaft, **Helga Elstner** (SPD), zurück. Und schrieb dazu vielsagend: „Ich vertraue darauf, dass meine Familie, sollte es einmal darauf ankommen, nicht alleinstehen wird."[3]

Die regierenden Politiker (mit Unterstützung der CDU-Opposition) hatten schon 1987 ebenfalls auf etwas vertraut – darauf, dass es keiner merkt, wenn sie sich die Taschen vollstopfen. Kurzerhand beschlossen sie eine Erhöhung der Senatorenpensionen. In aller Heimlichkeit sollten alle Senatoren, rückwirkend sogar die zurzeit der Gesetzesänderung tätigen Senatsmitglieder, in den Genuss einer Pension von 62 Prozent (bisher 47 Prozent) ihrer Amtsbezüge kommen, wenn sie vier Jahre lang ihren Politjob durchgehalten hatten. „Überfallartig und ohne ein Wort der öffentlichen Begründung"[4] sei die Regelung kurz vor der Neuwahl durchgezockt worden, kristisierte später der Staatsrechtler **Hans Herbert von Arnim** aus Speyer. Durchgepeitscht könnte man es auch nennen. Denn Verfassungsausschuss und Unterausschuss des Verfassungsausschusses befassten sich an ein und demselben Tag mit dem Gesetzesantrag zu den Senatoren-Pensionen. Kurz vor der Abstimmung bekamen den Antrag dann die Abgeordneten vorgelegt – ebenfalls am selben Tag, zudem noch in der letzten Bürgerschaftssitzung vor den Neuwahlen. Schlimmer: „Der Text der Änderungen des Ministergesetzes war aus dem Zusammenhang gerissen, so dass man seine Bedeutung allenfalls hätte verstehen können, wenn man das ganze Ministergesetz gehabt hätte", rügt von Arnim[5]. Besonders hervor tat sich Bürgerschaftspräsident **Dr. Martin Willich** (CDU). Er verschwieg den Abgeordneten in seiner Stellungnahme die brisanten Punkte der Gesetzesänderung und erwähnte die Pensionserhöhungen mit keinem Wort. Dieses Vorgehen, das gezielte Vernebeln der Fakten, eine (wie von Arnim es nannte) auf „manipulierte Weise" erschlichene Regelung, hatte Willich zuvor mit den Mitgliedern des Verfassungsausschusses abgesprochen.[6] Willich scheiterte später am Landgericht Hamburg mit einem Antrag, Arnim seine kritischen Äußerungen verbieten zu lassen. Das Gericht erkannte, dass Willich vor der Bürgerschaft „das Ruhegehalt der Senatoren nicht erwähnt hat."[7]

So wunderte es wenig, dass der Senat vier Jahre später lange Zeit auffällig schweigsam war, als der Skandal um die Abgeordneten-Diäten seinen Lauf nahm. Damals hatte ein „Kartell der einigen Demokraten"[7] aus SPD, CDU und FDP versucht, ein Diätengesetz durchzuboxen, das eines Feierabendparlaments unwürdig war. Lediglich der FDPler **Robert Vogel**, der Sozialdemokrat **Jan Klarmann** und die Grünen widersetzen sich dem Machtmissbrauch und dem Griff in die Stadtkasse.

Im wesentlichen machte sich die Kritik an dem Diätengesetz an einer von der Stadt finanzierten dynamischen Altersversorgung für die Abgeordneten fest. Hinzu kamen die üppigen Zahlungen für den Bürgerschafts-Präsidenten und die Fraktionsvorsitzenden, die über kein anderes Berufseinkommen verfügen. Stolze 19.500 Mark monatlich sollten es sein, mehr als politische Würdenträger fast überall in der Republik erhalten. Besonders dreist war die geplante Altersversorgung für Fraktionsvorsitzende und den Bürgerschaftspräsidenten. Die Begünstigten hätten nach dreieinhalb Amtsjahren eine Altersrente bekommen, für die sechs Durchschnittsverdiener ein ganzes Leben lang hätten arbeiten müssen.[8] In Zeiten eines harten Sparkurses verteidigten zwei Politiker besonders wortreich den Griff in die Stadtkasse: der Vorsitzende des Verfassungs-Ausschusses, Martin Willich (CDU) und der Vorsitzende des Haushaltsausschusses, **Gerd Weiland** (SPD). Die schamlose Selbstbedienung sei mit der Hamburger Verfassung unvereinbar, diagnostizierte dagegen Hans Herbert von Arnim im Auftrag des Bundes der Steuerzahler Hamburg. Es folgte kübelweise politischer Schmutz, den die bei der Selbstbedienung Ertappten über den Rechtsexperten auskippten. Selbst als die Justizsenatorin **Dr. Lore Maria Peschel-Gutzeit** zu dem Ergebnis kam, dass das geplante Diätengesetz gegen die Verfassung der Hansestadt verstoße, nahmen die Macher des Deals nicht Abschied von ihren in Aussicht stehenden Pfründen. Kurzerhand beschloss der Verfassungsausschuss, die Ehrenamtlichkeit der Bürgerschaft aus der Hamburger Verfassung zu streichen. Im November 1991 passierte das Gesetz trotz aller Kritik die Bürgerschaft – während die Grünen kopierte Tausendmarkscheine von der Rathaus-Tribüne in den Bürgerschaftssaal regnen ließen. Für diesen Fall der Absegnung des Gesetzes hatten Robert Vogel und die Grünen eine Klage vor dem Bundesverfassungsgericht angekündigt. Dazu sollte es trotzdem nicht mehr kommen. Ob das sich anbahnende juristische Desaster der Grund dafür gewesen ist, blieb bis heute im Dunkeln: In der Nacht zum 7. Dezember jedenfalls erklärte die SPD-Spitze um Bürgermeister Voscherau, dass der Senat Einspruch gegen das Diätengesetz für die Abgeordneten einlegen werde. Auch die Erhöhung der Senatoren-Renten aus dem Jahr 1987 sollte wegfallen. Am 15. Mai 1992 zog die Bürgerschaft die beiden Versorgungsregelungen für Abgeordnete und Senatoren dann wirklich zurück. Was blieb, war das beschädigte Ansehen jener Politiker, die sich maßlos selbst bedienen wollten. Denn die Nutznießer des geplatzten Diäten-Deals, besonders auch unter Berücksichtigung des schnellen Durchpeitschens der Versorgungsregelungen, waren schnell enttarnt: der Fraktions-Vorsitzende und heutige Hochbahn-Chef **Günter Elste** (SPD), die Bürgerschafts-Präsidentin **Elisabeth Kiausch** (SPD), der CDU-Fraktionschef **Rolf Kruse** und sein Vertreter Dr. Martin Willich. Nicht von ungefähr kam der Rechtsexperte von Arnim zu dem Ergebnis, dass das Gesetz auf vier bis fünf Personen „zugeschnitten war, die eine rasche Verabschiedung betrieben, um noch in der laufenden Legislaturperiode in den Genuss der Pfründe zu gelangen."[9]

Weil die Erhöhung der eigenen Bezüge so gründlich schief ging, und bundesweit eine „fundamentale Legitimationskrise" des Hamburger Parlaments zur Folge hatte, wie Bürgermeister Henning Voscherau in der Bürgerschaft im Dezember 1991 sagte, scheuen die Abgeordneten das Diäten-Thema mittlerweile wie der sprichwörtliche Teufel das Weihwasser. Der ehemals an der Hamburger Universität am Institut für Soziologie tätige **Dr. Jens Dangschat** machte sogar einen schweren gesellschaftliche Schaden aus, den der Diäten-Skandal angerichtet hatte. Der normale Bürger „lernt daraus doch nur", dass er „seinen eigenen Vorteil suchen"[10] müsse. Statt sich selbst zu bedienen, müssten die Abgeordneten „ihre Verantwortung erkennen und ein anderes soziales Empfinden vorleben",[11] so Dangschat. Ende 1999 legte eine von der damaligen Bürgerschaftspräsidentin **Ute Pape** (SPD) eingesetzte Kommission ihren Bericht über sinnvolle Veränderungen in Hamburgs Bürgerschaft vor. Leiter der Kommission: **Dr. Hermann Granzow** (SPD), der ehemalige Präsident des Rechnungshofs. Die Kommission empfiehlt, das Feierabend-Parlament aufzulösen und hauptamtliche Politiker ins Rathaus einziehen zu lassen. Allerdings sollte die Zahl der Abgeordneten von 121 auf 90 reduziert werden. Eine Idee, die nicht ganz neu war. Schon Anfang 1996 veröffentlichte die Patriotische Gesellschaft von 1765 ihre Idee von einem Berufs-Parlament – allerdings mit nur 60 Abgeordneten.[12] Um so bemerkenswerter war, dass die von der Bürgerschaftspräsidentin eingesetzte Kommission zu dem Ergebnis kam, dass es nicht hinnehmbar sei, dass Spitzenbeamte und Chefs von Staatsunternehmen im Parlament als Abgeordnete sitzen. Geändert hat sich seitdem nichts. Die Verquickung von Mandat und Beruf gehört zum Hamburger Alltag.

Erläuterungen zu den Fußnoten ab Seite 285

Eine Firma in meiner Stadt

Die Neuhamburgerin Stephanie Lembke* unternimmt eine etwas andere Sightseeing-Tour

Draußen erwacht die Stadt langsam aus ihrem Schlaf. Die ersten Vögel machen sich im Hinterhof bemerkbar. Die ersten Türen im Treppenhaus schlagen zu. Die ersten Nachbarn verlassen das Haus in Ottensen. Sieben Uhr. Der Radiowecker schaltet sich ein und die Hamburg-Welle wünscht **Stephanie Lembke** einen Guten Morgen. Ob es wirklich ein guter Morgen werden würde, ja, ein guter Tag, muss sich erst noch zeigen. Aber ein Gruß von der großen *Firma,* von der allmächtigen *Firma,* die ihr in diesen Tagen noch öfter begegnen wird und von der Stephanie noch gar nichts weiß, ist schon mal ein guter Anfang. Die 21-Jährige hat ein Mammutprogramm vor sich. Gerade mal seit zwei Tagen ist die angehende Jura-Studentin in Hamburg, der schönsten Stadt Deutschlands, wie CDU und SPD gleichermaßen finden. Ihre Großmutter freut sich, dass Stephanie für eine Weile in ihrer kleinen Wohnung mitlebt, aber eine Dauerlösung kann das natürlich nicht sein. Stephanie quält sich aus dem Bett. Uni, Wohnungsgesellschaften, ein bisschen die Stadt kennen lernen. Sie muss so vieles erledigen. Kurz unter die Dusche, ein kleiner kalter Schauer, um frisch in den Tag zu kommen. Leise surrt die elektrische Zahnbürste, macht zumindest das Gebiss fit für die nächsten Stunden. Schnell die dunklen Haare zum Pferdeschwanz gebunden, dann stellt Stephanie einen Kessel Teewasser auf den Gasherd. Zum ersten Mal in diesen Tagen fallen ihr die schönen Jahrhundertwendekacheln in der Küche ihrer Oma und der Stuck an der Decke auf. „Welcher Architekt dieses prächtige Haus wohl geplant hat?", denkt sie. Ihre Großmutter kommt in die Küche, trotz der frühen Stunde adrett und gepflegt wie immer. „Na, wovon träumst du denn gerade?", begrüßt sie ihre Enkelin. „Morgen, Omi", antwortet Stephanie, „ich dachte nur, dass ich mal wieder Lotto spie-

---

* Hinweis: Stephanie Lembke ist eine fiktive Person. Ähnlichkeiten mit realen Personen wären rein zufällig.

len sollte. Und wenn ich gewinne, dann würde ich uns so ein Haus wie dieses kaufen." Die alte Dame lächelt. Stephanie gießt das Teewasser in die Kanne. Sie kann nicht wissen, dass sie in diesen wenigen Minuten des Morgens schon fünfmal mit der *Firma* zu tun gehabt hat. Und es soll nicht das letzte Mal gewesen sein.

Bis zur Holländischen Reihe ist es nur ein Katzensprung. Der Bus der Linie 115 hält gewissermaßen vor der Tür. Trotzdem muss sie sich beeilen. Sie ist spät dran. Eigentlich hätte sie den Weg in die Neue Große Bergstraße auch zu Fuß gehen können. Aber der Bus war schon in Sichtweite – und mit ihm auch wieder, die *Firma*. Voll ist es, aber Stephanie hat Glück und ergattert einen Fensterplatz. Prima, denkt sie, so kann sie ihre neue Umgebung gleich ein bisschen kennenlernen . Die Bücherei. Der kleine Park. Das schneeweiße Bezirksamt. Ihr Blick fällt auf ein Citylight-Poster – Werbung für die HADAG-Fähren. Eine Hafenrundfahrt, denkt sie, ist wohl ein Muss, um diese Stadt am Wasser kennenzulernen und um einen Blick auf die riesigen Anlagen der Hamburger Hafen- und Lager AG zu werfen, jenem Moloch, der bestimmt, wo es im Hafen lang geht. Davon hatte der Großonkel ihr schon als kleines Kind erzählt. Aber erst einmal gehts zur Saga, dem größten städtischen Wohnungskonzern. Zwei kleine Zimmer würden Stephanie schon reichen. Denn ewig kann sie bei ihrer Großmutter nicht nächtigen. Und außerdem beginnt bald ihr Studium. Formulare ausfüllen, Wunschstadtteil nennen, Quadratmeter, und was die Miete kosten darf. Stephanie kommt auf eine Warteliste. Wohnraum ist knapp in Hamburg. Besonders, wenn er günstig und nicht in einem jener Brennpunkte sein soll, wo fast täglich der soziale Sprengstoff zu explodieren droht und die Streetworker im Dauereinsatz sind. Einen Tipp gibts zum Abschied noch gratis. Auch die ebenfalls städtische GWG, die Gesellschaft für Wohnen und Bauen, hat kleine Wohnungen im Angebot. „Einen Versuch ist es wert", meint die Saga-Mitarbeiterin. Und dann wäre da noch die Baugenossenschaft Hansa. Zwei Hinweise, die wieder zur *Firma* führen. Seit zwei Stunden ist Stephanie wach und die *Firma* ist ihr schon vierzehn Mal begegnet. Aber sie ahnt nichts davon.

Ein paar Schritte zu Fuß, um die Morgensonne zu genießen. Nein, mit dem Wetter, ob die Sonne scheint oder es regnet, damit hat die *Firma* ausnahmsweise nichts zu tun. Unweit des jüdischen Friedhofs steigt Stephanie in den 36er Bus und fährt über Hamburgs sündigste Meile. Die Leuchtreklamen, die blinkenden Anzieher fürs Ausziehen sind für ein paar Stunden erloschen. Es ist ruhig auf dem Kiez, auch auf Hamburgs berühmtestem und wohl auch berüchtigstem Revier, zumindest wenn man die Vergangenheit betrachtet – der Davidwache. Der Polizeipräsident soll heute auf Visite vorbeikommen. Touristisch ist das weniger von Bedeutung. Den ärmsten Stadtteil, der Hamburg so viele Besucher und damit Geld bringt, hat die *Firma* fest im Griff – manchmal scheint es aber auch andersherum zu sein, wenn man sich die Verstrickungen der mächtigen Interessengemeinschaft St. Pauli mit der Partei ansieht. Aber so oder so, ohne die *Firma* geht hier gar nichts. Deswegen gleicht der Hans-Albers-Platz, benannt nach jenem Barden, dessen Lieder heute noch so manche Kneipen-Besatzung zu einem imposanten Chor werden lassen, seit Jahren einem grauen verdreckten Hinterhof. Oder der Spielbudenplatz, das Herz des Kiezes, der eine öde Sandwüste ist, weil es der *Firma* an Ideen und gutem Willen fehlt. Stephanie kann all das nicht wissen. Viele Hamburger kennen die Zusammenhänge auch nicht. Und so fährt der *Firmen*-Fahrer der Linie 36 die junge Frau weiter Richtung City. Vorbei an jenem Ort, wo die Ärzte des Hafenkrankenhauses auch den Ärmsten der Armen halfen, bis die ehemalige Gesundheitssenatorin die Einrichtung des Landesbetriebes Krankenhäuser – angeblich aus Kostengründen – schließen ließ. Die *Firma* lässt grüßen.

Eben noch die Obdachlosen in den zugigen Hauseingängen der Reeperbahn. Nun vorbei an den architektonischen Palästen der Handwerkskammer und der Deutschen Angestellten Gewerkschaft. Krasser können die Gegensätze zwischen Arm und Reich kaum sein. Am Johannes-Brahms-Platz stehen die Ampeln auf rot. Stephanies Blick schweift rüber zum Sievekingplatz. Hier in der Nähe ist so ziemlich alles zu Hause, was mit Justiz zu tun hat. Amtsgericht, Landgericht, Oberlandesgericht, Staatsanwaltschaft, Untersuchungs-Gefängnis. Im Geiste sieht Stephanie sich die Treppen zum prächtigen Strafjustizgebäude raufgehen. Als Star-Anwältin. Oder vielleicht doch lieber als Staats-anwältin. Vermutlich wäre sie, bis es so weit sein könnte, mit der *Firma* verbandelt – aber woher sollte die junge Frau das zu dieser Zeit schon wissen? Irgendwo dahinter soll die Hamburg Messe sein, hatte ihr die Oma gesagt. Doch dafür ist heute keine Zeit. Auch wenn ihr wieder mindestens fünfmal die *Firma* begegnet wäre. Aber die wartet auch an anderer Stelle.

Ein paar Informationen über die Gewerkschaften will Stephanie in der Zentrale am Besenbinderhof abholen. Die nette Dame, mit der sie tele-foniert hatte, ist schon zu Tisch. Sie soll aber in Kürze wieder kommen. Mit einem kleinen Gang ums Quarree will sich unsere Neuham-burgerin nicht nur die Zeit vertreiben, sondern auch die Stadt kennen lernen. Neben dem Gewerkschaftshaus ist die Hamburgische Woh-nungsbaukreditanstalt, – aber ohne den erträumten Lottogewinn braucht Stephanie gar nicht an einen Hauskredit zu denken. Rea-listisch erscheint da höchstens ein kleiner Schrebergarten mit Laube. Vor dem Arbeitsamt sitzen ein paar Männer in der Mittagssonne. Einer blättert in Unterlagen der Grone-Schule. Stephanie schnappt ein paar Gesprächsfetzen auf. Die Männer unterhalten sich über Fortbildung. „Mich wollen sie ins berufliche Trainingszentrum stecken", sagt ein Älterer. „Ich kann mich zwischen Berufsförderungswerk und Zentrum für berufliche Bildung entscheiden", sagt ein anderer. Vom Verein zur Förderung der beruflichen Bildung ist die Rede und von einem gewis-sen „Zebra". „Lustiger Name für einen Verein", denkt die junge Frau und schlendert ein paar Schritte weiter. Im Nagelsweg wird sie von einem angegrauten Mitvierziger angesprochen. „Können Sie mir sagen, wo das Oberverwaltungsgericht ist?", fragt er höflich. Stephanie ist zwar angehende Juristin, aber wo das Oberverwaltungsgericht in die-ser Ecke ist, kann sie nach zwei Tagen in Hamburg nun wirklich noch nicht wissen. Sie geht weiter Richtung Amsinckstraße. Neugierig guckt sie sich um. Das muss auch dem jungen Fahrer eines Kleinbusses aufgefallen sein, der kurz hupt und ihr zulächelt. Elbe-Werkstätten steht auf dem Fahrzeug. Stephanie winkt lächelnd zurück. „Von wegen, die Norddeutschen sind so steif", denkt sie. Vor einem funktionalen rot-gelben Zweckbau Marke Glas-Stahl-Klinker bleibt sie stehen. Menschen aus anderen Ländern warten vor dem Gebäude. Ein Wachmann steht neben ein paar Gittern an der Eingangstür. Es ist die Ausländerbehörde. Nur gut 20 Minuten ist Stephanie Lembke spazieren gegangen. Aber die *Firma*, die ist ihr schon wieder zwölfmal gegnet, ohne dass es die junge Frau bemerkt hat. Es ist Zeit, im Gewerkschaftshaus ruft der Termin.

Eine Stunde später. Noch immer ist vom Hamburger Schmuddelwetter keine Spur. Durch eine kleine Grünanlage gehts ein paar Schritte zum Hauptbahnhof. Stephanie muss sich ein wenig beeilen, die S-Bahn der Linie 11 oder 21 wartet nicht. Und die Mitarbeiter an der Universität auch nicht. Es ist zwar nur eine Station. Aber so können sich die Füße ein wenig erholen und die Blicke über Außen- und Binnenalster schweifen. „Wunderschön", denkt Stephanie, „am Wochenende werde ich mit Omi einmal um die Alster laufen." Der Dammtorbahnhof gleicht einer Baustelle. Aber trotzdem lässt sich der einstige Charme der Station erahnen, der nun wieder erweckt werden soll. Nur ein paar Schritte von hier soll die Staatsoper sein, für die ihre Großmutter sich zu Weihnachten ein Abonnement gewünscht hatte. Doch für die architektonischen Schönheiten hat Stephanie jetzt keine Zeit mehr – sie will endlich zum Campus. Studienunterlagen abholen, ein Besuch beim AStA und einen Blick in die Mensa werfen, soviel Zeit muss sein, schließlich wird die Uni für die nächsten Jahre so eine Art zweites Zuhause sein.

Es ist spät geworden. Die Sonne steht schon tief. Die Busse sind rappel-voll. Buchstäblich wie die Fische in der Sardinenbüchse quetschen sich die Menschen in die Verkehrsmittel, um nach Hause zu kommen. Stephanie ist geschafft. Der Tag war anstrengend und ihr Kopf ist voller neuer Eindrücke. Verträumt fährt sie zurück nach Ottensen. Ihre

Großmutter hat gerade Teewasser aufgesetzt. „Na, Kind, wie war dein Tag?", fragt die alte Dame, während sie zwei Tassen und ein paar Kekse auf den Küchentisch stellt. Bevor Stephanie antworten kann, klingelt das Telefon. Sie hört, wie ihre Großmutter spricht, ihre Stimme klingt besorgt. „Das war dein Onkel Willi", sagt sie, als sie wieder in die Küche kommt. Der ältere Bruder der Großmutter ist fast 90 Jahre alt, lebte bisher noch in seiner eigenen Wohnung. „Er schaffts nicht mehr, das sieht er selbst ein," erklärt die alte Dame, „ich werde mir mal ein paar Prospekte von pflegen & wohnen zuschicken lassen, das ist hier ein großer städtischer Träger für Altenheime. Aber nun erzähl mal, was hast du denn so gemacht heute?" Stephanie fängt an, berichtet von ihrer Busfahrt, dass sie sich nicht verfahren und auch die Saga problemlos gefunden hat. Sie erzählt von den schönen Gerichtsgebäuden und ihrem Termin bei der Gewerkschaft. Von den Männern vor dem Arbeitsamt und davon, dass sie heute fast an Großmutters geliebter Oper vorbei gekommen wäre. Und natürlich von dem netten jungen Fahrer, der sie angehupt hat.

„Sieh mal einer an, dann hast du ja heute fast fünfzigmal mit der *Firma* zu tun gehabt", lächelt die Großmutter. Stephanie schaut die grauhaarige Dame irritiert an. „Welche *Firma*, so wurde doch früher die Stasi in der DDR von den Bürgern genannt?" „Nee, mein Kind, damit hat das wirklich gar nichts zu tun. Bei uns in Hamburg meint der Volksmund damit die große SPD!" „Ich bin nicht bei der SPD gewesen", widerspricht Stephanie. „Oh, doch", sagt die Großmutter, „ich wohne mein langes Leben schon in Hamburg und wie du weißt, bin ich noch lange nicht verkalkt. Und was ich über die Jahre so alles in den Zeitungen gelesen oder im Fernsehen gesehen habe, da könnte ich dir manche Geschichte erzählen über die SPD. Außerdem war dein Großvater lange genug Mitglied. Von dem habe ich auch so einiges erfahren." „Das ist ja interessant, erzähl doch mal, Omi", bittet Stephanie. Und so erklärt die alte Dame ihrer verdutzten Enkelin, wie sie an einem Tag an nahezu jeder Ecke ihrer Stadtrundfahrt den Sozialdemokraten begegnet ist, jener Partei, die Hamburg und das öffentliche Leben seit mehr als 40 Jahren fest im Griff hat.

„Du hattest noch nicht einmal richtig die Augen offen, da war die *Firma* schon da", beginnt die Großmutter ihren Bericht. Als der Radiowecker sich einschaltete und die Musik dudelte. Intendant des Norddeutschen Rundfunks ist **Jobst Ploog**. Und der ist in der SPD. Sein Stellvertreter kommt von der CDU, das machen die so aus Proporzgründen. „Der Strom für deine Zahnbürste kommt von den Hamburgischen Electricitätswerken", fährt sie fort. Dort sitzt **Joachim Lubitz** im Vorstand, natürlich SPD. Bei den Wasserwerken ist Sozialdemokrat **Hanno Hames** Geschäftsführer. Und die Hamburger Gaswerke „Hein Gas" leiten **Peter Böhm** und **Ulrich Hartmann.** Ebenfalls SPDler. Die Großmutter erinnert sich, wie Hartmann damals Fraktionsvorsitzender war und **Werner Staak** bis 1981 Landesvorsitzender der Hamburger SPD und zwischen 1974 und 1983 zugleich Wirtschafts- beziehungsweise Finanzsenator. Wie ihr „Intrigen-Spiel"[1] dazu führte, dass Bürgermeister **Hans-Ulrich Klose** das Handtuch warf. Wenig später mussten zwar auch Staak und sein Parteivorstand aufgeben sowie Hartmann gehen. Geschadet hat es ihnen nicht, lukrative Jobs warteten schon: Auf den gelernten Volkswirt Hartmann, der auch mal Assistent in der SPD-Fraktion war, zunächst bei den Wasserwerken und später eben bei den Gaswerken. Staak arbeitete sich vom Tischler zum Betriebswirt, vom Innensenator zum SPD-Vorsitzenden hoch, bis er auf einem gut bezahlten Chefposten bei der Saga landete. Von dem stürzte er erst wieder ab, als der Verkauf des Männerwohnheims Culinstraße an den Duisburger Spekulanten **Henning Conle** für Schlagzeilen sorgte. „Die Saga kennst du ja schon", sagt die Großmutter und schenkt ihrer Enkeltochter Tee nach. „Dort sitzen noch mehr Sozialdemokraten." Die Erklärung ist einfach, zumindest für einen Hamburger. Im Aufsichtsrat der Saga sitzt der sozialdemokratische Bausenator **Eugen Wagner**, starker Mann des rechten Parteiflügels und dienstältestes Senatsmitglied. Jener Mann mit dem wenig schmeichelhaften Beinamen „Beton-Eugen", dem Journalisten suspekt sind, „dem Sensibelchen",[2] das sich bei der Saga selbst „zum Boss"[3] wählte und sich dann auch noch auf der Jahreshauptversammlung des städtischen Wohnungskonzerns „selbst entlastete".[4] Jener Wagner war es, der seinen politischen Ziehsohn **Johannes Kahrs**, den er später als Bundestagskandidaten gegen den gestandenen Genossen des linken Flügels, **Freimut Duve**, durchboxte, erst einmal bei der Saga trocken unterbrachte. Fleißig sei er gewesen, der Johannes, erzählt man sich auf den Fluren des Unternehmens. Fleißig habe er von seinem Saga-Schreibtisch aus auch seinen Bundestagswahlkampf organisiert. Und heute, seitdem Saga und GWG, das zweite städtische Wohnungsunternehmen, eng zusammen arbeiten, sitzt auch **Michael Sachs** mit als Geschäftsführer in beiden Unternehmen – natürlich ein Sozialdemokrat, der für seine Partei auch in der Bürgerschaft saß. „Und deine Baugenossenschaft Hansa", erklärt die Großmutter und nimmt sich noch einen Keks, „die ist auch fest in der Hand der SPD." Deren Geschäftsführer **Rolf Lange** war einmal Innensenator in Hamburg und verantwortlich für die rechtswidrige Einkesselung von fast 800 Demonstranten auf dem Heiligengeistfeld. Er musste zurücktreten, als eine vorbestrafte Rotlichtgröße, Werner „Mucki" Pinzner, im Polizeipräsidium wild um sich schoss.

„Stimmt, an die Kessel-Geschichte erinnere ich mich", sagt Stephanie. Ihre ältere Schwester war damals unter den eingeschlossenen Demonstranten gewesen. Die Großmutter nickt. „Aber wusstest du, dass du dir sogar deinen Lottogewinn bei der SPD abholen müsstest? Zumindest im weitesten Sinne." Denn Chef der Nordwest Lotto und Toto GmbH ist **Dieter Heering** – auch wenn der bei Gewinnen natürlich seine Lottofee vorschickt. Der Gewerkschafter und ehemalige Polizeipräsident hatte das Amt von dem 1988 gestorbenen **Max Reimer**, ebenfalls SPD, geerbt. Heering war nach einer Reihe von Fehlleistungen der Hamburger Polizei im Dezember 1987 zurückgetreten. Seitdem suchte der Senat für den einstigen ÖTV- und DGB-Nordmark Funktionär einen Job der Besoldungsstufe B6 – damals rund 10.000 Mark Monatseinkommen.[5] Weil die FDP einen Versorgungsfall Heering witterte, musste die Stelle ausgeschrieben werden. Aus den rund 80 Bewerbungen filterte die Findungskommission Heering als den Besten heraus. Wundern tut dies kaum noch jemanden: Egal „wieviel in Hamburg auch ausgewählt und beraten wird – am Ende erweist sich in der Regel immer ein Sozialdemokrat als der qualifizierteste Bewerber"[6].

Da ist der Herr über alle Hamburger Busse und Bahnen, der Vorstandsvorsitzende der Hamburger Hochbahn AG, **Günter Elste**. Im Aufsichtsrat der Hochbahn sitzt wiederum Senator Eugen Wagner. Elste war Fraktionsvorsitzender der SPD, kommt aus dem mächtigen Kreis Wandsbek, wo die früher gefürchtete „Wandsbek-Connection" sitzt. Vor seinem Wechsel zur Hochbahn war Elste Chef der städtischen Hamburger Gesellschaft für Beteiligungsverwaltung (HGV). Ein gigantisches Unternehmen, die im Hamburg-Handbuch nur mit ein paar Zeilen gewürdigt wird. Die HGV ist geschäftsführende Holding für einen Großteil der öffentlichen Unternehmen in der Stadt, zudem an einem Geflecht zahlreicher anderer Gesellschaften beteiligt. Schon dort sorgte Diplom-Kaufmann Elste, der bis 1987 Prokurist bei der Saga war, für Schlagzeilen, weil der Aufsichtsrat seinen Vertrag 1993 vier Wochen vor der Wahl bis 1999 verlängern ließ. Und das, obwohl sein Vertrag noch ein Jahr gültig war. Aufsichtsratsvorsitzender der HGV-Holding war damals Finanzsenator **Wolfgang Curilla** (SPD). Bei Elstes Berufung zur Hochbahn stieß unangenehm auf, dass er einen vierten Vorstandsposten bekommen sollte – in Zeiten, in denen das Gürtel-enger-schnallen gepredigt wird. Zwar wurde die Hochbahn-Stelle ausgeschrieben, aber auch diesmal war wieder ein Sozialdemokrat der beste Mann. Elste zog ins Unternehmen an der Steinstraße. „Die öffentliche Ausschreibung gerät in den Verdacht einer teuren Alibifunktion", klagte damals die Statt Partei. Einen Verdacht, den schon 1979 der Rechnungshof mit Fakten untermauerte. Er hatte festgestellt, dass 1977 42 Prozent aller Pflichtausschreibungen manipuliert oder unehrlich waren. So waren Spitzenposten ausgeschrieben worden, obwohl die Stellen schon mit Mitarbeitern der Behörde besetzt waren. Nicht nur politisch unsauber, sondern es zeugt auch von einem höchst unmenschlichen Umgang mit den Bewerbern. Elste selbst sagte rund 17 Jahre später zu dem Stichwort „Filz in unserer Stadt": „Ist nicht anders zu beurteilen als anderswo. Gesellschaftliche Tendenzen machen Filzvorgänge immer weniger möglich."[7] Er scheint daran wirklich zu glauben. Und während Elste versuchte, sich um den öffentlichen Nahverkehr verdient zu machen, wurde sein Job damals ehrenamtlich von einem Regierungsdirektor der Finanzbehörde übernommen. Fragen stellten sich, was Elste eigentlich Vollzeit bei der HGV getan hatte? Heute übrigens ist **Rolf Fritsch**, ÖTV-Funktionär und natürlich Sozialdemokrat, einer der Geschäftsführer bei der HGV.

„Filz ist ein sehr nützliches Gewebe", hatte der langjährige Leiter der Senatspressestelle, Paul O. Vogel, einmal gesagt, „schwer zu zerreißen." So wunderts nicht, dass auch der Geschäftsführer der Hamburger Außenwerbung, **Klaus-Dieter Tiemens**, in der SPD ist. Vorständler der HADAG Seetouristik und Fährdienst AG ist **Jens Wrage**. Gleichzeitig Geschäftsführer der ATG Alster-Touristik GmbH – und natürlich Sozialdemokrat. Den Chefsessel der Hafen- und Lagerhaus AG gab der ehemalige Wirtschaftssenator **Helmuth Kern** (SPD) an **Peter Dietrich** (SPD) weiter. Polizeipräsident ist **Justus Woydt**. Selbstverständlich in der SPD und beheimatet im filzig-flauschig-gemütlich-warmen Kreisverband Nord. Dort hat auch der Geschäftsführer der Hamburger Friedhöfe, **Wolfgang Pages**, seine Wurzeln. Ebenso wie **Heinz Lohmann**, Vorstandssprecher des Landesbetriebes Krankenhäuser, der der größte Arbeitgeber der Hansestadt ist. **Wolfgang Werner** (SPD) ist kaufmännischer Geschäftsführer der Stadtentwässerung. DAG-Chef ist der SPD-Bürgerschaftsabgeordnete **Uwe Grund**, ebenso wie einst **Roland Issen**. Und DGB-Chef ist **Erhard Pumm** (SPD). Damit setzte der DGB eine ungebrochene Tradition fort. 1969 bis 1988 war **Hans Saalfeld** Chef des Deutsches Gewerkschaftsbundes. Von 1966 an saß er ein halbes Leben für die SPD in der Bürgerschaft. Und in der 13. Wahlperiode kamen neun der 55 SPD-Abgeordneten aus den Gewerkschaften.[8] Auch die Justiz ist fest in der Hand der Firma. Amtsgerichtspräsident ist Dr. **Heiko Raabe**, Sozialdemokrat. **Konstanze Görres-Ohde** (SPD) ist Landgerichtspräsidentin und Vize-Präsidentin am Verfassungsgericht. Präsident des Oberlandesgerichts und zugleich Präsident des Verfassungsgerichts ist **Wilhelm Rapp** (SPD). Den Posten als General-staatsanwalt erbte **Angela Uhlig-van Buren** von **Dr. Arno Weinert** – beide Sozialdemokraten. Weinert, der zwischenzeitlich aus der Partei ausgetreten war, saß übrigens in jener Kommission, die den besten Bewerber für den Posten des Generalstaatsanwalt finden sollte. „Er muss sich selbst von sich selbst am meisten überzeugt haben", diagnostizierte die Wochenzeitung „Die Zeit"[9]. Finanzgerichtspräsident ist übrigens auch ein SPDler, **Dr. Jan Grotheer.** Und Präsident des Oberverwaltungsgerichts ist **Dr. Rolf Gestefeld** (SPD).

Für einen kurzen Abstecher zur Hamburg Messe hatte Stephanie ja nun keine Zeit. Dabei sitzt auch hier die Firma am wichtigsten Tisch. Der Ex-Bürgerschaftsabgeordnete und Ex-Fraktionschef der SPD, **Paul Busse,** ist Geschäftsführer der Hamburg Messe und Congress GmbH. Zu Zeiten von Bürgermeister **Klaus von Dohnanyi** wurden viele Posten städtischer Firmen und Behörden mit SPD-Mitgliedern besetzt. Nicht zuletzt sogar die Leitungsstelle der Forstverwaltung. Sie ging an den ehemaligen SPD-Abgeordneten **Rainer Wujciak.** Was den damaligen CDU-Fraktionschef zu dem Kommentar verleitete: „Nun muss man damit rechnen, dass die Förster künftig statt grüner rote Uniformen tragen müssen." **Ingo von Münch** (FDP), dessen Partei im Wahlkampf „Das original Hamburger Filztuch" verteilt hatte, konstatierte: „In einigen Behörden kann sogar eine Maus nur in den Keller, wenn sie das Parteibuch der SPD hat." Trotz aller Proteste, trotz aller Mahnungen, die politische Hygiene nicht zu verletzten, setzte die SPD über all ihre Herrschaftsjahre fort, was sie so erfolgreich begonnen hatte: Für nahezu alle in der Verwaltung und städtischen Firmen zu besetzenden Posten fanden sich Sozialdemokraten. Sie waren, honi soit qui mal y pense, immer die Besten – wenn die Jobs überhaupt ausgeschrieben wurden. Der starke SPD-Linke, ehemalige Sozialsenator und heutige Haushaltsausschuss-Vorsitzende **Jan Ehlers** rechnete schon Anfang der 90er Jahre nach: „Von den 154 SPD-Abgeordneten, die seit 1974 in die Bürgerschaft gewählt wurden, wechselten 32 in ein Senatsamt, sieben in die Geschäftsführung eines städtischen Unternehmens; drei wurden Amtsleiter mit B-Besoldung in einer Behörde. Insgesamt hätten 30 Prozent ‚Vollzeitjobs im Politikbereich' erreicht."[10] Dass da Menschen auf Posten gehoben wurden, die Fähigkeiten und Wissen verlangen, die diese nicht vorweisen konnten, war für die Hamburger Sozialdemokraten kein Hindernis. Kurzerhand wurden die Jobs den Befähigungen des zu versorgenden SPDlers angepasst. Beispiel **Jörg König.** Eigentlich hatte er einen Beruf erlernt, der auch in Deutschland immer noch mit einem gewissen Ansehen versehen ist: Lehrer. Doch ausgeübt hat König diesen Beruf nie. Stephanie versteht zunächst nicht, warum ihr Sabine die Geschichte erzählt. Denn diesen Herrn König, so meint sie, hatte sie nicht getroffen. Königs Vita belegt eindrucksvoll, dass, wer der Partei ergeben dient, weiter kommt. Wie vor und nach ihm so viele andere beginnt seine Karriere 1972 im Vorzimmer des Bürgermeisters als persönlicher Referent von **Peter Schulz.** Von der Senatskanzlei gehts nach Bergedorf, erst als Wirtschaftsbeauftragter, danach mit einer Sonderaufgabe betreut: Im Lenkungsstab für die zum Glück nie verwirklichte Trabantenstadt Billwerder-Allermöhe. Hilfreich bei seinem weiteren Fortkommen war für König sicherlich, sich in dem östlichsten Bezirk in seiner Partei zu engagieren und in der „Bergedorfer Mafia"[11] an Einfluss zu gewinnen. Er ist Fraktionsvorsitzender der Bergedorfer SPD und Bürgerschaftsabgeordneter. Die Arbeit zahlte sich aus: 1978 wurde König Bezirksamtsleiter. Es folgt 1981 die Wahl zum SPD-Landesvorsitzenden. Und weil ein Parteisoldat nicht nein sagt, auch wenn ihn eigentlich nichts für einen angedienten Job qualifiziert außer das Parteibuch, wurde er 1983 Finanzsenator. König löste **Dr. Wilhelm Nölling** (SPD) ab, der Chef der Landeszentralbank wurde und zwischen 1974 und 1982 drei Senatoren-Ämter inne hatte, u.a. das des Gesundheitssenators. Später übernahm **Prof. Dr. Hans-Jürgen Krupp** den Vorstandssessel. Übrigens, um beim Thema Banken zu bleiben: Auch die Hamburgische Landesbank-Girozentrale ist seit Jahrzehnten in SPD-Hand. **Hans Fahning** (SPD) folgte **Werner Schulz** (SPD) und nun sitzt **Alexander Stuhlmann** (SPD) auf dem begehrten Posten des Vorstandsvorsitzenden. Aber zurück zu dem inzwischen verstorbenen Jörg König. Der war nun also als gelernter Lehrer Finanzsenator – und machte sich mit unpopulären Entscheidungen wie der Verdoppelung der Hundesteuer, Personaleinsparungen im öffentlichen Dienst oder der so genannten Durststeuer viele Feinde.

Für seinen kurzfristigen Abstieg sorgte König aber selber. Offensichtlich hatte er am 1. Mai 1984 lieber mit dem Alkohol geliebäugelt, als für den Arbeitertag zu kämpfen und war betrunken mit seinem Dienstmercedes in eine Autobahnleitplanke gerast. Dies allein hätten die Sozis ihrem strammen Genossen womöglich noch verziehen. Die Fahrerflucht und spätere Falschaussage bei der Polizei waren dann aber auch für Hamburger Verhältnisse zu viel. Es folgten Prozess und Vorstrafe. Das Ende der Erfolgsstory König war dies noch lange nicht. Nahezu jeder freie Posten in irgendeiner Chefetage dieser Stadt, auf den die SPD Zugriff hatte, wurde für König ins Gespräch gebracht. So auch der einer Bank. Jener König also, der schon als Finanzsenator überfordert gewesen sein soll, zwar Pädagoge gelernt, aber nie Kinder unterrichtet hatte und nicht einmal für den Straßenverkehr geeignet war, der sollte nun Vorstand der Hamburger Wohnungsbau-Kreditanstalt werden. Was einen Menschen, der als Finanzsenator untragbar geworden war, befähigte Chef einer Bank zu werden, hatten die Sozialdemokraten sich offensichtlich nicht gefragt. So musste das Bundesamt für das Kreditwesen sich einschalten, um die Hanseaten zu stoppen – allerdings nur kurzfristig. Denn das Kreditwesengesetz schreibt vor, dass Bankvorstände mindestens eine dreijährige Bankerfahrung vorweisen können müssen. König hatte zwar schon auf vielen Bänken gesessen, aber es waren zumindest für das Kreditwesen die falschen. Ein Hindernis war das für die SPD nicht. Sie schufen kurzerhand den speziellen König-Posten „Beauftragter des Vorstandes" – gut dotiert und gesetzeskompatibel. Weder Betriebsrat noch der damalige Vorstand der Wohnungsbau-Kreditanstalt waren über diesen Deal um einen Versorgungsposten begeistert – aber ihr Protest wurde ignoriert. So bekam Hamburg den wahrscheinlich teuersten Banklehrling der Welt. Übrigens: Vor König war auch **Oswald Paulig**, der ehemalige SPD-Landesvorsitzende, Direktor der Wohnungsbau-Kreditanstalt. Und auch heute sitzt mit **Holger Hensel** mindestens ein Sozialdemokrat im Vorstand der Anstalt öffentlichen Rechts, an der die Landesbank und die Hamburger Gesellschaft für Beteiligungsverwaltung mbH beteiligt sind.

„Das gibts doch gar nicht. Was ist denn das hier für eine Stadt?", fragt Stephanie und nippt an ihrem Tee. „Vom bayerischen Amigoland habe ich ja schon öfter gehört. Von der Flugaffäre in Nordrhein-Westfalen habe ich im Fernsehen gesehen. Und in Hamburg ist es nicht besser?" „Ach, Kind, die Menschen sind überall gleich", seufzt die Großmutter. „Willst du noch mehr hören?" „Klar", sagt Stephanie. „Gut, dann erzähl ich dir vom Chef der Gartenzwerge", sagt die alte Dame grinsend. Gemeint ist **Ingo Kleist**. Auch wenn er nicht, zumindest nicht sichtbar, die rote Zipfelmütze der Gartenzwerge trägt, so ist er doch seit ewigen Zeiten der Anführer der Kleingarten-Freunde und ihres Landesverbandes. Solange der Genosse über die Rasenlänge in den Laubenanlagen wacht und gleichzeitig in der Bürgerschaft sitzt, wagt sich kein SPD-Senat aus Angst vor einem Zwergen-Aufstand an die gerade zu Zeiten der Wohnungsknappheit begehrten Grundstücke der Kleingärtner heran.

„Ja, und dann sind da noch die Fortbildungeinrichtungen, über die deine Arbeitslosen gesprochen haben", fährt die Großmutter fort, „Berufsförderungswerk, Berufliches Trainingszentrum, Zentrum für berufliche Bildung – überall bestimmen Sozialdemokraten mit." Am 1. Februar 2000 wurde **Maik Schwartau** zum neuen Vorsitzenden der SPD-Ottensen gewählt. Beruflich ist er Projektleiter beim Verein zur Förderung der beruflichen Bildung. Keine Ausnahme: Zebra e.V., was Zentrum zur beruflichen Reintegration von Arbeitslosen heißt, oder der im Bezirk Nord ansässige Verein zur Förderung der Selbsthilfe e.V. Mook wat e.V., der Verein Ökologische Technik e.V., Jugendcafé in Altona e.V., der Verein zur Betreuung von Arbeitslosen – alles SPD oder SPD-nahe Vereine. Nicht selten zählten Behördenmitarbeiter zu den Gründungsmitgliedern – und nicht selten waren auch diese Sozialdemokraten. „Und der junge Mann, der dich angehupt hat, erinnerst du dich?", fragt die Großmutter lächelnd. „Der mit dem Bus der Elbe-Werkstätten?" Natürlich erinnert sich Stephanie. „Komm, Omi, nun sag nicht, in Hamburg kann man nicht mal flirten, ohne dass die Partei ihre Finger im Spiel hat", sagt sie und verdreht die Augen. „Du kannst bestimmt auch ohne die SPD flirten," antwortet die alte Dame und tätschelt ihrer Enkelin die Hand, „ein hübsches Mädchen wie du. Aber ich fürchte, in diesem Falle war die *Firma* auch wieder mit dabei". Der Geschäftsführer der Elbe-Werkstätten heißt **Bodo Schümann**, ein Sozialdemokrat, der mal für seine Partei in der Bürgerschaft saß. Und er ist bei weitem keine Ausnahme: Präsident des Landesverbandes des Deutschen Roten Kreuzes ist beispielsweise **Werner Weidemann**. Eben jener Genosse Weidemann, der einst Bezirksamtsleiter im Bezirk Nord war und später Wohnungsbaubeauftragter unter Senator **Eugen Wagner** in der Baubehörde. Bemerkenswert ist auch die Karriere von **Ralph Bornhöft**, dem Leiter des Einwohnerzentralamtes (EZA). Auch er gehört zum so genannten „Nord-Klüngel", war Bürgerschaftsabgeordneter und als Rechtsreferent im Bezirksamt Wandsbek tätig, bis er 1991 zum Leiter des EZA bestellt wurde. Oder **Jürgen „Eddi" Mantell**. Einst beim Rechnungshof angestellt, wurde das Mitglied des Arbeitskreises sozialdemokratischer Juristen zum Aufbau der Stadtentwicklungsbehörde abgestellt – natürlich mit einer Verbesserung seiner wirtschaftlichen Lage. Heute ist Mantell Bezirksamtsleiter in Eimsbüttel – natürlich wurde er gewählt und nicht einfach ernannt. Auch **Peter Meyer-Schütt** machte Anfang der 90er Jahre einen mächtigen Karrieresprung. Der einstige Mitarbeiter der SPD-Fraktion wurde von Bürgerschaftspräsidentin **Elisabeth Kiausch** (SPD) zum Leiter ihrer Rechtsabteilung benannt. Ein schönes Beispiel für berufliches Fortkommen ist auch **Heike Severin.** Einst war sie für die Termine des Altbürgermeisters **Henning Voscherau** zuständig, bis sie Ortsamtsleiterin in Wilhelmsburg wurde. Voscherau rechtfertigte die Beförderung später damit, dass Frau Severin seit Anfang der 60er Jahre unter sieben Bürgermeistern eine tüchtige Beamtin gewesen sei. Dies soll hier nicht bestritten werden. Doch noch heute herrscht unter potenziellen Kandidaten für Führungsposten in Orts- oder Bezirksämtern die Meinung vor, es sei aussichtslos, eine Chance auf den Job zu haben, wenn man nicht in der Partei ist. Dies führt zu so grotesken Aktionen wie jüngst in einem Bezirksamt. Gewissermaßen zeitgleich mit dem Verschicken seiner Bewerbungsunterlagen, trat ein Bewerber für einen Führungsposten in die SPD ein. Dass dies von Vorteil ist, berichtete „Der Spiegel" schon vor Jahren. Sollte sich Heike Severin mit ihren anderen 14 Ortsamtskollegen treffen, wäre dies wie ein intimer Parteizirkel.[12] Und als schon 1991 für die SPD-Bürgerschaftsabgeordnete **Ursula Caberta,** die heute in der Innenbehörde die Arbeitsgruppe Scientology leitet, im Einwohneramt ein Posten Öffentlichkeitsarbeit geschaffen werden sollte, empörte sich die Opposition. Denn Caberta stand in einer Reihe mit den bereits genannten Mantell, Halfmeier und Meyer-Schütt. Zeitnah war übrigens auch **Volker Bonorden** (SPD), der persönliche Referent von Bürgermeister Henning Voscherau, Leiter des neugegründeten Arbeitsstabes Medienwirtschaft geworden. Auch diese Personalien veranlassten damals den Oppositionsführer **Rolf Kruse** (CDU) zu der Feststellung: „Die SPD setzt ihre Beutepolitik im öffentlichen Dienst fort." Kruse bemängelte schon vor zehn Jahren, dass Vetternwirtschaft die Verwaltung lähme und die Kreativität töte. Die SPD hingegen argumentiert bis heute über alle ihre Parteiflügel hinweg, dass das Parteibuch kein Argument sein dürfe, um die Leistung und Befähigung eines Mitarbeiters in einer Hamburger Behörde in Frage zu stellen. Dies in der Tat wollen auch die Autoren dieses Buches nicht tun.

Auch die Einrichtungen von Lehre, Forschung und Kultur haben Sozialdemokraten mehr oder weniger fest in ihrer Hand. Präsident der Hamburger Universität ist **Jürgen Lütje** (SPD). Aus dem Bezirk Eimsbüttel wurde 1991 **Hartmut Halfmeier** (SPD), dessen Frau für die SPD in der Bürgerschaft sitzt, als „Kanzler" (leitender Verwaltungsbeamter an der Uni) berufen. **Lothar Zechlin,** Sozialdemokrat, leitet die Hochschule für Wirtschaft und Politik. Seit 1979 ist **Hermann Rauhe** (SPD) Direktor der Hochschule für Musik und Theater. „Sozialdemokraten sind einfach spitze und für jeden Führungsjob geeignet", witzelt die Großmutter, während sie im Schrank nach einer neuen Kekspackung sucht, „selbst wenn ich mich um einen Heimplatz für deinen Onkel Willi kümmere, komme ich an der *Firma* nicht vorbei." Auch beim ehemaligen Landesbetrieb der Sozialbehörde, der jetzt pflegen & wohnen heißt, finden sich in der Führungspositionen Sozialdemokraten. Nicht nur, dass die Aufsichtsratsvorsitzende natürlich Senatorin **Karin Roth** (SPD) ist (wir kommen auf die Problematik später noch zu sprechen), auch im Aufsichtsrat sitzen weitere Sozialdemokraten. Ebenso hat der Sprecher der Geschäftsführung, **Dirk Weiße**, der bis 1991 das Amt für Heime in der Sozialbehörde leitete, das rote Parteibuch. Jener Dirk Weiße übrigens, der bis 1998 Vorsitzender der Alida-Schmidt-Stiftung war.[13] Über einen Auftrag an diese Stiftung war Sozialsenatorin **Helgrit Fischer-Menzel** gestürzt – ihr Mann Peter ist dort Geschäftsführer. Und übrigens auch bei der Vertretung der Mediziner, der Ärztekammer Hamburg, ist mit **Dr. Frank Ulrich Montgomery** ein Sozialdemokrat am Ruder. „Und du weisst doch noch, dass Onkel Willi vergangenes Jahr nach seinem Sturz im Krankenhaus Altona lag?", fragt die Großmutter. „Klar, wir haben ihn doch zusammen besucht", sagt Stephanie und gießt die letzten Tropfen Tee in ihre Tasse. Das Allgemeine Krankenhaus Altona gehört wie sieben andere zum Landesbetrieb Krankenhäuser (LBK). Rund 6500 Betten haben die LBK-Häuser, 400.000 Patienten werden jährlich versorgt. Vorstandssprecher dieses zu den größten Gesundheitsunternehmen der Bundesrepublik zählenden Betriebes ist **Heinz Lohmann** (SPD). Er wurde als Nachfolger der wegen des Vorwurfs der Vetternwirtschaft zurückgetretenen Senatorin für Arbeit, Gesundheit und Soziales, Helgrit Fischer-Menzel (SPD), gehandelt. Lohmann wurde es nicht, sondern **Karin Roth.** Und die ist eben auch Aufsichtsratsvorsitzende des LBK Hamburg.

Die Teekanne ist leer, die Kekse aufgegessen, es ist spät geworden. Dabei hatte die Großmutter nur wissen wollen, was Stephanie so erlebt hat. Heraus kam ein kleiner Rundgang durch die Hamburger Sozialdemokratie. „Und was willst du morgen machen, Kind?", fragt die alte Dame. „Mal gucken", antwortet Stephanie. „Ich wollte mich nach einem guten Handballverein erkundigen und mal hören, was in den Theatern so läuft." Die Großmutter schmunzelt. „Das wird ja wieder ..." „Lass mich raten", fällt ihr Stephanie ins Wort, „ein Tag mit der *Firma?*" „Du sagst es", antwortet die Seniorin, „denn auch der Hamburger

Sportbund ist seit Jahren in SPD-Hand." Als Präsident **Friedel Gütt** (SPD), der ehemalige Staatsrat aus der Gesundheitsbehörde, nach rund 15 Jahren sein Sport-Amt abgab, trat **Werner Hackmann** in seine sportlichen Fußstapfen. Der SPD-Innensenator war über einen Polizei-skandal gestürzt. Von Schein-Hinrichtungen, Misshandlung von Aus-ländern und anderen Übergriffen war damals die Rede. Es folgte ein Parlamentarischer Untersuchungs-Ausschuss. Hackmann jedenfalls gab das Amt beim Sportbund an **Jürgen Dankert** (SPD) weiter und kehrte selbst beim HSV ein. „Und wenn du dich über das Programm des Ernst Deutsch Theaters informieren willst", beginnt die kulturell interessier-te Großmutter ihren Satz. „Ja, ja, dann wird die *Firma* wieder da sein", unterbricht Stephanie und rollt mit den Augen. „Genau, Intendantin ist **Isabella Vertes-Schütter.** Und die ist Mitglied der Sozialdemokraten. Das ist ja nicht ehrenrührig. Aber wir können diese Aufzählungen noch endlos fortsetzen. Nenn' mir eine Firma, einen Verein oder einen Ort der Kultur. Und ich sage dir den dazugehörigen SPDler."

Erläuterungen zu den Fußnoten ab Seite 285

BAGS: Die Hütte des „Filzes"

Wie sich Senatoren und Genossen Millionen bewilligen und selbst kontrollieren

Der „Sumpf in der Sozialbehörde"[1], „Verfilztes Chaos"[2], „Selbstbedienungsladen Sozialbehörde"[3], „die ‚Schlangengrube' an der Mundsburg"[4]: Wenn es um die größte Behörde der Hansestadt, die Behörde für Arbeit, Gesundheit und Soziales (BAGS) geht, haben Hamburgs Journalisten wenig Schwierigkeiten, um in den Überschriften kurz zusammenzufassen, was es mal wieder zu beschreiben gilt: Gemauschel unter Sozialdemokraten, Verstöße gegen Verwaltungsvorschriften und Landeshaushaltordnung, dubiose Abrechnungen, Vertuschung …

Das Mammutministerium, das in Hamburg wie alle Ministerien aus alter Stadtstaatentradition Behörde und dessen oberster Dienstherr Senator und nicht Minister genannt wird, verfügt mit fast 3.500 Mitarbeitern über einen Mitarbeiter- und Beamtenapparat, wie er in der Bundesrepublik nur selten zu finden ist. Auf Bundesebene kann dem BAGS-Senator nur der Verteidigungsminister mit einer ähnlich stattlichen Mitarbeiteranzahl das Wasser reichen. Größer ist lediglich das Auswärtige Amt mit seinen Botschaften, Konsulaten und Vertretungen in internationalen Gremien überall auf der Welt. Fast jede fünfte Hamburger Steuermark wird in der BAGS ausgegeben: für Sozialhilfe, Arbeitsförderungsmaßnahmen, Altenhilfeeinrichtungen, Lebensmittelhygiene oder Gesundheitsversorgung. Und so ist der Präses – auch so eine Art Hamburger Spezialvokabel für Minister – der BAGS einer der mächtigsten Senatoren der Stadt. Bis zum März 1998, als **Helgrit Fischer-Menzel** im Rahmen der so genannten Ehegatten-Affäre zurücktrat, galt der Senatorensessel in der Hamburger Straße 47 als Erbhof des SPD-Bezirkes Nord, einem der sieben Hamburger SPD-Kreise. Erbhof nennt man in Hamburg wichtige Positionen im Dienste der Stadt, für die in einem strengen Auswahlverfahren eigentlich nur die Allerbesten ausgesucht werden sollten: hohe Verwaltungsjobs mit großer Verantwortung für die Entwicklung der Stadt, Vorstandsposten in Hamburgs großen Staatsbetrieben oder Senatoren, die als Spitzen-Entscheidungsträger die Weichen für die Zukunft der Stadt stellen. Bei einem Erbhof handelt es sich in Hamburg aber um einen Posten, für den eine Qualifikation die entscheidende ist: der Besitz des Parteibuchs der SPD.

Der Senatorenposten in der Behörde für Arbeit, Gesundheit und Soziales war ein Vierteljahrhundertlang in der Hand der SPD-Nord, ein klassischer Erbhof also. In einer Art von Thronfolge reichte **Ernst Weiß,** Senator von 1974-1978 und Mitglied des Kreisvorstandes der SPD-Nord, 1978 die Senatorenwürde an **Jan Ehlers,** ebenfalls aus dem Kreis Nord, weiter. Nach zehn Jahren legte Ehlers das Senatorenamt in die Hände von **Ortwin Runde,** auch er ehemaliges Vorstandsmitglied der SPD Nord. Und als Runde 1993 als Senator in die Finanzbehörde wechselte, gab er den Schlüssel für das Senatorenzimmer auch wieder im SPD-Kreisbüro Nord ab. In Empfang nahm ihn **Helgrit Fischer-Menzel.** Die Leiterin des Planungsreferates in der Umweltbehörde brachte zwar nicht unbedingt herausragende Qualifikationen für die Aufgabe als Dreifach-Senatorin für Arbeit, Gesundheit und Soziales mit. Sie hatte aber einen entscheidenden Vorteil in ihrer Biografie auf-zuweisen: Fischer-Menzel war neun Jahre lang Vorsitzende des SPD-Kreis Nord. Es lohnt sich also, Parteiarbeit in Nord zu machen. **Detlef Scheele,** wen wunderts, Fischer-Menzels Nachfolger als SPD-Chef im Kreis Nord, war nach ihrem Rücktritt schon als Erbe des Senatorensessels im Gespräch. Scheele lehnte dankend ab, wohl wissend, dass es in diesem Moment mit der Herrlichkeit in Nord erst mal vorbei war. Versorgt ist er trotzdem, mit einem weiteren Erbhof des SPD-Kreises Nord. Und der wird so bewirtschaftet: Ende des Jahres 1982 beschließen Senat und Bürgerschaft ein 123-Millionen-Mark-Programm zur Arbeitsbeschaffung. Wesentlicher Bestandteil dieser Maßnahme ist die Gründung der Hamburger Arbeit und Beschäfti-gungsgesellschaft (HAB). Die HAB ist offiziell ein hundertprozentiges Unternehmen der Hansestadt Hamburg. Tatsächlich ist sie eine sozialdemokratische Firma durch und durch, mit einem Jahresetat von bis zu 100 Millionen Mark.

Erster Geschäftsführer der HAB wird **Jochen von Maydell,** der nach seinem Wechsel 1990 Bezirksamtsleiter in Nord wird. Nachfolger Maydells wird **Uwe Riez,** der stellvertretende Vorsitzende des Kreises Nord. Der macht in seiner Amtszeit zwar allerlei verbotene Sachen, wird aber anschließend von seiner ehemaligen Kreischefin in Nord, Helgrit Fischer-Menzel, zum Senatsdirektor und Leiter der Hamburger Arbeitsmarktpolitik ernannt. Die Schlüsselübergabe für seinen Nachfolger, so stellen wir es uns vor, fand bei einem trockenen Rotwein wiederum in der SPD-Geschäftsstelle des Kreises Nord statt. Denn der stellvertretende Kreischef Riez übergab die Amtsgeschäfte des städtischen Millionenbetriebes dem Kreisvorsitzenden der SPD-Nord, Detlef Scheele. Wir sehen: Das wichtigste städtische Unternehmen der Hansestadt zur Qualifizierung für den Arbeitsmarkt, mit bis zu tausend Angestellten, ist auch ein Erbhof der SPD-Nord. Ein Erbhof ist also ein Posten, bei dem es nicht unbedingt darum geht, nur auf die Qualifikation zu achten. Vielmehr ist entscheidend, wann welcher Genosse einen neuen Job braucht. Das hat mehrere Vorteile. Der Genosse verdient in den Diensten der Stadt gutes und sicheres Geld, das er auf dem freien Arbeitsmarkt so einfach nicht verdienen könnte. Das nennt man Günstlingswirtschaft. Der zweite Vorteil: die wichtigsten Verwaltungsposten, mit denen die Stadt regiert wird, sind in den Händen der SPD, und keiner von außen kann der Partei in die Karten gucken, wenn es um die Verwaltung der Stadt geht. Das ist besonders wichtig, wenn mal etwas schief geht. Dann gilt Vorteil Nummer drei: Alle halten die Klappe und decken sich gegenseitig.

Wer es bis in den Vorstand der SPD Nord schafft, gilt als gemachter Mann in Hamburg. Denn in der BAGS gibt es noch weitere gut dotierte Jobs zu vergeben. Zum Beispiel den Posten des Leiters der betriebswirtschaftlichen Abteilung. Er ging an **Jürgen Allemeyer,** Mitglied des Kreisvorstandes Nord. Dass sich die Nähe zu Jan Ehlers, dem starken

Mann der SPD-Nord, lohnt, durfte auch **Wilma Simon** feststellen, die sieben Jahre[5] Mitglied im Vorstand des Kreises Nord war: Sie wurde Staatsrätin in der BAGS. **Heinz Lohmann,** elf Jahre Mitglied im Kreisvorstand Nord, ist heute Chef eines der größten Gesundheitsunternehmen Europas: Als Vorstandssprecher des Landesbetriebes Krankenhäuser (LBK) unterstehen dem Sozialdemokraten heute sieben Krankenhäuser, 22 weitere Betriebe und 13.000 Beschäftigte. Aufsichtsratsvorsitzender ist von Amts wegen, na? Genau wie bei der Hamburger Arbeit- und Beschäftigungsgesellschaft: der jeweilige Senator der Behörde für Arbeit, Gesundheit und Soziales. Denn der Landesbetrieb Krankenhäuser gehört als Anstalt öffentlichen Rechts der Hansestadt Hamburg und zum Verwaltungsgebiet der BAGS. Hamburgs Bürokratie und Stadtwirtschaft hat für die Mitglieder des Kreisvorstandes Nord noch weitere Posten, auch außerhalb der BAGS, zu bieten: beispielsweise den des Polizeipräsidenten. Darüber durfte sich im seligen Alter von 60 Jahren **Justus Woydt** freuen, als er 1998 als Chef der 10.000 Hamburger Polizisten antrat, alle Formen des Verbrechens, die eine Millionenstadt wie Hamburg zu bieten hat, beispielsweise die Organisierte Kriminalität, zu bekämpfen. Zwar verstand er von Verbrechensbekämpfung so viel, wie ein Verwaltungschef einer technischen Hochschule, der er vorher war, nun mal über Kriminalität weiß. Aber Woydt hatte neun Jahre im Kreisvorstand der SPD-Nord zu bieten. **Hans Werner Nebel** aus dem SPD-Kreisvorstand Nord darf das Ortsamt Barmbek-Uhlenhorst leiten und auch für **Wolfgang Pages,** 13 Jahre Mitglied im Kreisvorstand der SPD-Nord, fand sich eine Aufgabe in Hamburgs Parteibuchwirtschaft: Der Genosse wurde Geschäftsführer der neu geschaffenen Anstalt öffentlichen Rechts für Friedhöfe, auch eine Firma im Besitz der Firma SPD, offiziell: der Stadt Hamburg. Hier ist Pages nun zuständig für einen Friedhof mit Guinness-Buch-Charakter: Der Ohlsdorfer Friedhof ist der größte Parkfriedhof der Welt. **Ralph Bornhöft** – sechzehn Jahre Mitglied im SPD-Kreisvorstand Nord – ist Leiter des Hamburger Einwohnerzentralamtes. So darf der eine Nord-Genosse die Toten zählen und der andere die Lebenden.

Aufgeflogen ist die sozialdemokratische Inzuchtwirtschaft erst mit dem Rücktritt Fischer-Menzels. Als die „taz Hamburg" am 28. Februar 1998 unter der Überschrift „Fischer-Menzels Be-Gattung" aufdeckt, dass die Sozialsenatorin sich in einen schon vergebenen Millionenauftrag zugunsten einer Therapieeinrichtung ihres Mannes Peter Fischer einmischte, blieb Fischer-Menzel zwei Tage später nur noch der Rücktritt. Helgrit Fischer-Menzel galt schon bei der Regierungsbildung mit den Grünen im Herbst 1997 nicht mehr als ministrabel. In den vorangegangenen vier Jahren als BAGS-Senatorin glänzte sie eher durch Farblosigkeit als durch Innovation. Ihre unpopuläre Entscheidung, kurz vor der Wahl das Hafenkrankenhaus in St. Pauli zuschließen, hatte der SPD über Monate Negativ-Schlagzeilen und damit Stimmenverluste bei der Bürgerschaftswahl eingebracht. Letztendlich zwang der Stadtteil den Senat dazu, auf dem Gelände eine Notfallambulanz und soziale Einrichtungen zu installieren anstatt das Gelände meist bietend zu verkaufen. Im Betrugsskandal Pape behinderte die Sozialsenatorin laut „Hamburger Morgenpost"[6] die Aufklärung, und als die Sozialbehörde alleinerziehenden Müttern die Sozialhilfe um den sogenannten Hamburg-Bonus von 107 Mark kürzte, stand Fischer-Menzel wieder mal als hartherzige Politikerin da.

Mit ihrem Ehemann verbindet die Sozialsenatorin während ihrer Amtszeit weit mehr als nur die private Beziehung – er erhält Geld aus der Behörde seiner angetrauten Senatorin. **Peter Fischer** ist geschäftsführend in mehreren Stiftungen tätig wie der Flutopfer-Stiftung von 1962 oder der Alida-Schmidt-Stiftung. Die Aufsicht über diese Stiftungen führten die Mitarbeiter ihrer Behörde wie zum Beispiel der Parteigenosse Uwe Riez. Die Stiftungen werden von der BAGS teilweise erheblich finanziert. Ein Familien-, Partei- und Staatsgeschäft also, mit den gleichen Akteuren in verschiedenen Positionen, die sich im Amt gegenseitig öffentliche Gelder bewilligen, als Amtsperson die Verwendung der Mittel kontrollieren und abends im Ehebett die Dinge ausdiskutieren. So mag es im Kaiserreich zugegangen sein, und so könnte es in der BAGS heute immer noch zugehen.

1997 bewarben sich das Guttempler Hilfswerk, die Martha-Stiftung und die Alida-Schmidt-Stiftung bei der BAGS um eine Alkoholiker-Therapieeinrichtung. Gewonnen hatte die Ausschreibung das Guttempler Hilfswerk, aus guten Gründen, wie die „taz Hamburg" schrieb: „Weil das Guttempler Hilfswerk sowohl das preisgünstigste als auch das konzeptionell günstigste Angebot vorlegte, hatte sich das zuständige Fachamt zunächst für diesen Träger entschieden: ‚Ich freue mich, Ihnen mitteilen zu können, dass nunmehr auch die Leiterin des Amtes für Soziales und Rehabilitation, **Frau Lingner** (...) zustimmt', heißt es in einem Brief vom 16.7.97 an die Guttempler, der der taz Hamburg vorliegt."[7] Doch daraus wurde nichts: Kurz nach dem gemeinsamen Ibiza-Urlaub mit Ehemann Peter mischte sich die Senatorin in ein Zuwendungsverfahren ein, das vom Gesundheitsamt ihrer Behörde längst entschieden war, – und zwar gegen die Stiftung ihres Mannes. Den Auftrag schon vergeben sehend, rief der stellvertretende Geschäftsführer der unterlegenen Alida-Schmidt-Stiftung seinen urlaubenden Chef Peter Fischer auf dem Dienst-Handy der Senatorin auf Ibiza an und schilderte dem die missliche Lage um den geplatzten 1,3-Millionen-Auftrag. Der ist am Telefon „sehr aufgebracht"[8] und unterhält sich mit seiner Ehefrau, der Senatorin Fischer-Menzel „direkt nach dem Telefonat über den Inhalt dieses Gesprächs."[9] Wieder zurück in Hamburg versucht Peter Fischer die zuständige Sachbearbeiterin in der BAGS von ihrer Entscheidung abzubringen. Unverhohlen droht er mit seiner Ehefrau, der obersten Dienstherrin der Sachbearbeiterin: „Herr Fischer konfrontierte Frau W.[10] mit der Aussage, dass diese Entscheidung gegen den ausdrücklichen Willen der Behördenleitung, gemeint war seine Ehefrau, getroffen worden sei."[11] Als auch das nicht hilft, erklärt Senatorin Fischer-Menzel den Vorgang zur Chefsache, mischt sich unerlaubt in das Verfahren ein und verstößt damit gegen § 16 des Sozialgesetzbuches, weil „sie als Ehefrau des Geschäftsführers der Alida-Schmidt-Stiftung Angehörige einer Person war, die einen Beteiligten in dem Verfahren vertrat."[12] Mit einem handschriftlichen Vermerk – „Ich bin damit nicht einverstanden. (...) Ein deutliches Nein – so nicht – meinerseits!"[13] – geht der Vorgang zurück in den Behördenapparat und die verduzten Sachbearbeiter müssen den Guttemplern mitteilen, dass „mit großem Bedauern"[14] die Zustimmung zurückgenommen werden müsse. Dem „sehr geehrten Herrn Fischer"[15] hingegen wünschen die BAGS-Mitarbeiter am 21. Januar des folgenden Jahres einen „erfolgreichen Neustart."[16] Dessen Angebot war 150.000 Mark teurer und fachlich deutlich schlechter.

Fünf Wochen später fliegt der Deal auf und Fischer Menzel muss zurücktreten. Damit löst sie eine Regierungskrise aus, wie sie die neue Regierung des Bürgermeisters Ortwin Runde nicht härter hätte treffen können: Im Mittelpunkt des von der CDU geforderten und kurze Zeit darauf eingerichteten Parlamentarischen Untersuchungsausschusses mit dem sperrigen Namen „Vergabe und Kontrolle von Aufträgen und Zuwendungen durch die Freie und Hansestadt Hamburg", kurz PUA Filz, steht jener linke SPD-Bezirk in Nord, in dem Rundes politische Heimat ist, und die Behörde, in der Ortwin Runde 1970 als 26 jähriger Angestellter sein Berufsleben begonnen hatte und die er erst als Senator 23 Jahre später wieder verlassen sollte. Der Bürgermeister gerät in eine Situation, die ihn den Kopf kosten kann. Denn die „geadelte Filzlaus"[17], wie er selbst in der „Zeit" sagt, gilt als eine zentrale Figur in dem undurchsichtigen Geflecht aus Behörde, Parteibuch- und Günstlingswirtschaft. Der Untersuchungsausschuss trifft ihn in einem denkbar ungünstigen Augenblick: Die erste rot-grüne Koalition der Hansestadt ist keine zweihundert Tage alt und die SPD hat bei der Bürgerschaftswahl 1997 das schlechteste Ergebnis in der Nachkriegsgeschichte überhaupt eingefangen. Untergangsstimmung in der Hamburger SPD. Schlechter hätte der Start für den höchsten Repräsentanten des linken SPD-Kreises Nord als Bürgermeister nicht sein können. Hamburgs ewige Oppositionspartei hingegen, die CDU, witterte unverhoffte Morgenluft: Besser waren die Chancen für eine Ablösung der ebenso ewigen Regierungspartei SPD schon lange nicht mehr. Und trotzdem: Alles ist beim Alten geblieben.

Mitauslöser für den Parlamentarischen Untersuchungsausschuss Filz war ein Artikel[18] des „Stadtmagazin HH19" über den schon mehrfach genannten Uwe Riez, in dem ihm nachgewiesen wurde, dass er ungeklärte Jahresabschlüsse aus seiner Zeit als Geschäftsführer der HAB später als Amtsleiter mit einem Sammelbescheid über 260 Millionen Mark glattgezogen hatte, um sich damit einen „Persilschein" für eigenes Fehlverhalten zu erteilen. Uwe Riez saß von Behördenseite in einigen der Stiftungen des Senatorinnen-Gatten Fischer, und als Amtsleiter für Arbeit und Sozialordnung nahm er diverse Vorstandsämter in Vereinen, GmbHs und Stiftungen wahr. Laut einer Auflistung im Dossier der „Zeit" vom 2. Juli 1998 waren darunter allein dreizehn Einrichtungen, die von der Sozialbehörde Zuwendungen erhielten, fast alle aus seinem Amtsbereich: zum Beispiel das Berufliche Trainingszentrum, die Hamburger Werkstatt, die Elbe Werkstätten oder die Altonaer Arbeitsförderungsgesellschaft. Peinlich wird es, wenn in Behördenunterlagen Strategiepapiere der SPD gefunden werden, die offenbaren, dass die im Auftrag der Hansestadt gegründeten Vereine oder GmbHs so geführt werden sollen, dass der Partei kein Schaden entsteht. So ist es beim Verein Ökotech geschehen, den der Senat im März 1988 gründete, um 350 im Zuge der Fusion zweier Hamburger Werften entlassenen Hafenarbeitern ABM-Stellen anzubieten. Gegen Mitarbeiter des Vereins erstattete das Arbeitsamt bei der Hamburger Staatsanwaltschaft Anzeige wegen Subventionsbetrugs. Daraufhin mischte sich der Vereinsvorsitzende Uwe Riez in seiner Eigenschaft als Amtsleiter ein (im vollen Bewusstsein, dass das in Hamburg eindeutig verboten ist) und versuchte das Arbeitsamt zu beeinflussen, indem er fleißig Briefe auf Amtspapier ans Arbeitsamt schrieb. Riez hätte nicht tätig werden dürfen, da er zugleich Vorsitzender des Vereins und in der Behörde für die Vergabe der Mittel zuständig war. So steht es im Hamburgischen Verwaltungsverfahrensgesetz geschrieben: „In einem Verwaltungsverfahren darf für eine Behörde nicht tätig werden, wer bei einem Beteiligten gegen Entgelt beschäftigt ist oder bei ihm als Mitglied des Vorstandes, des Aufsichtsrates oder eines gleichartigen Organs tätig ist; dies gilt nicht für den, dessen Anstellungskörperschaft Beteiligte ist."[19] Eine Kleinigkeit zu dem, was Uwe Riez sonst noch so alles in seinen diversen Funktionen getrieben hat. Aber sie offenbart das System Riez in der SPD. Wenn es gefährlich wird, einmischen – auch wenn es verboten ist. Zu verlieren hat er dabei wenig: Aufgrund seiner Machtfülle als langjähriger Parteisoldat und Chef der Hamburger Arbeitsmarktpolitik muss Genosse Riez nichts fürchten. Zumal die Protektion von ganz oben kommt: von Bürgermeister Ortwin Runde höchstpersönlich.

Der forderte Uwe Riez nämlich zu seiner Zeit als Senator der BAGS mit einem Telefongespräch auf, den frei werdenden Geschäftsführerposten in der Hamburger Arbeit und Beschäftigungsgesellschaft zu beziehen. Und wie es so oft in Hamburgs Staatsunternehmen ist, ist auch hier der der Beste, der als Sozialdemokrat einen besseren Job braucht, eben Uwe Riez. Gemeinsam beschliessen die beiden Spitzensozialdemokraten – Riez als Geschäftsführer und Runde als Senator und Aufsichtsratsvorsitzender – im Jahr 1991, dass die HAB Eigenkapital bilden sollte, um in schlechten Zeiten ein Polster zu haben. Eigentlich keine schlechte Sache, wenn sie nicht auch verboten gewesen wäre: Denn nach dem Prinzip der damals gültigen Fehlbedarfsfinanzierung mussten Träger, die von der Stadt für Arbeitsqualifizierungsmaßnahmen von Sozialhilfeempfängern unterstützt werden, jede Mark genau abrechnen und alles, was am Jahresende übrig blieb, wieder an die Stadt zurücküberweisen. Geld bunkern für schlechtere Zeiten war verboten, Investitionsvorhaben mussten im Wirtschaftsplan ausgewiesen und von der Behörde vorrab genehmigt werden. Für jeden Betrag über 800 Mark mussten Kostenvoranschläge eingeholt werden. Dieses Verfahren wurde bei den anderen Zuwendungsempfängern in einem komplizierten Ablauf auch genau überprüft. Aber an Uwe Riez bissen sich die Sachbearbeiter in der Behörde die Zähne aus. Sie verweigerten der Riez-Firma jahrelang die Abnahme der Jahresbescheide, da er unter anderem Mittel, die er für Investitionen in Werkstätten beantragt und nicht ausgegeben hatte, der Behörde nicht zurückzahlen wollte und statt dessen als „Rücklage für Ersatzbeschaffung" in seine Bilanz buchte. Für die Bürgerschaftsgruppe „Regenbogen – für eine neue Linke" liegt der Fall klar: Sie resümiert in ihrem Bericht zum Parlamentarischen Untersuchungsausschuss, „dass bei der HAB seit 1990 ein Subventionsbetrug vorliegt."[20] Denn die angesparten Mittel bei der HAB dienten nicht dem Zweck, für den sie beantragt wurden. Sie wurden nicht für Ersatzbeschaffungen ausgegeben, sondern dienten der HAB als Eigenkapital, dessen Bildung nach dem damaligen Zuwendungsrecht verboten war, aber vom damaligen BAGS-Senator Runde als Aufsichtsrat 1991 beschlossen wurde. Im Laufe der Jahre kam mit diesem Verfahren und durch viele andere Unstimmigkeiten ein hübsches Sümmchen zusammen laut Regenbogen: „fast sechs Millionen DM"[21], die die HAB mehr erhielt, als die Bürgerschaft beschlossen hatte. Insgesamt, rechnet man eine Nachzahlung aus dem Jahre 1990 noch dazu, sei eine Überzahlung der Hamburger Arbeit und Beschäftigungsgesellschaft in Höhe von „über acht Millionen DM"[22] festzustellen – ohne dass die Bürgerschaft dies nachträglich bewilligte. Das wäre kein Problem, wenn ein Betrieb, der Sozialhilfeempfänger qualifiziert, auch mal zu viel Geld bekommt. Doch nur, solange die Hamburger Staatskasse über genügend Inhalt verfügt. Bloß war das damals nicht so und ist es heute immer noch nicht. So musste das Geld, das die HAB behielt und der Behörde nicht zurückzahlte, aus einem anderen Topf beschafft werden. Der trägt in der Behörde den Namen Deckungskreis 01 und war eigentlich für die anderen Zuwendungsempfänger vorgesehen: kleine Beschäftigungsinitiativen, die – viele unabhängig von der SPD – ebenfalls Arbeitsqualifizierungsmassnahmen anbieten. Rechnet man mit Kosten von 40.000 DM pro Arbeitsplatz, so hat die SPD-Firma HAB den anderen Beschäftigungsträgern im Laufe der Jahre 200 Stellen weggenommen, für die ein Jahr Hamburger Arbeitslose hätten beschäftigt werden können. Denn die Anträge anderer Beschäftigungsinitiativen wurden negativ beschieden, da angeblich kein Geld mehr da sei.

Doch mit Riez, der laut CDU „ein zentraler Bestandteil des Beziehungsgeflechtes zwischen der BAGS, der HAB und der SPD-Nord und damit Teil des Hamburger „Filzes"[23] ist, legen sich die Beschäftigungsträger besser nicht an. Denn seit 1996 ist er als Amtsleiter für Arbeit und Sozialordnung in der BAGS Chef der Hamburger Arbeitsmarktpolitik und damit Verwalter des Geldes für Arbeitsförderungsmaßnahmen. Schon seine Berufung zum Geschäftsführer der HAB 1990 war von der FDP, dem damaligen Koalitionspartner der SPD, als „gewachsene Verflechtung"[24] harsch gerügt worden. Auch als er im Januar 1995 zum Amtsleiter in der BAGS bestellt werden soll, pauken ihn die SPD-Abgeordneten in der Deputation nur in einer Kampfabstimmung mit neun zu sieben Stimmen durch. Zünglein an der Waage spielt ausgerechnet der Abgeordnete der Statt Partei, die angetreten war, um den SPD-Filz in der Stadt zu bekämpfen.

Jetzt sitzt Riez also dort, wo die Gelder bewilligt werden und damit am Schalthebel, um die ungeklärten Posten in Millionenhöhe aus seiner Zeit als Geschäftsführer auszugleichen. Ende 1996 kommt dann der große Wurf, federführend dabei: er selbst. In dem internen Schreiben „Zuwendungsbescheid HAB" weist Riez seine Referate an, seine Jahre als Geschäftsführer glatt zu ziehen. Er habe „noch einmal mit dem Wirtschaftsprüfer und der Geschäftsführung der HAB zusammengesessen, um die offenen Punkte abzuklären." Mit dem Wirtschaftsprüfer, der sich vorher geweigert hatte, das Spiel des Herrn Riez mitzuspielen, „besteht nun Einvernehmen, dass er den Jahresabschluss testiert." Die Stadt erteile einen „Sammel-Zuwendungsbescheid, der einen ‚Schlussstrich' unter die vergangenen Jahre zieht", so Riez weiter. Dieser Schlussstrich unter die eigene Vergangenheit mündet in einen Sammelbescheid über 260 Millionen Mark, in dem alle strittigen Punkte gemeinsam unter den Teppich gekehrt werden. Bloß: So einen „Sammelbescheid" kennt die Hamburger Landeshaushaltsordnung gar nicht, es ist sozusagen ein „Lex Riez", wie auch die CDU in ihrem Votum zum PUA „Filz" feststellt: „Ein Sammelbescheid (...) hat in den Richtlinien keine Grundlage. Es hätte für jedes Jahr ein Bescheid erlassen werden müssen."[25] Für eine korrekte Abrechnung des dreistelligen Millionenbetrages in Einzeljahren hätten die zuständigen Bearbeiter wenigstens die Akten aus dem Zeitraum der Geschäftsführertätigkeit des in eigener Sache so agilen Uwe Riez haben müssen. Doch die sind inzwischen verschwunden, wie der Regenbogen feststellt: „Zusätzlich waren die Akten von 1991 bereits vor Auslaufen der Aufbewahrungsfrist vernichtet worden."[26] Jeder Pommesbudenbetreiber weiß, dass er seine Akten für die Steuer zehn Jahre aufbewahren muss. Bei der HAB, die jährlich mit annähernd 100 Millionen Mark staatlich subventioniert wird, dürfte dies bekannt gewesen sein. Auch ihr jetziger Geschäftsführer Detlev Scheele, ebenfalls SPD-Parteigänger aus Nord und Intimus von Uwe Riez, hätte dies wissen müssen. Schließlich war er schon vorher jahrelang Geschäftsführer eines weiteren Hamburger Staatsbetriebes, des Bildungsträgers Zebra. So bleibt eigentlich nur ein Schluss zu: Sie sind wissentlich vernichtet worden, damit keiner mehr hinein gucken kann. Ein kleiner Dienst unter Parteifreunden also? Denn nicht nur die Unterlagen aus 1991 waren unleserlich: „Die Akten von 1992 waren zum Teil durch einen Wasserschaden unleserlich."[27] Sogar während der Untersuchungsausschuss tagte, wurde der Reißwolf betätigt – von wem auch immer: „Unverständlich bleibt ebenso, dass die derzeitige Geschäftsführung während des parlamentarischen Untersuchungsausschusses Akten vernichtet, die Gegenstand der Untersuchung sind." Das Resümee des Regenbogen: „Die BAGS selbst hat mit der Drucksache 16/ 4062 zusätzlich Wasserschäden für die Akten aus 1994 und 1999 angegeben. Dies würde bedeuten, dass im Prüfzeitraum von fünf Jahren die Akten von drei Jahren nicht vorhanden sind, beziehungsweise zum Teil unleserlich. Diese Jahre betreffen zudem die Zeit der Geschäftsführungstätigkeit des jetzigen Amtsleiters der BAGS, Herrn Riez."[28] Wo das Geld aus dem Hamburger Haushalt geblieben ist, kann heute keiner mehr nachvollziehen. Der Schlussstrich in eigener Sache ist endgültig. Der finanzielle Schaden für die Hansestadt auch, denn die HAB erhielt jahrelang zu viel Geld, was eindeutig durch die verbotene Eigenkapitalbildung dokumentiert ist.

Verstoßen hat Uwe Riez mit seinem Handeln in eigener Sache gegen diverse Paragrafen der Landeshaushaltsordnung und des Zuwendungsrechtes. Das gegen ihn eingeleitete Disziplinarverfahren ist klammheilich von der jetzigen Senatorin **Karin Roth** (SPD) während des Parlamentarischen Untersuchungsausschusses eingestellt worden. Gewusst haben von dem Spiel fast alle hohen Verwaltungsangestellten der BAGS. Beispielsweise **Elisabeth Lingner** (SPD), Amtsleiterin in der BAGS, die mit ihrem Verhalten gegen die Vermeidung von Interessenkollision im Amt verstoßen hat, sich aber gleichzeitig von Uwe Riez mit einer Klageandrohung soweit einschüchtern ließ, dass sie einen Widerspruchsbescheid ihrer Sachbearbeiter aufheben ließ und somit laut Abschlussbericht „ihre eigene Autorität als Amtsleiterin"[29] untergrub.

Besonders scharf kritisierten die Abgeordneten des Untersuchungsausschusses das Aktenchaos in der BAGS, das sich von der Führung des Amtes bis in die Sachbearbeiterebene fast durchgängig hinzog. „Wir haben festgestellt, dass auf den Leitungsebenen wenig bis gar nichts dokumentiert wurde, während auf der Ebene der Sachbearbeitung ein großes Aktenchaos herrschte und insofern viele Vorgänge schlicht nicht nachvollziehbar sind", sagt **Dietrich Wersich**, stellvertretender CDU-Obmann im Untersuchungsausschuß. So musste der PUA der Behörde erst mal beibringen, wie man Akten überhaupt anzulegen hat. „Das SPD-System hat sich bestätigt", sagt Wersich. „Auf der einen Seite haben verantwortliche Personen wie der heutige Bürgermeister Ortwin Runde nichts getan, um die Mißstände in der Behörde, die durch Rechnungshof und Innenrevision festgestellt wurden, abzustellen. Aber gleichzeitig hat er persönlich zum Telefon gegriffen, um den Parteikollegen Riez anzurufen und ihn zu fragen, ob er nicht Geschäftsführer der städtischen Beschäftigungsgesellschaft HAB werden will."

So ist es dann auch nicht weiter verwunderlich, dass Uwe Riez in der BAGS bis heute so weitermachen darf. Es kommt sogar noch schöner: Uwe Riez hat in der BAGS maßgeblich eine Strukturreform durchgeführt, wonach die Kontrollinstanz, die die schlussendliche Verwendung des Geldes prüft, jetzt auch bei ihm liegt. Und danach ergibt sich folgendes Bild: Uwe Riez hat als Geschäftsführer bei der Hamburger

Arbeit die zweistelligen Millionenbeiträge bei der Behörde beantragt, als Amtsleiter den umstrittenen Sammelbescheid über 260 Millionen Mark entscheidend mit angeschoben und die ordnungsgemäße Abrechnung der Belege als Amtsleiter auch noch kontrolliert: Bewilligung, Zusage und Kontrolle – alles made bei Uwe Riez. Und da es bei der HAB während seiner Amtszeit drunter und drüber ging und heute keiner – außer vielleicht Herr Riez selbst – noch durchschaut, tauchen in der Schlusskontrolle auch wieder Unregelmäßigkeiten auf: Denn beim Verwendungsnachweis werden Gelder aus verschiedenen Haushaltsjahren gegeneinander aufgerechnet – was im damals gültigen Zuwendungsrecht eindeutig verboten war. Und ein Betrag von 1,3 Millionen Mark aus der Zeit vor seiner Geschäftsführertätigkeit scheint doppelt bezahlt worden zu sein. Doch wen kümmert es heute, wenn ein SPD-naher Beschäftigungsträger, dessen Geschäftsführer alle aus demselben SPD-Bezirk kommen, annähernd zehn Millionen Mark wie ein Staubsauger aufgesaugt und irgendwo verbraten hat? Das jedenfalls fragt sich der Regenbogen-Abgeordneten **Norbert Hackbusch.** Keinen, beispielsweise auch die Hamburger Grünen nicht. Die haben zwar jahrzehntelang gegen den „Hamburger Filz" gewettert, sind aber zum Zeitpunkt des Parlamentarischen Untersuchungsausschusses Regierungspartner der SPD und verhalten sich so zahm wie ein Hündchen auf des Kaisers Schoß. Selbst dass die SPD mit **Günter Frank** einen lang gedienten SPD-Genossen an die Spitze des Ausschusses stellte, haben die Grünen tatenlos hingenommen. Ein SPDler, der als Vorsitzender einen Ausschuss über die eigene Partei und ihren „Filz" unabhängig leiten soll: Das gibt es bei den Schildbürgern – und in Hamburg. Die Grünen haben immer brav mit dem Koalitionspartner SPD gestimmt, der kein anderes Interesse an dem Untersuchungsausschuss hatte als nachzuweisen, dass es keinen „Filz" in Hamburg gibt. Die Parole war, den Bürgermeister zu schützen, der bei vielen Fehlentscheidungen mit am Tisch gesessen hat und daraus Konsequenzen hätte ziehen müssen. So hatte Hamburg vor dem Parlamentarischen Untersuchungsausschuss einen „roten Filz". Nach dem Parlamentarischen Untersuchungsausschuss kann man getrost von „rot-grünem Filz" sprechen. Denn wer aus politischem Kalkül vertuscht, macht mit.

Außer ein bisschen Meckerei wegen unordentlicher Aktenführung und allzu offensichtlicher Fehlentscheidungen von wichtigen Amtspersonen hat der Untersuchungsausschuss keine Konsequenzen gezogen, ja: noch nicht einmal gefordert. Kein einziger hoher SPD-Staatsangestellter hat irgendwelche persönliche Verantwortung für die jahrelangen Posten- und Millionenmauscheleien übernehmen müssen. Eine vertane Chance, Courage zu zeigen und tatsächlich mit „Filz" aufzuräumen – sowohl bei der SPD und den Grünen, als auch bei der CDU, die so eine politische Steilvorlage nicht allzu schnell wieder bekommen wird. Gewonnen haben bei dem Untersuchungsausschuss nur wenige: die Funktionärsschicht in der SPD, für die der PUA „Filz" ein Zeichen gesetzt hat: weitermachen.

Erläuterungen zu den Fußnoten ab Seite 285

„Filz in Reinkultur"

Bilanz des Regenbogen-Abgeordneten Norbert Hackbusch zum Parlamentarischen Untersuchungsauschuss

Zweieinhalb Jahre hat der Regenbogen-Bürgerschaftsabgeordnete Norbert Hackbusch (46) im Parlamentarischen Untersuchungsausschuss (PUA) „Filz" die Verstrickungen zwischen SPD-nahen Trägern und Zuwendungen durch die SPD-geführte Behörde für Arbeit, Gesundheit und Soziales (BAGS) untersucht. Seine Bilanz: Der „Filz" in Hamburg ist zu dicht und zu stark, um zu schnellen und einfachen Ergebnissen zu kommen. Seine Forderung: Hamburg braucht eine permanente unabhängige Kontrollinstanz, einen „Filz"-Beauftragten. Sein Resümee: Parlamentarische Untersuchungsausschüsse in Hamburg brauchen mehr Sachverstand von außen und bedürfen dringend einer Reform, die die Ausschüsse aus dem politischen Klein-Klein herausholen.

Die SPD hat festgestellt, in der Behörde für Arbeit, Gesundheit und Soziales gibt es keinen „Filz". Richtig?

Das ist natürlich kompletter Blödsinn. Der Untersuchungsausschuss hatte den Auftrag zu untersuchen, ob es zwischen Mitarbeitern der Behörde für Arbeit, Gesundheit und Soziales und SPD-Mitgliedern, die von dieser Behörde Zuwendungen erhalten, zu Bevorteilungen gekommen ist, die auch auf das Parteibuch zurückzuführen sind. Und da haben wir eine Menge gefunden. Ein Beispiel: Da führt ein langgedienter Parteigenosse wie Uwe Riez den Staatsbetrieb Hamburgische Arbeit, der zu hundert Prozent von der Stadt alimentiert wird, und legt in seiner fünfjährigen Amtszeit nicht einen einzigen fertigen Jahresabschluss vor, weil die Sachbearbeiter in der Behörde ihm nicht mehr Geld zubilligen wollen, als ihm bewilligt wurde. Dabei hatte er genug Geld, um Rücklagen für seinen Betrieb zu bilden. Das war zu diesem Zeitpunkt schlicht verboten. Als Belohnung für dieses ziemlich ungewöhnliche

Gebaren wird er auch noch zum Chef der Hamburger Arbeitsmarkt-politik gemacht. Damit ist Riez einer der bestbezahlten Hamburger Verwaltungsangestellten. Das Bewerbungsverfahren, und das hat der Untersuchungsausschuss beispielsweise herausgefunden, war lediglich ein Telefonanruf des heutigen Bürgermeisters Ortwin Runde. Als er dann Amtsleiter in der Behörde ist, erteilt er sich selbst mit einem Sammelbescheid über 260 Millionen Mark einen Persilschein für die bislang verweigerte Zustimmung seiner Jahresabschlüsse. Einen sol-chen Sammelbescheid gibt es im Hamburger Zuwendungsrecht gar nicht. Und das alles mit Protagonisten aus ein und demselben SPD-Bezirk: Riez kommt aus dem Bezirk Nord, Runde kommt aus Nord und die zurückgetretene Sozialsenatorin Helgrit Fischer-Menzel auch. Das ist „Filz" in Reinkultur. Und wenn die SPD immer noch meint, dass das kein „Filz" ist, dann soll sie mich in Zukunft Ortwin Runde nennen.

Wie lautet denn ihre persönliche Bilanz nach fast zweieinhalb Jahren Parlamentarischer Untersuchungausschuss?

Der „Filz" in dieser Stadt ist zu dicht und zu stark, um zu schnellen und einfachen Ergebnissen zu kommen. Trotzdem glaube ich, dass sich die Arbeit gelohnt hat. Eigentlich müsste man eine ständige Institution haben, die sich den „Filz" in dieser Stadt kritisch anschaut, um ihn vielleicht auch ein wenig durchlöchern zu können. Ein Hamburger „Filz"-Beauftragter wäre sinnvoll. Wir haben festgestellt, dass es regie-rungsnahe Firmen gibt, die von SPD-Mitgliedern geführt werden und die gegenüber allen anderen klar bevorteilt werden. Man muss in die-ser Stadt gute Beziehungen zu den Mächtigen haben, um Aufträge zu bekommen. Fast die gesamte Nomenklatura des SPD-Kreises Nord hat in den jahrelangen Verfehlungen der BAGS die Finger im Spiel, das mutet einem manchmal an wie ein Kreisverband, der nebenher auch noch die größte Behörde der Stadt unter sich aufteilt. Wesentliche Fehlentscheidungen sind in der Amtszeit des heutigen Bürgermeisters Ortwin Runde gefällt worden. Dafür und für den SPD-„Filz", der in sei-ner Amtszeit gepflegt wurde, trägt Runde die politische Verantwortung.

Nun steht im Abschlussbericht des Untersuchungsausschusses tatsächlich das Wörtchen „Filz" nicht. Wie kommt das, wenn es augenfällig „Filz" gibt?

Es ist so wie in allen politischen Gremien, da macht auch ein Parlamentarischer Untersuchungsausschuss keine Ausnahme: Beschlossen wird, was die Mehrheit für richtig hält. Und da wir in der Bürgerschaft eine SPD-GAL-Mehrheit haben, entscheidet diese Mehrheit eben auch, was im Abschlussbericht des Untersuchungsausschusses steht. Die anderen Teilnehmer können dann zwar ein Minderheitenvotum abgeben, das ist dann aber eben nicht der offizielle Abschlussbericht.

Ein PUA hat die Aufgabe, einen Sachverhalt gründlich zu recherchieren. Wie haben sich die SPD-Abgeordneten verhalten, die ja nun ihre eigene Partei untersucht haben?

Die SPD-Abgeordneten haben nicht zur Aufklärung beigetragen. Sie hatten auch kein Interesse daran. Ihre Strategie war, darzustellen, alles ist gut so, wie es gegenwärtig ist. Es gab zwei, drei aktive SPD-Abgeordnete, die die Zeugen überhaupt befragt haben. Der Rest hat die Zeit abgesessen und geschwiegen. Das zeigt, dass die SPD als Regierungspartei eigentlich gar nicht mehr in der Lage ist, ihre Aufgaben wirklich wahrzunehmen. Jeder weiß, dass es in dieser Stadt erhebliche Verfehlungen gibt und jeder weiß, dass es in dieser Stadt „Filz" gibt. Dass der SPD das selbstkritische Bewusstsein dafür fehlt, ist ein schlechtes Zeichen. Deswegen meinen ja auch einige Menschen in dieser Stadt, dass die SPD dringend von der Regierungsmacht abgelöst werden muss, da ihr die Selbstreinigungskräfte abhanden gekommen sind. Das Problem ist bloß, dass die anderen Parteien alle so schlecht sind, dass man sich das auch nicht wünscht.

Wie gut kann ein Parlamentarischer Untersuchungsausschuss sein, in dem der Untersuchungsgegenstand „Filz" ist und der von dem SPD-Mitglied Günter Frank geleitet wird, also einem Mitglied jener Partei, die untersucht werden soll?

Das ist ein Riesenproblem gewesen, von Anfang an. Der Vorsitzende ist der Moderator der Veranstaltung, aber er ist de facto nicht unparteiisch, denn er stimmt selbst mit ab. Wenn es zu Unstimmigkeiten kommt, unterliegt er, wenn er ein braver Parteimensch ist, natürlich dem Fraktionszwang. Ich kann mich an keinen einzigen strittigen Punkt erinnern, an dem er nicht zugunsten der Partei entschieden hat. Ich hatte auch nicht den Eindruck, dass er von einem tatsächlichen Aufklärungswillen beseelt war. Besonders deutlich wurde es in der Befragung des Bürgermeisters. Günter Frank hat Ortwin Runde mit Samthandschuhen angefasst. Das ist sicherlich im Sinn der SPD gewesen, weil sie ihren Bürgermeister nicht beschädigen wollte. Aber es hat natürlich nicht dem Untersuchungsauftrag gedient. Günter Frank hat ein klares SPD-Weltbild verkörpert. Und danach ist es in der BAGS zu Unregelmäßigkeiten gekommen, die auf der Sachbearbeiterebene anzusiedeln sind, aber nicht den politisch Verantwortlichen angelastet werden können. Nach dem Motto: Die Kleinen hauen und die Großen laufen lassen. Die Berufung Franks an die Spitze des Untersuchungsausschusses spricht natürlich auch für die Kleinkariertheit der SPD: Hätte sie den Untersuchungsauftrag, den die Bürgerschaft dem Parlamentarischen Untersuchungsausschuss gestellt hat, ernst genommen, dann hätte sie den Vorsitz einer anderen Partei überlassen.

Macht es da nicht Sinn, einen Unabhängigen von außen an die Spitze eines Untersuchungsausschusses zu holen, beispielsweise einen Richter?

Das hätte ich mir in diesem Fall gewünscht. Der Vorsitzende ist nun einmal die zentrale Figur eines Untersuchungsausschusses. Die Frage ist ja immer: Wie wird der Vorsitzende bestimmt und wer bestimmt ihn? Das darf nicht von der Regierungsmehrheit bestimmt werden, sondern muss im Einklang mit der Opposition beschlossen werden. Das mindert die Gefahr, dass der Untersuchungsausschuss parteipolitisch missbraucht wird.

Der Bundestag hat im April ein neues Gesetz zur Regelung der Untersuchungsausschüsse beschlossen. Darin ist die Position eines unabhängigen

Ermittlungsbeauftragten neu geschaffen worden, der von zwei Dritteln des Ausschusses gewählt wird. Dieser, ähnlich dem Sonderermittler in den USA agierende Ermittlungsbeauftragte, ist unabhängig, mit Vollmachten wie beispielsweise Aktenbeschlagnahmung und erheblichen Sachmitteln ausgestattet. Ein Weg auch für Hamburg?

Sicherlich wäre das neue Berliner Gesetz eine gute Grundlage, über das die Bürgerschaft nachdenken sollte. Wir haben in Hamburg mit dem Arbeitsstab eine ähnliche, wenn auch weit abgemilderte unabhängige Stelle, die Daten und Fakten für die Sitzungen aufbereitet. Die Position des Leiters des Arbeitsstabes in Hamburg muss dringend verstärkt werden, das würde dem ganzen Gremium viel mehr Gewicht geben. Es geht darum, einen Sachverhalt unabhängig zu durchleuchten und nicht darum, Politik zu machen. Deswegen ist eine Entpolitisierung mit unabhängigem Sachverstand, der nicht aus dem Räumen der Bürgerschaft kommt, um so wichtiger.

Ein Parlamentarischer Untersuchungsausschuss gilt als das schärfste Schwert des Parlaments mit strafrechtlichen Befugnissen. Trotzdem scheinen die Klingen oft sehr stumpf. Die Zeugen erinnern sich nicht, Akten sind angeblich nicht geführt worden oder verschwinden einfach.

Wir waren sehr erstaunt, dass selbst bei Sitzungen der Behördenspitze, also des Senators mit Staatsräten und Amtsleitern, nach Aussage von Herrn Runde keine Protokolle geführt wurden. Der heutige Bürgermeister scheint seine Behörde wie einen Bridge-Club geführt zu haben. Das hat uns natürlich sehr misstrauisch gemacht. Ich habe den Eindruck, dass Beweismittel vernichtet worden sind. Im Fall der Tätigkeit des Amtsleiters Riez als Geschäftsführer der Hamburger Arbeit sind die kompletten Unterlagen von zwei Jahren vernichtet: einmal angeblich durch einen Wasserschaden und ein Jahrgang ist geschreddert worden, während wir im Parlamentarischen Untersuchungsausschuss über die Thematik geredet haben. Jede Pommes-Bude in dieser Stadt muss ihre Belege zehn Jahre für die Steuer sicher verwahren, und der größte Arbeitsqualifizierungsträger der Stadt lässt seine Unterlagen durch den Reißwolf jagen. Das ist schier nicht zu glauben, zumal es sich um die Jahrgänge handelt, in denen wir den Schlüssel zu den verschwundenen Millionen vermuten. Und natürlich kommt in beiden Fällen der starke Verdacht auf, dass es sich hier einfach um viel kriminelle Energie handelt. Trotzdem möchte ich das Mittel des Parlamentarischen Untersuchungsausschusses nicht missen. Man muss auch wissen, dass man nicht die ganze Wahrheit rauskriegt. Wir haben gemeinsam mit der CDU den Fehler gemacht, zu viele Vorgänge untersuchen zu wollen. Beim nächsten PUA werde ich mich auf wenige Komplexe beschränken, die aber um so gründlicher durchleuchten.

Sie waren zunächst als Mitglied der GAL Abgeordneter im Parlamentarischen Untersuchungsausschuss, später als einziger Vertreter der Regenbogen-Gruppe. Wie schafft man es da überhaupt am Ball zu bleiben, während die anderen weit in der Überzahl sind?

Man kann nicht alles bearbeiten. Ich habe mich auf wenige Teilaspekte beschränkt. Es ist so viel Papier produziert worden, dass man da als einzelner Abgeordneter gar nicht hinterher kommen kann. Das scheint ein Teil der Vernebelungsmaschinerie zu sein. Bei der GAL habe ich leider feststellen müssen, dass sie im Verlauf des Untersuchungsausschusses die Taktik geändert und sich auf die Seite ihres Koalitionspartners SPD begeben hat. Das hätte die GAL nicht nötig gehabt, da es sich ausnahmslos um Vorgänge handelt, die vor der gemeinsamen Regierungszeit liegen. Um so bitterer ist es, weil die Beweislage im Komplex Hamburger Arbeit und Uwe Riez eindeutig ergeben hat, dass dort innerhalb weniger Jahre mehrere Millionen zuviel an einen SPD-dominierten Träger gezahlt sind. Wir haben gefordert, dass diese Millionen zurückgezahlt werden müssen und den anderen freien Trägern zur Verfügung gestellt werden. Hätte die GAL nicht brav mit der SPD gestimmt, wären diese Mittel frei geworden. Da hätten dutzende Stellen in Jugendzentren, sozialen Brennpunkten und Arbeitsförderungsmassnahmen geschaffen werden können.

Wir danken für das Gespräch.

Von Kaffeemaschinen und Kriechern

Am Beispiel Drogenhilfe: Wie die Partei Loyalität belohnt

Die Zeit war günstig. Musste die Senatorin der Behörde für Arbeit, Gesundheit und Soziales (BAGS), **Helgrit Fischer-Menzel** (SPD), doch ihren Sessel räumen, weil sie der Alida-Schmidt-Stiftung einen Auftrag zugeschanzt hatte – bei der ihr Ehemann, **Peter Fischer**, Geschäftsführer ist. Die Nachwirkungen des Ehegatten-„Filzes" waren eine ideale Ausgangsposistion für die neue Senatorin **Karin Roth** (SPD), mit dem eisernen Besen den roten Boden ihrer Behörde zu fegen – oder selbiges zumindest vorzugeben. Bei den Zuwendungsempfängern, also jenen Einrichtungen, die ihre Arbeit mit staatlichen Geldern finanzieren, sollte mehr Transparenz und Qualitätssicherung eingefordert werden. Wer hätte ihr angesichts der Skandale von Günstlingswirtschaft und Genossen-„Filz", die ihre Behörde seit Jahren immer wieder treffen, aber nicht durchdringend erschüttern, da widersprechen wollen. Und doch kam alles ganz anders. Denn die Ausschreibungen von Sozialprojekten, die als „Filz"-Vorsorge gedacht waren, entpuppten sich bei genauerem Hinsehen als eine Abstrafungsaktion von behörden-kritischen Sozialeinrichtungen und als ein weiteres wundervolles Füllhorn für mindestens einen Träger – und der steht der SPD und der Behörde für Arbeit, Gesundheit und Soziales (BAGS) besonders nahe. Also ein Anti-„Filz"-Programm zur Förderung des Filzes. Ein Paradoxon, das erklärt werden will.

Am 4. Mai 1999 schrieb die BAGS sechs Hamburger Drogenhilfe-Angebote öffentlich aus. Dabei ging es um so genannte Gesundheitsräume in Billstedt und St. Georg sowie vier psychosoziale Einrichtungen zur Betreuung von Methadon-Patienten. Der Schönheitsfehler: Bei keinem der auf dem freien Markt angebotenen Einrichtungen handelte es sich um neue Projekte. Ganz im Gegenteil: Zum Teil arbeiteten sie seit Jahren erfolgreich. Ja, wurden sogar als Vorreiter einer neuen Form der Arbeit mit Drogenabhängigen gefeiert und bundesweit als Vorzeige-Projekte herumgereicht. So beispielsweise die Vereine Palette e.V. im Bezirk Altona oder Freiraum e.V. mit seinem Fixstern im Schanzenviertel. Der Verein Freiraum e.V. hatte allen strafrechtlichen Verfolgungen zum Trotz einen Gesundheitsraum eingerichtet, in dem unter medizinisch günstigen Bedingungen „gedrückt" werden kann. Die Palette entwickelte gleichzeitig Standards für eine psychosoziale Begleitung, die auch die Akzeptanz der Substitutionsbehandlung in Hamburg erhöhte. Das Projekt Palette 3 richtete sein Angebot besonders an Schwangere sowie alleinerziehende Mütter und Väter. Ein bundesweit einmaliges Projekt, wie viele Experten hier und andernorts anerkannten und das von 190 Klienten jährlich angenommen wurde. Als einen „kompetenten und engagierten, aus der Drogenarbeit in Hamburg nicht wezudenkenden" Verein hatte der ehemalige Bürgermeister **Dr. Henning Voscherau** (SPD) im Sommer 1999 die Palette gelobt.

Ausgerechnet jene Palette 3 hatte Senatorin Karin Roth mit den anderen fünf Einrichtungen nun ausschreiben lassen. Und für die Einrichtung von Freiraum bewarb sich das städtische Millionen-Unternehmen Landesbetrieb Krankenhäuser (LBK), obwohl es keinerlei Erfahrungen in der ausgeschriebenen Suchtarbeit hatte. Der Landesbetrieb soll regelrecht zur Bewerbung gedrängt worden sein, was offensichtlich daran lag, dass die Aufsichtsratsvorsitzende des LBK Karin Roth heißt. Bis zum 31. Mai 1999 hatten Interessenten Zeit, sich zu bewerben. 22 Träger machten davon Gebrauch. Was dann folgte, war ein Auswahlverfahren der besonderen Art. Während die Behörde von den Hilfeinrichtungen und für die Hamburger Träger-Landschaft Transparenz forderte, wurden die Kandidaten für die sechs ausgeschriebenen Einrichtungen in aller Heimlichkeit ausgewählt. Die genauen Kriterien, die für oder gegen einen Bewerber sprachen – im Detail Geheimsache bis heute. „Totaler Nebel, nichts wird transparent, das ist das Problem dieser Senatorin",[1] stellte dann auch die Hamburgische Gesellschaft für soziale Psychiatrie e.V. fest. Dass es bei den ausgeschriebenen Projekten eigentlich gar kein Transparenz-Problem gab und gibt, war der Senatorin offensichtlich gar nicht aufgefallen oder schlicht egal. Denn jährlich liefern die Zuwendungs-Empfänger detaillierte Abrechnungen ab, legen Statistiken vor und Sachberichte über die Arbeit. Und die Behörde kann und sollte alles auf Plausibilität checken. Offene Bücher also bei den Trägern. Doch bei der Ausschreibung der Behörde wurde erst das Ergebnis wieder öffentlich: Und das hieß das Aus für die Palette 3 und dafür die Eröffnung eines neuen Projektes durch den ebenfalls in Altona ansässigen Verein Jugend hilft Jugend e.V. – einem Träger, der sich über die Jahre kleinlaut-anbiedernd gegenüber der Behörde verhalten hatte und so zum mittlerweile wohl größten privaten Drogenhilfeträger geworden ist. Das Unverständliche: Mit der Ausschreibung und Neuvergabe einer Einrichtung änderte sich gleichzeitig auch die Angebotspalette für Drogenabhängige. Denn Jugend hilft Jugend hatte sich keinesfalls für die Palette 3 beworben und hatte auch alles andere vor, als das Konzept fortzuführen. Vielmehr setzte der Verein darauf, Substituierten wieder „soziale Kompetenz" beizubringen und sie stunden- oder tageweise in „einfache Jobs" zu vermitteln. Ein Angebot speziell für Väter, Mütter und Schwangere sollte es nicht sein. Kein Wunder: Denn schon von der grundsätzlichen Vereinsphilosophie unterscheiden sich Palette und Jugend hilft Jugend grundsätzlich. Die Palette ist Vorreiter und Verfechter einer akzeptierenden Drogenarbeit mit einem niedrigschwelligen Angebotssystems. Jugend hilft Jugend vertritt dagegen den Clean-Ansatz – dafür sind die Hürden für die Klienten höher. Für beide Formen der Betreuung von Süchtigen gibt es einen Bedarf – ein Entweder-Oder hielt man im Hamburger Hilfesystem für überwunden. Entsprechend scharf fielen die Reaktionen gegen die Rothsche Ausschreibungs-Wut aus. Als „unsozialpolitische Fehlentscheidung" kritisierten sie die Betriebsräte von sieben Drogenhilfe-Einrichtungen.[2] „Es gibt keinerlei rationale Gründe", die Palette-Einrichtung „zu schließen", urteilte der Arbeitskreis Substitution der Ärztekammer und Kassenärztlichen Vereinigung Hamburg,[3] in dem rund 200 Ärzte organisiert sind.

Doch da setzte Karin Roth schon zum nächsten Coup an. Der Entwurf einer Dienstvorschrift wurde publik und löste für die Senatorin ihre bis dahin schwerste Krise aus. Denn die Behörde sah vor, Projekte, die Zuwendungen von der Stadt erhalten, alle fünf Jahre auszuschreiben – spätestens ab dem Jahr 2002. Fast alle. Denn die von der Bürgerschaft abgesegneten Projekte, wie ausgerechnet die wegen ihrer gravierenden „Filz"-Vorwürfe umstrittene Hamburger Arbeit (HAB) beispielsweise, sollten verschont bleiben. Ebenso Einrichtungen wie der Landesbetrieb Krankenhäuser oder pflegen & wohnen. Aus dem ehemaligen Landesbetrieb wurde die Anstalt öffentlichen Rechts pflegen & wohnen, die kommunale Pflegezentren und Wohnheime betreibt, aber auch ambulante Pflege anbietet. Die Dienstvorschrift zur Ausschreibung lässt zudem so viele Auslegungs-Möglichkeiten zu, dass sie bei kritischen Trägern als Daumenschraube verwendet werden kann, während sie bei Trägern, die das Wohlwollen der Behörde genießen, großzügig ausgelegt werden kann. „Der Willkür werden nicht Grenzen gesetzt, sondern ihr werden neue Chancen eröffnet", urteilte etwa **Norbert Hackbusch,** Abgeordneter der Bürgerschaftsgruppe Regenbogen.[4] Und die Experten des Fachbereichs Alten- und Sozialhilfe des Diakonischen Werks befürchteten, „dass über Jahre gewachsene Strukturen in der sozialen Arbeit für hilfsbedürftige Menschen in Hamburg zerstört werden"[5]. Der Geschäftsführer des Diakonischen Werkes, **Hartmut Sauer,** sprach gar von „groben handwerklichen Fehlern" und einem „Desaster"[6]. Und selbst die Genossen bei der Gewerkschaft Öffentliche Dienste, Transport und Verkehr (ÖTV) blieben nicht ruhig: „Die Sozialpolitik mit der Brechstange muss jetzt beendet werden und der angerichtete Schaden wieder beseitigt werden", forderte der Bezirksvorsitzende **Wolfgang Rose** (SPD)[7]. Das sei ein „ganz gefährlicher Prozess", urteilte Rechtsanwalt Professor **Christian Bernzen,** selbst SPD-Mitglied über die generelle Ausschreibung von Projekten alle fünf Jahre. „Staatlich verantwortete Hilfe ist eben nicht genug und nicht alles. Ich statte freie Träger doch nicht dazu aus, dass sie genauestens einen staatlichen Auftrag abwickeln, sondern damit sie ein eigenes Profil schärfen und neue Wege der sozialen Leistung definieren."[8] „Die neue Dienstvorschrift zur Ausschreibung und ihre Anwendung", so der CDU-Gesundheitsexperte **Dietrich Wersich,** "entwickelt sich zur Richtlinie gegen Qualität, gegen Vertrauen und gegen die Weiterentwicklung des Hamburger Drogenhilfesystems."

In nur 17 Monaten Amtszeit hatte es Karin Roth geschafft, nicht nur die Sozialverbände ultimativ herauszufordern – auch die Bürgerschaft lehnte sich parteiübergreifend auf. "Die Ausschreibungen dürfen nicht in einen Zustand von Deregulation von Arbeitsverhältnissen führen", bemängelte der SPD-Abgeordnete und ehemalige Sozialsenator **Jan Ehlers.** "Das kann aber der Fall sein, wenn jede Einrichtung Gefahr läuft, Konkurs zu gehen, weil sie Aufträge der Behörde verliert."[9] Karin Roth deutete den Rüffel aus der eigenen Partei später als einen Diskussionsprozess um. Die SPD setzte eine parteiinterne Arbeitsgruppe mit hochkarätiger Besetzung ein. Heraus kam ein Positionspapier, in dem unmissverständlich steht, dass Ausschreibungen nur bei neuen Maßnahmen oder Programmen erfolgen sollen oder wenn ein Trägerwechsel notwendig ist. Seitdem ist es ruhig an der Ausschreibungsfront geworden. Die bereits erfolgte Ausschreibung der sechs Einrichtungen wollte die Partei aber nicht zurücknehmen, – zu groß wäre der Image-Schaden für die Sozialsenatorin gewesen. Auch wenn man sich natürlich fragen muss, wie ein Ausschreibungsprinzip, das die Partei für die Zukunft für falsch erachtet hat, in der nahen Vergangenheit noch richtig gewesen sein kann. Fakt ist aber auch: Trotz Ausschreibung und dem offiziellen Verlust einer Palette-Einrichtung werden heute noch genauso viele Klienten in der Palette 3 betreut, wie vor der Ausschreibung. Allerdings heißt die Einrichtung jetzt nicht mehr Palette 3. Eine verbale Spitzfindigkeit, damit die Behörde ihr Gesicht wahren konnte. Möglich machte die Weiterbetreuung der Palette 3-Patienten die Einzelfall-bezogene Abrechnung und der Rechtsanspruch auf die freie Wahl der gewünschten Therapieform. Bedeutsam für das Einlenken der Behörde waren aber auch die massiven Proteste gegen das Behördenvorgehen, die gleichermaßen aus den Sozialverbänden, den Gewerkschaften und der Öffentlichkeit kamen.

Geblieben sind die Spekulationen über die Beweggründe der BAGS unter Führung der ehemaligen Gewerkschaftsfunktionärin und Senatorin Karin Roth und der Leiterin des Amtes für Soziales und Rehabilitation, **Elisabeth Lingner,** ausgerechnet Einrichtungen wie die „Palette 3" auszuschreiben. „Wir vermuten, dass eine bekanntermaßen kritische Einrichtung abgestraft werden soll", glaubte der Arbeitskreis Substitution der Ärztekammer und Kassenärztlichen Vereinigung. Und die Mediziner standen mit dieser Ansicht nicht allein da. Die Betriebsräte der sieben Drogenhilfe-Einrichtungen sahen in der „Ausschreibung eine Diziplinierungsfunktion".[10] Auch für den Fachausschuss Drogen bei der Hamburgischen Landesstelle gegen die Suchtgefahren liegt „durch den völligen Mangel an fachlicher Nachvollziehbarkeit der Verdacht nahe, dass behördenkritische Träger für ihre Haltung bestraft werden sollen." Und selbst das Diakonische Werk wollte nicht ausschließen, dass „unliebsam gewordene Zuwendungsempfänger" mit dem Mittel der Ausschreibung „ruhig gestellt"[11] werden sollen.

Wie recht die Kritiker mit diesen Verdacht hatten, bestätigte sich im Gesundheitsausschuss Anfang September 1999. Als Argument der Behörden-Kommission gegen die Palette 3 führte Elisabeth Lingner an, dass der „Anbieter eine offensive, oft gegen Senat und Bürgerschaft gerichtete Öffentlichkeitsarbeit" führe. Es wird also suggeriert, dass Kritik an sich schon etwas Schlechtes ist. Bei der Bewertung der Budget- und Vertragssicherheit wird bei der Palette mit einbezogen, dass sie das Verwaltungsgericht wegen eines Rechtsstreits mit der Behörde angerufen hätten. „Das bedeutet, dass ein nicht abgeschlossener Rechtsstreit in die Bewertung mit eingeflossen ist", so die Hamburgische Gesellschaft für soziale Psychiatrie e.V. „Mit rechtsstaatlichem Handeln kann das eigentlich nicht zu vereinbaren sein."[12] Es ging darum, dass die Behörde den Verein Palette aus zweierlei Gründen an die Kette legen wollte. Erstens: rechnete der Verein bisher (ähnlich wie ein Arzt) einzeln für jeden Klienten die Kosten ab. Die Behörde wollte, dass die Vereins- und Klienten-Arbeit über Zuwendungen finanziert wird, damit sie mehr Einfluss auf den Träger hat. Durch die Einzelförderung hatte die Palette e.V. auch Ideen umsetzen können, die die

Behörde nicht wollte – beispielsweise die erfolgreich arbeitende Akku-punktur-Ambulanz. Und zweitens ging es um das so genannte „Neue Steuerungsmodell", mit dem BAGS und der damalige Drogenbeauftragte **Horst Bossong,** der mittlerweile an der Universität Gesamthochschule Essen lehrt, eine Modernisierung der freien Träger durchsetzen wollten. Palette e.V., Freiraum e.V. und andere kritisierten, dass dieser Form der „Kommerzialisierung sozialer Arbeit die Pluralität in der Trägerlandschaft geopfert wird". Noch etwas fiel auf: Von der Ausschreibung waren genau jene Träger betroffen, die im Februar 1998 die „Rahmenvereinbarung über Qualitätssicherung" mit der Behörde gekündigt hatten. Grund auch hier: Das fachlich nicht nachvollziehbare Behörden-Konzept der so genannten Dezentralisierung. Während polizeiintern für St. Georg 40 Plätze in Fixerstuben[13] für notwendig erachtet wurden, gab es nur acht Plätze in einer einzigen Einrichtung. Und es sollten auch nicht mehr werden, weil die BAGS lieber neue Drogenhilfe-Einrichtungen bei Trägern an Orten schaffen wollte, an denen es kaum Abhängige gab.

All diese Probleme hat der Verein Jugend hilft Jugend nicht, der von Elisabeth Lingner wegen seines „ressourcen-orientierten Personalmanagements" gelobt wurde. Jugend hilft Jugend hat sich gegenüber der Behörde auch immer extrem angepasst verhalten und im Gegensatz zu anderen Trägern keine öffentliche Kritik an der Behörde geübt. Sein Geschäftsführer, **Kai Wiese,** der zwischen 1977 und 1981 sowie zwischen 1983 und 1984 und erneut seit 1989 1. Vorsitzender des Vereins[14] ist, arbeitet im Arbeitskreis Drogen der SPD mit.[15] Die Mitglieder des SPD-Distriks Ottensen treffen sich in den Räumen von Kodrobs, einer Einrichtung von Jugend hilft Jugend. All das sollte sich auszahlen. So wundert es nicht, dass Wiese im Juni 1999 meint, dass die „Verantwortung für die Ausschreibung auch die Träger" hätten, „die sich verweigert haben." Und vollmundig fügte er hinzu, dass Jugend hilft Jugend „höhere Ansprüche" habe, „aber wir moralisieren weniger". Dass so nur einer gegen andere Drogenhilfe-Angebote zu Felde ziehen kann, der sich vollster Rückendeckung aus der BAGS sicher sein kann, liegt auf der Hand. Unter Mitarbeitern in Drogenhilfe-bereich ist es schon länger Stadtgespräch, dass der „Wiese-Konzern"[16] trotz der Rede von Transparenz und Chancengleichheit seitens der Behörde „offensichtlich seit langem derart einseitig protegiert"[16] werde und dass dies „fragwürdig"[16] sei. Indizien für die Richtigkeit dieser Feststellung gibt es mehr als genug. Zunächst einmal ist da die Höhe der Zuwendungen, die der Verein von der Behörde erhält. Während die meisten Träger in den vergangenen Jahren Federn lassen mussten, ist Jugend hilft Jugend nahezu der einzige Träger mit finanziellen Steigerungsraten. Der Verein selber formuliert es so, dass ihm „ein rie-siger Schritt zu einem bedeutungsvollen, großen Träger gelungen"[17] sei. Im Haushalt waren für 1999 insgesamt gut 2,912 Millionen Mark für Jugend hilft Jugend vorgesehen. Bekommen hat der Träger aber 3,395 Millionen Mark[18]. Ein Plus von gut 16,5 Prozent. In den Jahren zuvor sah es nichts anders aus. Und im Haushalt 2000 waren für Jugend hilft Jugend 3,395 Millionen Mark an Zuwendungsgeldern vorgesehen – gegeben hat es 3,533 Millionen Mark[19]. Begründet wurde der Mehr-bedarf mit der „nachträglichen Berücksichtigung der Konsum-raumkosten". Nur: Der Konsumraum von Kodrobs Altona wurde schon im September 1998 eingerichtet und nicht erst im berücksichtigten Bilanzjahr 2000. Nicht berücksichtigt in diesen Summen sind Gelder für Investitionen.

Im Sommer 1996 sollte die Drogenberatungsstelle „Horizont" in Wil-helmsburg, mit einem Jahresetat von rund 968.000 Mark[20] einen neuen Träger bekommen. Grund: Es gab finanzielle Unregelmäßigkeiten; die BAGS hatte dem bisherigen Betreiber den Geldhahn zugedreht. Die Mitarbeiter der Einrichtung hatten sich um einen neuen Träger be-müht. Der Verein Jugendhilfe e.V. war bereit, Einrichtung und Mitar-beiter zu übernehmen. Aber es kam anders. Ohne Ausschreibung der Einrichtung hatten Behörde und Jugend hilft Jugend auf dem kleinen Dienstweg die „Trägerschaft unter sich ausgemacht"[21]. Offiziell ver-neinten Behörde und Jugend hilft Jugend zwar, dass es sich um eine Übernahme der 1989 gegründeten Einrichtung handelte. Vielmehr sollte der Wiese-Verein eine neue Anlaufstelle mit gleichem Angebot aufbauen. Aber das hatte nur juristische Gründe. Denn so musste das alte Horizont-Personal nicht übernommen werden. Die Behörde zahlte Jugend hilft Jugend lieber gut 167.000 Mark[22] zur „Abwicklung der Rechtsstreitigkeiten". Faktisch war es aber nichts anderes als eine feindliche Übernahme. Und so benahmen sich die Sieger auch. „Hier werden über Jahre gewachsene Vertrauensverhältnisse zerstört"[23], kritisierte **Arne Beer** von der Wilhelmsburger Selbsthilfegruppe „Kinder des Zorns" das Vorgehen der Jugend-hilft-Jugend-Verantwortlichen. Der neue Träger habe Klienten sogar das Gespräch verweigert. Die „wichtigen Anliegen der Betroffenen" würden weder von der Behörde noch von Jugend hilft Jugend erkannt, so Beer. Stattdessen mussten sich die Drogenabhängigen von Kai Wiese (Jugend hilft Jugend) belehren lassen: „Für einen Beratungsbetrieb sind persönliche Bindungen zwischen Klient und Sozialarbeiter nicht vorrangig."[13] Offenbar doch. Denn eine Süchtige brachte der Trägerwechsel so sehr aus dem Gleichgewicht, dass sie Selbstmord beging.[24] Andere Klienten wurden über Tage nur deswegen betreut, weil die ehemaligen „Horizont"-Mitarbeiter ehrenamtlich einen Notdienst aufrecht[25] erhielten.

Die offensichtliche Bevorzugung durch die Behörde gibt es für Jugend hilft Jugend allerdings nicht ohne Gegenleistung. 1996 stand der damalige Drogenbeauftragte Horst Bossong mächtig unter politischen Druck. Er sollte Verträge im Rahmen der so genannten Modernisierung des Drogenhilfebereichs über die finanziellen Zuwendungen mit den Trägern abschließen. Doch die Träger waren harte Verhandlungspartner. Kai Wiese „befreite" Bossong von seiner Last, indem er für die Jugend-hilft-Jugend-Einrichtungen Kodrobs Altona, Kodrobs Bergedorf und die Beratungsstelle Wilhelmsburg einen mustergültigen Zuwendungsvertrag mit der Behörde unterzeichnete.[26] Damit hatte Wiese den bis dahin gemeinsamen Weg der Drogenhilfeträger beim Aushandeln von entsprechenden Vereinbarungen verlassen. Es sollte dem 1970 gegründeten Verein Jugend hilft Jugend nicht schaden. So wurde beispielsweise 1998 eine behördenübergreifende Koordinierungsgruppe eingesetzt, um die Drogen-Situation rund um den Hauptbahnhof zu verbessern. Zwischen März und August trafen sich die Teilnehmer sieben Mal. Mit dabei: Der Drogenbeauftragte Bossong, ein Vertreter des Landessozialamtes, ein Beamter der Polizeidirektion Mitte, vom Bundesgrenzschutz, ein Vertreter vom Bezirksamt Mitte, der Stadtentwicklungsbehörde, der Betreuungsgesellschaft für den Hamburger Hauptbahnhof mbH, der Deutschen Bahn AG, der U-Bahn- und der S-Bahn-Wache. Lediglich ein einziges privates Drogenhilfeprojekt war stimmberechtigtes Mitglied in der Koordinierungsgruppe: „Laufwerk", das aufsuchende Sozialarbeit im Drogenmilieu betreibt und von vier Trägern (Jugendhilfe, Jugend hilft Jugend, Drogenhilfe Eimsbüttel, Therapiehilfe[27]) betrieben wird – vertreten durch Kai Wiese. Obwohl es naheliegend wäre, dass die bedeutenden Drogenhilfe-Einrichtungen St. Georgs wie Drob Inn oder Ragazza an den Koordinierungstreffen teilgenommen hätten, blieben ihnen die Türen verschlossen.

Am 13. Oktober 2000 wurde das Café Max B. in Altona eingeweiht, ein Projekt von Jugend hilft Jugend, benannt nach dem SPD-Bürgermeister Max Brauer. In dem chicken Café, das in einem von dem Verein für zwei Millionen Mark errichteten Neubau residiert, arbeiten ehemals Drogenabhängige, Behinderte, aber auch professionelle Gastro-Kräfte. Zur Einweihung reichte sich die SPD-Prominenz die Klinke in die Hand – von Karin Roth, über die Vize-Fraktionsvorsitzende **Petra Brinkmann**, den Bürgerschafts-Abgeordneten **Uwe Grund** bis zur Bürgerschafts-Präsidentin **Dr. Dorothee Stapelfeldt.** Einen Monat später fertigte die SPD-Bürgerschafts-Fraktion einen Antrag, bei dem es um die Vergabe von Sondermitteln aus Spielbankeinnahmen („Troncabgabe") ging. Der elfte Nutznießer des SPD-Antrages sollte der Verein Jugend hilft Jugend sein. 10.000 Mark „für die Beschaffung einer Kaffeemaschine für das Café Max B."[28] Ein merkwürdiger Antrag – der auch den Verdacht der Doppelfinanzierung weckt. Denn die Gäste des Café Max B. hatten vier Wochen zuvor mitnichten auf frischen Kaffee verzichten müssen. Der war nämlich mit der nagelneuen Kaffeemaschine, die hinter dem Tresen stand, gebrüht worden. Die Bürgerschaftsgruppe Regenbogen entlarvte die staatliche Geldzuschieberei und forderte die Streichung der von der SPD gewünschten Geldausgabe.[29] Offensichtlich Böses ahnend, reichte die SPD ausgerechnet am Tag der Bürgerschaftsdebatte über den Parlamentarischen Untersuchungsausschuss Filz am 29. November 2000 eine Neufassung ihres Antrages ein. Die Kaffeemaschine fürs Café Max B. war darin ersatzlos gestrichen worden. Gleichzeitig mit der Eröffnung des Café-Betriebes übernahm Jugend hilft Jugend den Betrieb des Stadthotels. Das Hotel, in dem auch behinderte Menschen arbeiten, war ursprünglich von Eltern behinderter Kinder gegründet worden. Mit der Übernahme drängt Jugend hilft Jugend erstmals nun auch in den Bereich der Behindertenbetreuung.

Glatt durch, aber nicht weniger auffällig, ging die Zuteilung der BSHG-19-Stellen („Tariflohn statt Sozialhilfe"). 176,62 Stellen[30] vergab die BAGS mit Stand vom 28. November 2000 für insgesamt 37 Projekte. Mit knapp 24 Stellen sahnte der Träger Jugend hilft Jugend am besten ab. Wie viele BSHG-19-Stellen Jugend hilft Jugend insgesamt im Jahr 2000/2001 hat, dazu verweigert die Behörde für Arbeit, Gesundheit und Soziales die Auskunft. Nimmt man nur den Zwischenstand vom November 2000 folgte Jugend hilft Jugend der ebenfalls SPD-nahe Träger Mook wat e.V. mit gut 23,5 Stellen. Es folgte der Beschäftigungsträger GATE GmbH. Und danach kam lange Zeit nichts. Damit aber nicht genug. Offenbar versucht die Sozialbehörde, die Zuwendungen für Jugend hilft Jugend und seine Projekte auch immer wieder zu verschleiern. So hatte die BAGS am 19. September 2000 dem Gesundheitsausschuss mitgeteilt, dass Jugend hilft Jugend zwischen 1997 und 2000 von der EU eine so genannte Integra-Förderung in Höhe von gut 480.000 Mark erhält. Eine „Co-Finanzierung durch die Freie und Hansestadt Hamburg" gebe es nicht, – genau das Gegenteil aber war auf einem Informationsblatt von Jugend hilft Jugend zu lesen. Einen Monat später musste die BAGS, die von anderen immer Transparenz einfordert, aber selber ein Meister im Verschleiern zu sein scheint, dann zugeben, dass die Antwort „insofern unvollständig"[31] war, weil der Träger sehr wohl Geld aus dem hamburgischen Stadtsäckel bekam – in drei Jahren veranschlagte 1,9 Millionen Mark. Das waren immerhin zwei Drittel der rund 2,8 Millionen Mark Gesamtkosten dieses Jugend-hilft-Jugend-Projektes, während aus dem Europäischen Sozialfond (ESF) nur knapp 630.000 Mark kamen. Nachfolgeanträge für die ESF-Förderungsperiode 2000 bis 2006 für Maßnahmen im Bereich Drogen und Sucht wurden von Jugend hilft Jugend gestellt.[32] Die Folge: Werden die ESF-Beträge von Brüssel ausgezahlt, müssen aus dem Hamburger Haushalt ergänzende finanzielle Mittel für das Projekt in nicht unerheblichen Maße aufgewendet werden.

Nebeltaktik auch bei HIDA, dem Hamburger Fortbildungsinstitut Drogen und AIDS. Nach Auskunft der BAGS gehört es zu den Aufgaben des Projektes, Mitarbeiter von Drogenhilfe-Einrichtungen, der offenen Jugendarbeit, im Strafvollzug und im Prostituierten-Betreuungsbereich zum Thema HIV/AIDS fortzubilden.[33] Eine Angabe, welcher Träger hinter dem nicht rechtsfähigen Projekt HIDA steckt, wird allerdings verschwiegen. Es ist Jugend hilft Jugend. Der Verein bekam dafür zwischen 1995 und 1999 immerhin jährlich zwischen 162.000 und 292.000 Mark[34]. Faktisch hat HIDA ein Monopol auf die Fortbildung im Drogenbereich. Denn anderen Trägern verweigert die Behörde Gelder, um selber Fortbildungs-Maßnahmen anbieten zu können. Und auch in Bezug auf HIDA nahm es die BAGS mit der Beantwortung einer Kleinen Anfrage[35] nicht so genau. Oder waren es ganz bewusst selektive Antworten – politisch motiviert? „Mit keinem" vom Senat geförderten Träger gebe es hinsichtlich von Fortbildungsmaßnahmen eine Leistungsvereinbarung.[34] Falsch, wie der Senat vier Wochen später einräumte. Denn mit „HIDA" gibt es eine Leistungsvereinbarung[36]. Der Senat redete sich heraus, er hätte gedacht, er wäre nur nach Leistungsvereinbarungen gefragt worden, die „aus dem Kapitel 4660[37] gefördert" würden. So war die Frage des Bürgerschaftsabgeordneten allerdings gar nicht gestellt worden.

Dass die Vernichtung von Geld auch in Zeiten knapper Haushaltskassen sich nicht von selbst verbietet, bewies die BAGS auch bei ihrer Drogenberatungsstelle Drosselstraße (Wandsbek) und dem Café Drei (Eimsbüttel) der Drogenhilfe Eimsbüttel e.V. Das Zauberwort der Drogenhilfe ab Anfang der 90er Jahre hieß Dezentralisierung, eine Idee des damaligen Drogenbeauftragten Horst Bossong. Um dem Stadtteil St. Georg ein wenig von der Last der Drogenproblematik zu nehmen, sollte in unmittelbarer Nähe des Hoheluft-Bahnhofs eine neue niedrigschwellige Drogeneinrichtung entstehen. In diesem Fall ausgerechnet auf einem Schiff. Experten sahen die Junkies schon ein weiteres Mal baden gehen. Die Anwohner fürchteten sich mehr vor einer neuen offenen Drogenszene. Dass diese nicht zu befürchten war, dafür führte die Sozialbehörde ausgerechnet ihre eigene Beratungsstelle an der Drosselstraße an. Dass es dort keine neue Drogenszene gab, verwunderte wenig. Denn die Einrichtung wurde nur von wenigen Abhängigen genutzt. Obwohl dies eigentlich als Argument gegen eine Dezentralisierung dienen könnte, betrieb die Behörde mit großem, auch finanziellem Aufwand, die Einrichtung des Café Drei in Eimsbüttel. Zwar war das Drogenschiff mit mindestens zwei Millionen Mark Investitionskosten vom Tisch. Dafür kamen zunächst Container als Notquartier.

Bemerkenswert an dem Vorgehen war allerdings etwas was Anderes. Vier Mitarbeiter aus der wenig genutzten Behörden-Einrichtung Drosselstraße waren am 2. Juni 1992 an der Gründung des Vereins Drogenhilfe Eimsbüttel beteiligt. Zum 1. Januar 1995 sind sie aus dem öffentlichen Dienst ausgeschieden – allerdings mit der Möglichkeit „unter bestimmten Bedingungen" in die Behörde zurückzukehren.[38] Der Drogenbeauftragte Bossong und die Behörde für Arbeit, Gesundheit und Soziales schlugen damit zwei Fliegen mit einer Klappe. Sie brachten die überflüssigen Mitarbeiter aus der Drosselstraße in einer neuen Einrichtung unter. Und sie gründeten faktisch einen weiteren Träger, der vorbehaltlos der Behördenlinie folgte. Für Bossong, so sagen Insider, war der neue Verein so eine Art Spardose. Über Jahre bewilligte die Bürgerschaft gemäß dem Haushaltsplan der

BAGS höhere Zuwendungen für die Drogenhilfe Eimsbüttel, als diese ausgab. Die dort nicht verwendeten Mittel konnten dann anderweitig im Drogenhilfe-Bereich von Bossong & Co. ausgegeben werden. Auch bekam die Drogenhilfe Eimsbüttel eine halbe Stelle bewilligt für die so genannte Therapieplatzbörse – im Haushaltsplan 1998 schlug sich das faktisch mit einem Plus von gut 100.000 Mark nieder. Was gut klingt, ist nichts anderes als die Auflistung von freien Therapieplätzen. Eine echte Vermittlung von Therapieplätzen oder gar eine Betreuung der Klienten findet dagegen nicht statt. „Rechnet man für den Vorgang des Erfassens der Daten und deren Versendung großzügig fünf Stunden Arbeitsaufwand wöchentlich an, käme das auf 260 Stunden per anno", rechnete der Gesundheitsexperte und Autor **Gerd Peter Hohaus** vor. „Ergo: Der Senat genehmigte der Drogenhilfe Eimsbüttel eine Bürokraft mit einem Stundenlohn von 380 Mark!"[39] So wunderte es auch wenig, dass ausgerechnet die Drogenhilfe Eimsbüttel von der Behörde den Auftrag bekam, ein EDV-Projekt mit Datenbank-, Personal-, Finanzverwaltungs- und Betreuungs-System für die Drogenberatungsstellen auf die Beine zu stellen. Es sollte einer „wesentlichen Vereinfachung von Verwaltungsabläufen"[40] dienen. Für Hard- und Software für 32 Einrichtungen waren 1,6 Millionen Mark[41] veranschlagt. Schon früh gab es Gerüchte, dass es zwischen dem Hersteller der Datenbank „Moonlight", der Firma Volker Blaak Softwareentwicklung, und den Köpfen der Drogenhilfe Eimbüttel eine persönliche Verflechtung gab.[42] Auch, dass für das Programm erst teure Macintosh-Computer angeschafft werden mussten, machte nichts – der Senat hatte 1995 für alles rund 2,1 Millionen Mark bereit gestellt. Moonlight machte „seinem Namen alle Ehre: Die millionenschwere Anschaffung wurde nicht etwa offen über eine Ausschreibung getätigt, sondern in einer Art Nacht- und Nebelaktion in einer kleinen Hafenstadt in Mecklenburg-Vorpommern abgewickelt. Über die Hintergründe dieses Deals wird noch heute gerätselt."[43] Durchgesetzt und gerechnet hat sich die Millionen-Investition Moonlight bis heute nicht. Weil es erhebliche Schwierigkeiten mit der Software gab, bewilligte die BAGS Drogenhilfeträgern später sogar Geld, um mit dem Horizont-System eine bessere neue Software zu erwerben. Und über den Verein Therapiehilfe e.V. wurden allein 1998 sogar 218.000 Mark und 1999 182.000 Mark von der Behörde ausgezahlt für die „Sicherstellung der Systemanpassung, Wartung und Fortschreibung von Moonlight".[44]

Es sind nicht die einzigen Merkwürdigkeiten, die im Zusammenhang mit der Drogenhilfe Eimsbüttel offengelegt wurde. Im Haushalt 1998 konnte sich die stadtnahe Einrichtung über 38 Prozent mehr Geld gegenüber 1997 freuen, während gleichzeitig eine Kürzung des Methadonprogramms um 15 Prozent angekündigt wurde.[21] Wundern tut dies wirklich keinen mehr. Denn Geschäftsführer des Café Drei ist **Gert M. Petersen,** der schon als Behörden-Mitarbeiter in der staatlichen Einrichtung Drosselstraße beschäftigt war, Mitglied des SPD-Arbeitskreises Drogen und Kassierer im SPD-Distrikt Ottensen[45] ist. Seine Nähe zur BAGS und zur SPD sind es wohl, die in diesem Fall fürstlich belohnt werden. Nicht anders ist es zu erklären, dass die Behörde noch einmal 400.000 Mark in den Umbau des Café Drei und die Einrichtung eines Gesundheitsraums mit jährlichen Unterhaltskosten von rund 170.000 Mark steckte. Gleichzeitig mussten andere Einrichtungen wie der Fixstern vom Träger Freiraum e.V. den Offenbarungseid leisten. Während man in Eimsbüttel auf die Junkies wartete, konnten die Mitarbeiter im Schanzenviertel den Ansturm der Klienten nicht mehr bewältigen – und schlossen den Fixstern zeitweise. Damit die Abhängigen trotzdem einen Gesundheitsraum nutzen konnten, wurde extra ein Shuttle-Bus zu den Einrichtungen von Jugend hilft Jugend in Altona und der Drogenhilfe Eimsbüttel eingerichtet, um „Werbung für ihre bislang wenig frequentierten Einrichtungen zu machen"[46]. Genutzt wurde der Bus kaum. Die dezentralen Einrichtungen weiterhin ebenso wenig. In einer Übersicht hat die BAGS die Auslastung der Gesundheitsräume für Drogenabhängige im Jahr 1999 gegenüber gestellt. Den Druckraum des Drobb Inn am Hauptbahnhof nutzten im September des Jahres 5018[47] Abhängige, den im Fixstern im Schanzenviertel 2199[48], den vom Kodrobs in Altona (Jugend hilft Jugend) 147[49] und dem im Café Drei 265[50] Klienten.

Normalerweise hätte man die unrentablen Einrichtungen in Altona und Eimsbüttel längst schließen müssen. „Wahrscheinlich wird der 'Filz' in dieser Stadt dies verhindern"[51] und die Betroffenen haben sich längst Ausreden für die Ursache der geringen Besucherzahlen zurecht gelegt. Das „unterschiedliche Konzept" sei Schuld, so der damalige Drogenbeauftragte Horst Bossong. „Das sind höherschwellige Angebote mit dem Auftrag, die Süchtigen gezielt anzusprechen und zum Ausstieg zu bewegen.[52] Wichtig sei nicht, wie viele Menschen sich in einer Einrichtung „Schüsse setzten", meint „Die Welt" unter Berufung auf Kai Wiese von Jugend hilft Jugend, „wichtig sei doch allein, wievielen Menschen beim Ausstieg geholfen werde."[53] Demgegenüber stellt Norbert Hackbusch, Abgeordneter der Bürgerschaftsgruppe Regenbogen fest, dass „jeder in dieser Stadt" wisse, dass „bestimmte SPD-nahe Unternehmen Aufträge günstiger" bekommen würden. „Was bei der Arbeitsmarktpolitik die Hamburger Arbeit ist, gibt es auch im Drogenbereich. Meinetwegen beim Café Drei in Eimsbüttel oder solche Personen wie Kai Wiese in Altona."[54]

Erläuterungen zu den Fußnoten ab Seite 285

Ein Schiff wird kommen

Aufstieg und Fall der Altonaer Jugendarbeit und warum Missstände beim Verein Jugend in Arbeit nicht an die Öffentlichkeit kommen durften

Man kennt sich. **Michael** ist Vorsitzender seiner Fraktion. Und ohne Michael geht nichts im Bezirk. Denn Michael gehört zur Mehrheitspartei, der SPD. Der Chef des Bezirks, in dem Michael politisch aktiv ist, ist ein Genosse. **Hans-Peter** heißt der. Die Arbeitslosigkeit ist groß, besonders unter Jugendlichen, die teilweise keine richtige Ausbildung haben. Und Hans-Peter soll was dagegen tun – nun, besser der Bezirk, in dem Hans-Peter Chef ist. Also gründet man einen Beschäftigungsträger. Und weil ohne Michael ohnehin nichts im Bezirk geht, wird dieser gleich Geschäftsführer des neu gegründeten Vereins, der Jugendliche sinnvoll beschäftigen und ausbilden soll. Bezahlen tut alles der Staat. Mit ganz viel Geld. Denn viel Geld heißt auch viel Nutzen für die Jugend. So glauben zumindest alle aus der Partei. Und damit Michael das Geld auch sinnvoll ausgibt, gibt es in der Behörde einen, der Michael kontrollieren soll. **Joachim** heißt der. Man kennt sich. Denn Joachim und Michael kommen aus dem gleichen Distrikt in Groß-Flottbek. Und unter (Partei-) Freunden, da ärgert man sich natürlich nicht mit nervigen Fragen. Also muss Michael eigentlich auch nicht beantworten, was er mit dem ganzen Geld so macht. Der Michael wird schon alles richtig machen, glauben der Joachim und seine Kollegen. Das dachte sich wohl auch der **Hartmut**. Der war nicht nur im Vorstand von Michaels Verein, der den Jugendlichen Jobs bringen sollte. Der Hartmut war auch noch Parteifreund und der Beauftragte für Arbeitsbeschaffung von Hans-Peter. Man kennt sich. Und so fiel weder dem Hans-Peter, noch dem Hartmut, noch dem Joachim auf, dass der Michael zwar Großes plante, nur waren es riesige Luftschiffe, Kähne der Fantasie und des Größenwahns. Schlicht: Es war offenbar alles eine Nummer zu groß für Michael. Und dann waren da noch Michaels private Wohnhäuser, die dringend saniert werden mussten ...

Sie, oder besser seine Geschäfte, brachten Michael vor Gericht und ließen ihn und seinen Verein richtig Schiffbruch erleiden. Und heute? Fragt man die Genossen nach Michael – man kennt sich nicht (mehr).

Michael, mit Nachnamen **Pape.** Jurist und gelernter Bankkaufmann. Und ein starker Mann der SPD – Fraktionsvorsitzender und Mitglied des Kreisvorstandes in Altona, zudem noch Landesdelegierter seiner Partei. Als der SPD-Senat 1988 eine große Offensive mit noch mehr Geld gegen die Jugendarbeitslosigkeit beschloss, steht Michael Pape schon in den Startlöchern. Mit Unterstützung der Bezirke will die Behörde für Arbeit, Jugend und Soziales (BAJS) neue kommunale Beschäftigungsträger aus dem Boden stampfen. 700 arbeitslose Jugendliche sollen ihre Chance in Qualifizierungs-Maßnahmen, zusätzlich 500 Dauerarbeitslose Jobs in Arbeitsbeschaffungs-Maßnahmen (ABM) bekommen. Es herrscht so etwas wie Aufbruchsstimmung. Nur Ideen muss man haben – wie absurd sie auch sind, die Behörde zahlt. Und so gründen Michael Pape, seine spätere Frau **Sabine Wego** und fünf andere den Verein Morgenröte e.V. Das Vereinsregister stört sich an dem Namen, und so wird aus der Morgenröte die Altonaer Jugendarbeit e.V. (AJa)[1]. Von Anfang an ebenfalls dabei: **Joachim Heitmann.** Von Beruf Steuerberater und über drei Wahlperioden[2] SPD-Deputierter bei der Finanz- und Justizbehörde. Geschäftsführer des Vereins, der in Sachen Schiffbau aktiv werden soll, wird Michael Pape – später ist er sogar zugleich Vorstandsmitglied. Auch **Hartmut Hoins** gehört zum Vorstand, der Jugend- und Sozial-Dezernent im Bezirk Altona. Damit nicht genug der personellen Verflechtungen: Die AJa soll mit dem ebenfalls in Altona ansässigen Verein Die Flottneser – Kinder- und Jugendinitiative e.V.[3] und dem Verein zur Förderung arbeitsloser Jugendlicher und junger Erwachsener ohne Hauptschulabschluss Röbbek e.V.[4] zusammen arbeiten. Michael Pape gehört dem Vorstand des Flottneser-Vorgängers erstmals zwischen September 1973 und Oktober 1977 an. Knapp ein Jahr später erneut, um dann im April 1980 Kassenwart zu werden. 1990 wird Pape ein weiteres Mal, diesmal für fünf Jahre, Vorsitzender der Flottneser. Zu einer Zeit wohlgemerkt, als er auch als geschäftsführender Vorstand der Altonaer Jugendarbeit tätig ist. Zwischen Februar 1988 und September 1990 ist Pape sogar ganz oder teilweise Geschäftsführer beider Vereine – der AJa und der Flottneser[5]. Das Unglaubliche: Er erhält von der Behörde auch für beide Tätigkeiten Gehalt, ohne dass sich daran jemand störte. Und noch ein AJa-Bekannter taucht in einem der Kooperationsvereine auf, der mit der AJa zusammen arbeiten soll. Hartmut Hoins, der Dezernent aus dem Bezirk Altona, ist zwischen Juli 1991 und Januar 1995 Vorsitzender des Vereins Röbbek. Um es noch einmal auf den Punkt zu bringen: Die Behörde für Arbeit, Jugend und Soziales veranlasst die Gründung eines neues Beschäftigungsträgers im Bezirk Altona. Die Fraktionen sind damit politisch befasst – der Chef der SPD-Fraktion wird kurzerhand zum Geschäftsführer des Beschäftigungsvereins. Keiner stört sich daran nennenswert. Ausschreibungen für Führungsposten scheinen ein Fremdwort. Die Akteure der Kooperationsvereine kennt Pape seit Jahren. Und im Fall der Flottneser soll Pape gewissermaßen mit sich selbst zusammen arbeiten. Diese personellen Verflechtungen muss man kennen, um das spätere Desaster um die AJa und als Folge ihren Konkurs[6] verstehen zu können. Zunächst einmal sollen die politischen Freunde Michael Pape aber zu einem höheren Gehalt verhelfen. Vorstandsmitglied Hartmut Hoins ist es, der im Oktober 1989 bei der Behörde einen Antrag stellt, damit Pape einen höheren Lohn erhalten kann. Das Schreiben landete bei Papes Parteifreund Meyer. Als eine Entscheidung auf sich warten lässt, bittet Hoins, diesmal als Beschäftigungs-Beauftragter des Bezirks, Meyer „dringend" darum, sich der Sache anzunehmen.

In ihrer Euphorie, für die Jugend Gutes zu tun, verlieren die AJa und die Behörde schon nach der Gründung des Beschäftigungsträgers beim Thema Geld die Übersicht. Bereits im Sommer 1988 beantragt die AJa mehr als 300.000 Mark an Zuwendungsgeldern bei der Behörde, darunter 2000 Mark für wohl Hamburgs teuersten Anrufbeantworter. Die Behörde zahlt nahezu anstandslos, obwohl weder die Projekte, für die das Geld ausgegeben werden soll, konkret beschrieben noch eine detaillierte Kostenaufstellung eingereicht werden. Was dann passiert, zieht sich wie ein roter Faden durch die Behördenakten der AJa: Weil man rund 120.000 Mark für den Dachausbau des Vereinssitzes nicht ausgegeben hatte, beantragt der Verein eine so genannte „Umwidmung". Soll heißen: Schon im Gründungsjahr gibt der Verein Geld für etwas anderes als ursprünglich vorgesehen aus. Und die Behörde genehmigt hinterher brav diese anderweitigen Ausgaben der AJa. Das Prinzip sollte beibehalten werden. „Bei keinem anderen Träger wäre das so durchgegangen", ist sich die CDU-Bürgerschafts-Abgeordnete **Antje Blumenthal** sicher. So hatte AJa-Geschäftsführer Pape im Juli 1989 insgesamt gut 992.000 Mark für das Werftprojekt des Vereins beantragt. Auf der Tollerortwerft am ehemaligen Kohlenschiff-Hafen sollten alte Schiffe restauriert und wieder seeklar gemacht werden. Der Verein bekommt sein Geld wie beantragt. Hinweise darauf, dass die Behörde die AJa-Sachkosten-Anträge auf irgendeine Weise auf deren Plausibilität geprüft hatte, finden sich in den Akten nicht.[7] Im November dann wieder der obligatorische Um-widmungs-Antrag. Die AJa hat statt der beantragten und erhaltenen fast 60.000 Mark Mietkosten für die Werft nur 9850 Mark ausgegeben. Dafür steigen die Kosten für Maschinenkäufe um 50.000 Mark, die Betriebskosten um gut 40.000 Mark. Macht nichts. Pape erhält seinen Änderungsbescheid über gut 994.000 Mark. Doch obwohl das Jahr nur noch wenige Wochen dauert, beziffern sich die tatsächlichen Kosten trotz Änderungsantrag wieder ganz anders. Rund 85.000 Mark hat die AJa zuviel in der Kasse. Offensichtlich hat man die Nebenkosten für den Werftbetrieb, hier Gas und Strom, völlig falsch berechnet. Statt der beantragten 104.000 gibt die AJa nur 33.000 Mark aus. Anders bei den Maschinen. Aus den ursprünglich beantragten 130.000 und später per Änderungsbescheid auf 180.000 Mark erhöhten Kosten für den Kauf von Maschinen, werden später satte 241.000 Mark. Die Behörde ak-zeptiert alles – egal, ob die ausgegebenen Gelder noch irgendetwas mit den von der AJa eingereichten Haushaltsplänen zu tun haben oder nicht. So ist es auch bei den anderen Projekten der AJa, bei der Produktion von Schulküchen und bei der Haus- und Gebäude-

Instandsetzung. Zehn Tage bevor das Jahr 1993 zu Ende ist, legt die AJa erneut für das laufende Haushaltsjahr einen geänderten Wirtschaftsplan vor. Aus dem im Folgejahr eingereichten Verwendungsnachweis ergibt sich noch einmal eine Differenz von 100.000 Mark[8]. Es gibt nur zwei Möglichkeiten: Entweder ist die Buchhaltung der AJa so katastrophal, dass eigentlich niemand mehr einen Durchblick hat und Anträge und Nachweise mehr nach Gefühl als nach Faktenlage ge- und erstellt werden. Oder die AJa hat in zehn Tagen 100.000 Mark anders verwendet, als noch am 21. Dezember 1993 geplant. Beide Versionen lassen nur ungläubiges Kopfschütteln zu. „Die denken ja immer, die sind bei Hofe", klagt CDU-Frau Antje Blumenthal, „und da ist alles erlaubt, das öffnet alle Türen."

Mit ihrer Praxis von Änderungsbescheiden verstößt die Abteilung für Arbeitsmarktpolitik in der Behörde für Arbeit, Jugend und Soziales, deren Leiter Papes Parteifreund **Joachim Meyer** ist, permanent gegen geltendes Zuwendungsrecht. Denn das verbietet, rückwirkend Zuwendungen für Projekte zu bewilligen, die schon begonnen haben oder faktisch neue Bescheide zu erlassen, um die Ausgaben auf der einen Seite und bewilligte Gelder auf der anderen Seite nachträglich kompatibel zu machen. Genau dies macht die Abteilung aber regelmäßig, bevor die Akten in die Betriebswirtschaftliche Abteilung zur Überprüfung gehen. Im Bericht des Parlamentarischen Untersuchungs-Ausschusses „Filz"[9] wird kritisiert, dass die Behörde offenbar den Überblick über den Umfang und die Art der Zuwendungen verloren hätte. Die „vorgelegten diversen Finanzierungs- oder Wirtschaftspläne waren so pauschal, dass eine sachgemäße Überprüfung unmöglich war, sie ist offenkundig auch nicht erfolgt, die zahlreichen Änderungen sind unkommentiert und lassen den Bearbeitungsprozess nicht erkennen." Soll heißen: Die AJa bekommt Hunderttausende an Steuergeldern, ohne dass irgendjemand in der Behörde den genauen Durchblick hat, wofür das Geld überhaupt bezahlt und ob es auch für die angegebenen Dinge ausgegeben wurde. Daran ändert auch die Arbeit der Betriebswirtschaftlichen Abteilung nichts. Denn die verschleppt jahrelang die Überprüfung der AJa-Abrechnungen. So bekommt diese Abteilung der BAJS die Verwendungsnachweise für das Haushaltsjahr 1989 im Sommer 1991 vom Fachamt für Arbeitsmarktpolitik. Die Prüfung der Unterlagen ist aber erst Anfang des Jahres 1995 abgeschlossen.[10] Die Verwendungsnachweise für das Jahr 1991 bleiben im Fachamt zunächst bis zum 20. Februar 1992[11], die Betriebwirtschaftliche Abteilung erreichen sie sogar erst nach dem 14. Juni 1993[12]. So konnten die „Mängel bei der AJa" und die „zuwendungsrechtlichen Verstöße des Fachamtes sowie die mangelnde Kontrolle durch die Haushaltsabteilung über Jahre unerkannt bleiben", heißt es im PUA-Filz-Bericht.

Die Verschwendung, ja die Vernichtung von staatlichen Geldern wird an zwei Projekten der Altonaer Jugendarbeit besonders deutlich. Für den Verein Flottneser, in dem Pape ja ebenfalls aktiv ist, sollte der ehemalige holländische Fischtrawler „Bastiaan" auf der Tollerortwerft in Steinwerder zum Jugendsegler umgebaut werden. Viel mehr konnten die Behörden-Mitarbeiter auch nicht wissen. Denn genaue Sachberichte über die geplanten und dann durchgeführten Arbeiten legt die AJa nicht vor – sie werden von der Behörde aber auch nicht angemahnt. Gut 50.000 Mark hatte der Kauf der schrottreifen „Bastiaan" die AJa gekostet. Was dann passiert ist mit Trickserei viel zu harmlos umschrieben. Die AJa beantragt 150.000 Mark an Ausbaukosten für ein Schiff – vermutlich die „Bastiaan". Nicht einmal das ist so genau klar. Durch die jahrelang verschleppte Prüfung der Verwendungsnachweise des Jahres 1989 wird erst 1994 bekannt, dass die AJa dieses Geld „zurück gestellt" hat, um den Flottnesern mit diesem Geld den Kauf der „Bastiaan" zu ermöglichen. Ein völlig rechtswidriges Vorgehen. Und undurchsichtig bis heute. Denn aus einem Kaufvertrag ist bekannt, dass die Flottneser maximal 70.000 Mark[13] für die „Bastiaan" bezahlen sollen. Der von der AJa dafür zurückgelegte Betrag ist aber mehr als doppelt so hoch. Zu Zeiten dieses Deals ist Michael Pape gleichzeitig Geschäftsführer der Altonaer Jugendarbeit und der Flottneser. Insgesamt werden in die 1962 gebaute „Bastiaan" zwischen

1989 und 1994 rund 2,3 Millionen Mark an staatlichen Sachmitteln investiert, obwohl das Schiff den Flottnesern gehört. Selbst die Versicherungsprämie bezahlt die AJa aus Zuwendungsgeldern – und in der Behörde stört sich daran keiner. Es kommt aber alles noch viel schlimmer. Die „Bastiaan" ist als Motorschiff gebaut worden. AJa und Flottneser wollen aber ein Segelboot, einen Dreimaster, daraus machen. Völlige Fehlplanungen, Missmanagement und offensichtlich auch fehlende Fachkenntnisse führen dazu, dass die tatsächlichen Umbau- und Restaurierungskosten der „Bastiaan" rund sechs Millionen Mark verschlingen würden. Und auch dann will die Seeberufsgenossenschaft die „Bastiaan" nur als Traditionsschiff abnehmen. Das hätte bedeutet, dass die Flottneser zwar einen Jugendsegler besäßen, auf dem aber kein bezahltes Besatzungsmitglied hätte mitfahren dürfen – nur ehrenamtliche Kräfte. Doch das ist völlig unrealistisch, denn die aufwendige Takellage des Dreimastseglers erfordert geschultes Fachpersonal. Ein Teufelskreis, dessen Verlauf bei einer ordentlichen Planung absehbar gewesen wäre. Weil selbst das „fertiggestellte Schiff einen so geringen ideellen Wert" habe, „dass die Erbauer nicht einmal stolz darauf sein könnten"[14] und ein zu krasses Missverhältnis zwischen den Kosten und einem fraglichen Nutzen bestand, stellt die Behörde die Finanzierung der „Bastiaan" ein. Der Kahn soll verkauft werden. Allerdings ist sich die Behörde nicht so sicher, ob man das Schiff überhaupt los werden würde. Man stellt sich zwar einen Erlös von rund 200.000 Mark vor, doch wenn kein Verkauf möglich wäre, sollte das Schiff abgewrackt werden. Es findet sich im März 1996 ein Käufer – eine niederländische Firma, die 230.000 Mark für die „Bastiaan" hinblättert. Ein Schnäppchen. Allein die nagelneue Maschine im Rumpf des Schiffes hat einen Wert von etwa 800.000 Mark – bezahlt mit Steuergeldern durch die heutige Behörde für Arbeit, Gesundheit und Soziales (BAGS).

Obwohl die Altonaer Jugendarbeit und ihr Chef Michael Pape schon mit der Organisation und Realisierung der kleinen „Bastiaan" heillos überfordert sind, hindert das die Projektmanager nicht daran, dem

Größenwahn zu verfallen. Einen naturgetreuen Nachbau des Konvoischiffes „Wapen von Hamburg", das im 17. Jahrhundert über die Meere fuhr, will die AJa realisieren. Und die Behörde unterstützt den irrsinnigen Plan, einen Dreimastsegler von 43 Metern Länge und zehn Metern Breite, der im Original mit 56 Kanonen bestückt war, zu bauen. Wieder gibt es nur eine Vision und keine detaillierten Pläne. Nicht einmal eine geeignete Werft für das lange Schiff wird gefunden. Die AJa spekuliert darauf, dass eine Erweiterung der Werft am Tollerortweg die Lösung bringen könnte. Als sie nicht in Sicht ist, bemüht sich die AJa allen Ernstes, rund 5,5 Millionen Mark von der Behörde zu bekommen, um einen Teil des Kohlenschiff-Hafens zuschütten (!) zu können, um Platz für den Bau der „Wapen von Hamburg" zu bekommen. Mann kanns ja mal probieren – Frechheit siegt ja manchmal. Diesmal siegt die Vernunft. Es gibt kein Geld für den absurden Plan. Die Idee, das historische Schiff nachzubauen, wird aber trotzdem nicht aufgegeben. Im Gegenteil. In Harlingen in den Niederlanden wird 1992 ein Bauplatz angemietet, um dort die Vorarbeiten für die „Wapen von Hamburg" vornehmen zu können. Erste Bauteile des Schiffes sollen in den Niederlanden gefertigt und dann später in die Hansestadt gebracht werden. Hier soll die „Wapen von Hamburg" dann fertig gebaut werden. Schon ein Jahr zuvor hat sich offenbar der damalige Sozialsenator und heutige Bürgermeister **Ortwin Runde** von der Idee des Schiffsprojektes beeindrucken lassen. Ein Foto[15] zeigt ihn mit AJa-Chef Michael Pape vor einem Plan der „Wapen von Hamburg". Im August 1994 werden von der AJa noch Mittel beim Arbeitsamt beantragt – also zwei Jahre, nachdem das Projekt „Wapen von Hamburg" schon begonnen hatte. Das Arbeitsamt bemängelt aber, dass die AJa nur eine „wenig aussagefähige" Projektbeschreibung vorgelegt habe und „keine Angaben zu den Gesamtkosten und hinreichende Aussagen zu der späteren, längerfristigen Nutzung gemacht habe."[16] Die AJa kalkuliert kurzerhand nach: Sie rechnet mit einer sechsjährigen Bauzeit für das Schiff und Kosten zwischen 7,4 und 8,5 Millionen Mark. Experten schätzen dagegen die Kosten mindestens doppelt so hoch ein. 34 Langzeitarbeitslose, sechs Gesellen und ein Meister sollten an dem Schiff arbeiten.

Zunächst wird aber erst einmal kräftig Baumaterial eingekauft. Für insgesamt rund eine Million Mark aus dem ABM-Topf wird Eichenholz bei einem niederländischen Holzhändler geordert. Diese Holzbestellung sorgt bis heute für politischen Zündstoff. Denn die AJa geht Anfang 1995 unter, muss am 23. Februar des Jahres Konkurs anmelden. Das „größenwahnsinnige"[17] Projekt der „Wapen von Hamburg" wird zu den Akten gelegt. Das noch in den Niederlanden lagernde Holz, immerhin soll es nach den Unterlagen einen Wert von 650.000 Mark haben, wird nach Hamburg geholt und dem Harburger Verein Jugend in Arbeit übergeben. Der Rest des Millionen-Holzes sei für die „Wapen von Hamburg", die „Landrath Küster", ein anderes AJa-Schiff und die „Bastiaan" verwendet worden[19], behauptet der Senat in der Anwort auf eine Kleine Anfrage des GAL-Abgeordneten **Andreas Bachmann.** Pech nur, dass die „Bastiaan" ein Stahlschiff war ... So gammelt dann das angeblich so wertvolle Eichenholz auf drei Hamburger Lagerplätzen und keiner will es haben. Seinen „exakten Wert", so der Senat in einer Anwort auf eine weitere Anfrage des Abgeordneten Bachmann, „ließ sich im Rahmen der zur Beantwortung einer Schriftlichen Kleinen Anfrage zur Verfügung stehenden Zeit nicht ermitteln"[20]. Seriöse Quellen schätzen den Wert damals auf nicht mehr als 50.000 Mark. **Christine Hädelt,** Geschäftsführerin von „Jugend in Arbeit", beschreibt das in Harlingen vorgefundene Holz so: „Es sah so aus, als hätten die Holländer versucht, ihren Hof von Holzresten leerzuräumen."[21] Was die AJa damals genau bestellt und mit Behördengeld bezahlt hatte – keiner weiß es so genau. Es sind keine Unterlagen auffindbar. Trotzdem wird die Behörde nicht müde, immer wieder zu behaupten, dass das bezahlte Holz auch vollständig in Hamburg angekommen sei. Nach dem AJa-Konkurs will man offensichtlich nicht auch noch einen Holzskandal an den Hacken haben. Wo ist das Eichenholz heute? Wurde es verkauft und wenn ja, zu welchem Preis? Und warum wurden die „Bastiaan" und die nagelneue Maschine in ihrem Schiffsbauch nicht unabhängig von einander verkauft, um einen höheren Preis zu erzielen? Die Aktivitäten rund um die AJa werfen auch heute noch eine Menge Fragen auf, die die Autoren dieses Buches von der Sprecherin der BAGS, **Ute Winkelmann-Bade,** beantwortet haben wollten. Doch die BAGS, die jahrelang ihrer Aufsichtspflicht nicht ausreichend nachgekommen ist und die AJa gewähren ließ, wie es ihr SPD-Geschäftsführer Michael Pape für richtig hielt, die weigert sich heute, diese Fragen zu beantworten und reichte sie zwecks Absage an die hauseigene Rechtsabteilung weiter. Obwohl die Behörden nach dem Hamburgischen Pressegesetz eine Auskunftspflicht haben, will die BAGS auch keine Auskunft darüber geben, wie hoch der Verlust an staatlichen Geldern ist, der der Stadt durch das Fehlverhalten und den Konkurs bei der AJa entstanden ist. BAGS-Sprecherin Ute Winkelmann-Bade ist übrigens Beisitzerin der SPD Altona-Nord.[22]

Offenbar will die Behörde nach wie vor das ganze Ausmaß der AJa-Krise vertuschen. Denn die AJa hat noch viel mehr Dreck am Stecken, als die Riesenverschwendung beim Eichenholz-Kauf. So wurden Reisen und Theaterbesuche teilweise mit Zuwendungsgeldern bezahlt[23], Rechnungen verfälscht[24] und umgeschrieben, Einnahmen wurden nicht verbucht[25], eine antike Uhr und Lampe fürs AJa-Geschäftsführer-Zimmer gekauft[26,] und Belege wurden nicht selten nur in Form einer Kopie an die Behörde weitergeleitet. Daneben gewährte die AJa im Jahr 1991 dem Verein Flottneser mehrere zinslose Kredite in Höhe von insgesamt 245.000 Mark. Die AJa verstieß damit nicht nur gegen die eigene Vereinsatzung, sondern auch gegen das Zuwendungsrecht. Die Flottneser kauften mit dem Geld Autos, die sie an die AJa vermieteten. Die AJa wiederum rechnete überhöhte Kilometerpreise mit dem Fachamt ab, kritisierte die Betriebswirtschaftliche Abteilung. Bei Zugrundelegung des üblichen Kilometer-Preises von 46 Pfennigen hätten jährlich rund 20.000 Mark eingespart werden können.[27] Insgesamt bekamen die Flottneser von der AJa zwischen 1990 und 1992 rund 400.000 Mark für die Benutzung von Fahrzeugen. Und die AJa-Funktionäre nutzten die Autos nicht nur dienstlich, sondern auch privat, selbst für Urlaubsfahrten – in der Regel kostenfrei versteht sich. Wie „freizügig"[28] die AJa mit staatlichen Geldern umging, zeigt der Kauf eines 13 Jahre alten VW-Polos. 2800 Mark bezahlte die AJa dafür der Verkäuferin – Papes späterer Frau Sabine Wego. Noch im selben Jahr verkaufte die AJa den Wagen für 100 Mark an die Flottneser. Allein die bezahlte Kfz-Steuer lag deutlich über dem Verkaufspreis. Nicht minder erstaunlich: Sabine Wego hätte ihren alten Wagen möglicherweise für eine Dienstfahrt benutzen können. Denn die spätere Ehefrau des SPD-Fraktionsvorsitzendes in Altona war bei den Flottnesern beschäftigt, also jenem Verein, in dem auch Pape Geschäftsführer und Vorstandsmitglied war. Zuwendungsgelder der Behörde in Höhe von knapp 26.000 Mark[29] verwendete die AJa auch für den Kauf von Wärmebehältern, die dann dem Verein Flottneser kostenlos übergeben wurden. Die Flottneser belieferten die AJa-Mitarbeiter mit Mittagessen – machten damit allein 1991 einen Gewinn von 4000 Mark[20]. Die Flottneser machten auch die Buchhaltung für die AJa. Als Buchhalterin war wie erwähnt Sabine Wego tätig. Nach den Untersuchungen des PUA-Filz soll die AJa für jede Buchung das Vierfache der Kosten bezahlt haben, die normalerweise bei einem gewerblichen Abrechnungs-Unternehmen angefallen wären. Wenig Schmeichelhaftes hat die Betriebswirtschaftliche Abteilung im Juni 1994 zu berichten, nachdem sie den AJa-Haushalt aus dem Jahr 1991 unter die Lupe genommen hatte. „Grundsätzliche Mängel in der Buchführung und der Verwaltung der Zuwendungsmittel"[30] wurden festgestellt. Die Buchführungs-Vorschriften wurden „nicht ausreichend" beachtet. Und: „Die zugewiesenen Mittel wurden nicht immer wirtschaftlich und sparsam verwendet."[19] Obwohl mit dem Zuwendungsrecht nicht vereinbar, legte Geschäftsführer Pape nicht verwendetes Geld der Behörde auf Festgeldkonten an und erzielte damit allein im Jahr 1991 mehr als 47.000 Mark an Zinsen. Der Behörde meldete Pape diese Einnahmen nicht.

All dies hätte vermutlich schon ausgereicht, der Altonaer Jugendarbeit den Geldhahn zuzudrehen. Da die Behörde mit ihren Prüfungen gründlich im Verzug war, flogen die Unkorrektheiten bei der AJa zunächst aber nicht auf. In der Behörde gab es offensichtlich auch niemanden, der ernsthaft daran interessiert war, der AJa und ihrer unorthodoxen Art der Geldausgabe und Geschäftsführung Einhalt zu gebieten. Antje Blumenthal (CDU): „Das alles ging nur, weil Herr Pape sich sicher sein konnte, nicht richtig kontrolliert zu werden. Zudem gilt das Prinzip, man kennt sich, man hilft sich." Seine guten Behörden-, Partei- und Parlamentskenntnisse hatte Michael Pape von Anbeginn der AJa-Aktivitäten genutzt. Denn als Fraktionschef in Altona und Mitglied verschiedener Ausschüsse war er immer bestens über alles informiert, was ihn auch als AJa-Geschäftsführer hätte interessieren können. Zu allem Überfluss boxten Pape und seine Genossen ab und zu sogar noch bezirkliche Sondermittel für die AJa durch. „Es gab keine Schamgrenze", sagt Blumenthal.

Das sollte auch für den folgenschwersten Skandal gelten, den Michael Pape zu verantworten hat. Auf nahezu wundersame Weise wurde die Michael Pape Altonaer Gebäudeverwaltungs KG[31], die zeitweise die gleiche Geschäfts-Adresse wie die AJa hatte, Eigentümer zweier Häuser mit sieben Wohnungen in der Altonaer Hospitalstraße 104 und 106. Die Häuser lagen in einem Sanierungsgebiet, gehörten einst der Stadt und waren 1996 an die städtische Wohnungsgesellschaft Saga verkauft worden. Im Jahre 1988 entschied die Saga, die beiden Häuser weiterzuverkaufen, da eine Sanierung der Gebäude aus wirtschaftlichen Gründen für den Konzern nicht tragbar erschien. Ursprünglich hatte auch die städtische Lawaetz-Stiftung Interesse an den Gebäuden – sprang dann aber angeblich ab. Übrig blieb der Verein Flottneser, der an den Häusern interessiert war und dort Jugendwohnungen einrichten wollte. Im Juli 1988 bekam der Verein die Häuser von der Saga bis zum September des Jahres anhand gegeben – eine Art Vorstufe zum Kaufvertrag. Ein ungewöhnliches Vorgehen zwischen zwei privaten Verhandlungspartnern. In der parlamentarischen Sommerpause 1989 passierte dann Wundersames in Altona. Eine so genannte Sprechersitzung der Fraktionen wurde einberufen, ein Instrument, das „eigentlich nur bemüht wird, wenn Gefahr im Verzug" war, erinnert sich der damalige GAL-Fraktionschef **Olaf Wuttke,** der später zum Regenbogen wechselte. Um Gefahr ging es aber nicht, es sollte alles nur sehr schnell gehen. Denn die Pape KG hatte einen Bauantrag gestellt. Erst in dieser Sondersitzung erfuhren einige Parlamentarier, dass nicht die Flottneser die Häuser gekauft hatten, sondern die Kommanditgesellschaft, deren Geschäftsadresse zeitweise mit der der AJa identisch war. Und deren Gesellschafter waren anfangs mit 25.000 Mark Einlage Michael Pape und zunächst mit 24.500 und später mit 25.000 Mark der Verein Flottneser. Innerhalb von zwölf Tagen, so Wuttke, hatten SPD und CDU den Bauantrag für die Hospitalstraßen-Häuser durch den Ausschuss „geboxt". Der Kauf der Häuser durch die KG wird später so erklärt, dass die Flottneser von der Bank nicht als Kreditnehmer für die Sanierungskosten akzeptiert wurden. Ende 1990 beginnen die Arbeiten an den Gebäuden. Schon vor ihrem Start ist zumindest dem Amt für Stadterneuerung[32] bekannt, dass Pape die Häuser teilweise mit ABM-Kräften sanieren will. Der Sachbearbeiter des Amtes für Stadterneuerung bezeichnet die Finanzierungs-Pläne durch die Pape KG als „halsbrecherisch"[33]. Trotzdem kommt es zu einem Modernisierungsvertrag mit der Hamburgischen Wohnungsbaukreditanstalt, die für beide Häuser einen Zuschuss von gut 500.000 Mark gewährt. Zunächst sind fünf bis sechs junge Arbeitskräfte und ein Polier des Vereins Flottneser auf der Baustelle beschäftigt. Ende 1991 müssen die Flottneser aus der KG ausscheiden. Das Finanzamt erkennt ihre Kommanditeinlage in der KG nicht als satzungsgemäße Mittelverwendung an. Die Flottneser übertragen ihren Anteil im „Rahmen der Sonderrechtsnachfolge" an Michael Pape – ob dafür auch Geld bezahlt wurde, ist unklar.[35] Fortan befindet sich die KG allein im Besitz von Michael Pape und Sabine Wego, die im November 1991 Kommanditistin der KG[36] wird. Als klar wird, dass die veranschlagten 706.000 Mark an Sanierungskosten sich nahezu verdoppeln sollen, verhandelt Pape mit der Wohnungbaukreditanstalt über eine Erhöhung der städtischen Zuschüsse. Der Deal: Pape erhält 170.000 Mark mehr, muss dafür einer Verlängerung der Mietpreisbindung von zwölf auf 18 Jahre zustimmen. Trotzdem bleiben noch rund 800.000 Mark, die die KG privat zu finanzieren hatte. Spätestens ab Februar 1992 kommt Michael Pape auf die Idee, ABM-Kräfte der Altonaer Jugendarbeit auf seiner privaten Baustelle einzusetzen – ohne, dass er dafür bezahlen muss.[37] Bis zum Abschluss der Sanierungsarbeiten im Sommer 1992 sind ständig bis zu sieben ABM-Kräfte auf der Baustelle tätig, stellt später das Landgericht Hamburg fest.[38] Doch es gibt Hinweise, dass es weit mehr Arbeitskräfte waren. So finden sich in den Akten der BAGS Tätigkeitsnachweise der AJa, die belegen, dass zumindest in den Monaten Februar und März 1992 mehr als 50 ABM-Kräfte auf der Baustelle an der Hospitalstraße tätig waren und selbst noch im September 1992 15 Mitarbeiter dort eingesetzt waren.[39] In der AJa-Tischlerei werden Haustüren, Fensterbänke und Spülenuntertische gebaut. Baumaterialen, darunter auch Innentüren, werden über die AJa für die Pape KG gekauft – ohne, dass die KG sie bezahlt hätte.

Anfang 1993 werden diese Machenschaften öffentlich. Ehemalige AJa-Mitarbeiter, die auf der Baustelle Hospitalstraße eingesetzt waren, treten an die Öffentlichkeit. Die AJa selbst weist noch im Februar 1993 alle Verdächtigungen zurück. Vorstandsmitglied Hartmut Hoins, der Altonaer Jugend- und Sozialdezernent, der den Einsatz der ABM-Kräfte auf Papes Privat-Baustelle zugelassen hat, droht sogar, „Vorwürfen nach Subventionsbetrug mit allen rechtlichen Konsequenzen begegnen"[40] zu wollen. Die CDU stellt später fest, dass es die „parteipolitische Rücksichtnahme" von Hoins gegenüber Pape „aufgrund der gemeinsamen Zugehörigkeit zum SPD-Distrikt Groß-Flottbek" gewesen sei, die „den Missbrauch" von ABM-Mitteln „in dieser Form überhaupt erst möglich"[41] gemacht habe. Gut sechs Wochen später erstattet das Arbeitsamt bei der Staatsanwaltschaft Hamburg Strafanzeige gegen Michael Pape wegen des Verdachts des Betruges und Subventionsbetruges. Zu dieser Zeit beschäftigt die Altonaer Jugendarbeit 219 ABM-Kräfte[42]. Das Arbeitsamt bezahlt etwa 80 Prozent der Personalkosten, die BAGS 20 Prozent. Als 1993 die Vorwürfe gegen Michael Pape auf dem Höhepunkt angekommen sind, verlangen die Parlamentarier Einsicht in die AJa-Akten. Mit fadenscheinigen Argumenten versucht dies der Senat zunächst zu verhindern. Erst später wird einem kleinen ausgewählten Kreis Einsicht in die Papiere gewährt. Aber die

Abgeordneten dürfen nichts von dem Gelesenen öffentlich verwenden, sich keine Notizen oder gar Kopien machen. „Ich durfte die Akten in einem fensterlosen Raum im Rathaus einsehen", erinnert sich Antje Blumenthal. „Die ganze Zeit saß ein Rathaus-Mitarbeiter dabei und passte auf mich auf. Diese Form der Akteneinsicht war unwürdig und politisch untragbar."

In der Behörde für Arbeit, Gesundheit und Soziales führt der Verdacht des Subventionsbetruges und die spätere Strafanzeige gegen Michael Pape durch das Arbeitsamt zu keiner größeren Betriebsamkeit. Es falle auf, kritisiert **Peter Schmidt** vom CDU-Kreisvorstand in Altona, dass die Überprüfung der AJa-Ausgaben durch eine Bundesbehörde ausgelöst worden sei und die von der SPD kontrollierte Sozialbehörde keinen Aufklärungseifer gezeigt habe.[43] Ganz im Gegenteil sogar: In der Folgezeit bekommt die AJa auch weiterhin ABM- und LKZ-Stellen (Lohnkostenzuschuss) bewilligt. Und nicht einmal jetzt werden die Verwendungsnachweise der AJa bevorzugt und besonders schnell geprüft. Im Auftrag von Papes Parteifreund Joachim Meyer erhält die damalige Leiterin des Referats für Arbeitsmarktprogramme, **Inge Ott**, lediglich den Auftrag zu klären, ob der Einsatz von ABM-Kräften auf Papes Baustelle genehmigungsfähig sei. Wie offensichtlich von ihr erwartet wurde, kommt sie zu dem Schluss, dass die Beschäftigung der ABMler an den Hospitalstraßen-Häusern förderungsfähig sei, da die Sanierung der Gebäude und die Vermietung an Sanierungs-Betroffene im öffentlichen Interesse liege. Im September 1993 bekräftigt die Behörde ihre Sicht der Dinge in einem Gespräch. Für die AJa nehmen daran die Sozialdemokraten Hoins, Pape und Heitmann teil. Für die Behörde Inge Ott und der Sozialdemokrat Meyer sowie ein weiterer Sachbearbeiter. Man kommt zu dem Ergebnis, dass die Kritik des Arbeitsamtes jeder „fachlichen Grundlage entbehre."[44] Das Arbeitsamt wiederum setzt sich mit den Ausführungen der BAGS zum Einsatz der ABM-Kräfte auf der Pape-Baustelle auseinander, so der damalige Direktor **Dr. Olaf Koglin** später vor dem PUA-„Filz", die man aber für „in toto abwegig" hielt. Zu einem gemeinsamen Vorgehen können sich die beiden Behörden nicht durchringen. Schlimmer noch: Innerhalb der Behörde gibt es offensichtlich Interessen, die dazu führten, dass die Wahrheit über den ABM-Betrug im Hause Pape nur bruchstückhaft an die Öffentlichkeit gelangt. So folgt die Behörde bei der Beantwortung von Bürgerschafts-Anfragen[45] teilweise der Argumentation der AJa ohne eigene Untersuchungen der Vorwürfe angestellt zu haben. In verschiedenen Senatsanfragen werden einige Fragen von Abgeordneten sogar offensichtlich falsch beantwortet und damit die Fakten verschleiert.[46] Offenbar ist man sich zu diesem Zeitpunkt noch sicher, dass die Ermittlungen der Staatsanwaltschaft zu nichts führen werden. Michael Pape hat sich trotzdem im April 1993 dazu entschlossen, seine politischen Ämter im Bezirk Altona ruhen zu lassen. Auf die dreifache Aufwandsentschädigung eines normalen Abgeordneten, immerhin gut 1700 Mark, mag der Fraktionsvorsitzende in Ruheposition indes nicht verzichten, „weil ihm wie vielen anderen Politikern auch, ganz offensichtlich das nötige Fingerspitzengefühl fehlt"[47]. Nach dem Gesetz bekommt derjenige Diäten, der im Besitz eines Abgeordnetenmandates ist. Wer keins mehr hat, bekommt auch kein Geld mehr. Ein ruhendes Mandat kennt der Gesetzgeber nicht. „Die Fortzahlung der Entschädigung war Auslegungssache", sagte Altonas Rechtsdezernent **Klaus Leven**.[48] Erst als die Staatsanwaltschaft dann im Herbst 1994 Anklage erhebt, legt Pape seine politischen Ämter nieder.

Bei vielen war zu dieser Zeit längst der Eindruck entstanden, dass von „Papes Seite monatelang auf Zeit gespielt"[49] wurde und es wurde die Frage gestellt, warum nicht schon „beim ersten Verdacht sofort alle Karten auf den Tisch gelegt"[50] wurden? Die SPD-Altona zeigte sich dagegen „dankbar"[51] für Papes Rücktritt, der eigentlich angesichts der Anschuldigungen selbstverständlich sein sollte. Und am 8. September 1994 teilte auch der AJa-Vorstand mit, dass Pape aus dem Vereinsvorstand ausgeschieden sei und von seinen Geschäftsführeraufgaben entbunden worden sei – bei voller Lohnfortzahlung versteht sich.[52] Die Abberufung Papes geht offenbar auf Betreiben der neuen BAGS-Senatorin Helgrit Fischer-Menzel, die im Dezember 1993 das Amt vom heutigen Bürgermeister Ortwin Runde übernommen hatte, zurück. Sie hatte irgendwann ab dem Sommer 1994 mehrfach Kontakt mit dem Kreisvorsitzenden der SPD-Altona und heutigen Landesvorsitzenden der Hamburger Sozialdemokraten und Hamburger Innensenator **Olaf Scholz,** aufgenommen, um offensichtlich auf dem kleinen Parteiweg eine Lösung für das AJa-Problem zu finden.[53] Lange hatte Fischer-Menzel gezögert, gegen die AJa vorzugehen, obwohl ihr schnell nach Amtsantritt ein detaillierter Bericht aus der Betriebwirtschaftlichen Abteilungen mit den Verfehlungen bei der AJa bekannt war. Da der Bericht aber nicht den vorgeschriebenen hierarchischen Amtsweg genommen hatte, gab Fischer-Menzel ihn zurück an die Abteilung. Konsequenzen aus den Vorwürfen gegen die AJa unterblieben dadurch. Schon ein gutes halbes Jahr, bevor Michael Pape von seiner Geschäftsführer-Funktion entbunden wurde, hatte die Affäre die Koalitionsverhandlungen zwischen SPD und GAL Altona belastet. Letztlich konnte zwar ein Koalitionsvertrag zwischen den beiden Parteien abgeschlossen werden. Allerdings enthielt der Vertrag einen nicht öffentlichen Anhang, der von GAL-Verhandlungsführer Olaf Wuttke formuliert worden war und am 12. Februar 1994 notgedrungen von der Verhandlungsdelegation der SPD-Altona akzeptiert werden musste. Darin erklärt die GAL, dass sie auch im Falle des Zustandekommens eines Koalitionsvertrages nicht bereit ist, im Fall Pape „öffentlich Stillschweigen zu üben", sondern dass sie weiterhin gedenkt „die Nähe zwischen Empfängern und Gebern staatlicher Mittel in jedem Fall anzuprangern und zu bekämpfen." Die GAL wollte nicht, dass mit der Koalition mit der SPD der Eindruck entstünde, sie werfe „eigene politische Grundsätze über die besondere moralische Pflicht von PolitikerInnen über Bord". Zudem wollten die Grünen dem „Eindruck einer Komplizenschaft offensiv entgegentreten".

Sie taten gut daran. Denn es passierte das, was wohl weder in der Behörde für Arbeit, Gesundheit und Soziales noch bei der SPD für möglich gehalten wurde: Der ehemalige Fraktionsvorsitzende in Altona, Michael Pape, landete nicht nur auf der Anklagebank – der gelernte Jurist und Bankkaufmann wurde auch noch verurteilt. Zehn Monate Haft auf Bewährung wegen Betruges und Untreue lautet das Urteil des Landgerichts Hamburg – die Staatsanwaltschaft hatte 18 Monate gefordert. Bis zuletzt hatte Pape sein Handeln verteidigt, weil „entscheidend" gewesen sei, dass „wir viele Arbeitslose beschäftigen"[55] und er keine Gewinnerzielungs-Absichten mit seinen Häusern verfolgt hätte. Dies ist allerdings bei genauer Betrachtung nur teilweise richtig. Denn nach Ablauf der 18-jährigen Mietpreisbindung ist Pape frei in der Berechnung des Mietzinses. GALier Olaf Wuttke erinnert sich zudem, dass Pape ihm gegenüber die Häuser einmal als „meine Altersabsicherung" bezeichnet hatte. Das Gericht sah Papes Rolle dann auch anders. „Sie haben sich strafbar gemacht", sagt der Vorsitzende Richter **Klaus Rühle.** „Und wir sind davon überzeugt, dass Sie das ganz genau wussten." Nach Überzeugung des Landgerichts hatte der nicht genehmigte Einsatz von ABM-Kräften „rechtlich" einem Griff in die „Vereinskasse"[56] geglichen, durch den nach Ansicht des Gerichts der AJa ein Schaden von knapp 100.000 Mark und dem Arbeitsamt von 46.000 Mark entstanden sei.[57] Arbeitsamt und BAGS hatten einen geringen Schaden ermittelt – insgesamt hätten die durch den Verein AJa für die Pape KG erbrachten Leistungen einen Wert von 80.309,09 Mark[58] Dabei beliefen sich die Personalkosten, die durch das Arbeitsamt gezahlt worden waren, auf gut 57.000 Mark. Die BAGS errechnete einen Schaden von 19.910,56 Mark für Material- und 3102,59 Mark für Personalkosten-Erstattung. Sowohl BAGS als auch Arbeitsamt haben ihre Schadenssummen über das Landgericht Hamburg bei Michael Pape eingeklagt, der die Beträge zurückgezahlt hat.[59] Juristisch war damit das Verfahren gegen Michael Pape abgeschlossen. Der letztlich bei und von der AJa angerichtete finanzielle Schaden ist bis heute aber nicht ermittelt. Denn die Behörde verzichtete auf die Erstellung der Verwendungsnachweise für die staatlichen Fördergelder für die Jahre 1994 und 1995, weil der Verein Konkurs gegangen war. Der eingesetzte Sequester wollte Personal des in Auflösung befindlichen Vereins weiter beschäftigen, um die Nachweise erstellen zu lassen. Die Behörde lehnte ab, weil dadurch „erhebliche zusätzliche Kosten entstanden wären"[60]. Und auch für das

Jahr 1993 konnte die Behörde keine Angaben darüber machen, ob man falsch ausgegebene Zuwendungsgelder zurückfordern könne. „Aus wirtschaftlichen Gründen"[61] wurde nämlich auf eine Prüfung der Belege verzichtet, da damit voraussichtlich zwei Personen acht Monate[62] lang beschäftigt gewesen wären. Und es kam noch schlimmer. Die Behörde hatte über die Jahre zwar fleißig für die Anschaffung des AJa-Inventars bezahlt – die AJa hatte der BAGS aber nicht wie vorgeschrieben die Eigentumsrechte daran gesichert. Das rächte sich mit dem Konkurs der AJa, denn für den Sequestor handelte es sich bei dem Inventar um einen Teil der Konkursmasse. Die Behörde musste noch einmal eine „vergleichsweise Zahlung von 300.000 Mark"[63] an Steuergeldern aufwenden, damit die im Besitz des Vereins „befindlichen Wirtschaftsgüter"[64] an die BAGS übergeben wurden.

Mit ihrer Mehrheit im Parlamentarischen Untersuchungs-Auschuss „Filz" verhinderte die SPD zwar eine bedeutsame Kritik am heutigen Bürgermeister Ortwin Runde. Faktisch aber fallen der Aufbau der AJa, undurchsichtige Finanztransaktionen, mangelhafte und schlampige Kontrolle, Kumpanei zwischen Behörde und AJa und die fehlerhafte Beantwortung von Senatsanfragen in seine Amtszeit. Und Runde war es auch, der nicht auf einer Prüfung der undurchsichtigen AJa-Aktivitäten durch die heutige BAGS-Rechtsabteilung bestand. Selbst später als Finanzsenator (1993-1997) blieb Runde untätig, obwohl er gewusst haben muss, dass die Art und Abwicklung der Zuwendungen an die AJa rechtswidrig war. Und bei der Vernehmung durch den Parlamentarischen Untersuchungs-Ausschuss gab der SPD-Bürgermeister trotz der wohlwollenden Unterstützung seiner Genossen, ein ganz schlechtes Bild ab: Er konnte sich an viele Dinge einfach nicht mehr erinnern – gab er zumindest bei der Beantwortung zahlreicher Fragen vor. „Das nehm ich ihm einfach nicht ab", sagt die CDU-Bürgerschafts-Abgeordnete Antje Blumenthal. „Die Beschäftigungspolitik war das Lieblingsthema von Herrn Runde. Da muss er doch Bescheid gewusst haben, was bei den großen Trägern los war." Doch so traf es wieder einmal die kleinen und mittleren Mitarbeiter der BAGS. Ortwin Runde wurde gegen den gesunden Menschenverstand reingewaschen. Behörden-Mitarbeitern wie dem Leitenden Regierungsdirektor Joachim Meyer[65] wurde die alleinige Schuld zugeschoben. Und der Staatsrätin **Dr. Wilma Simon,** die ihre „Leitungsfunktion (...) überwiegend nicht wahrgenommen hat".[66]

„Ist der Ruf erst ruiniert, lebt es sich gänzlich ungeniert", – nach diesem Sprichwort scheinen dann BAGS und SPD mit den Folgen des AJa-Desasters umgegangen zu sein. Der Untergang des Altonaer Beschäftigungsträgers Anfang des Jahres 1995 hinterließ neben materiellen Verlusten – vermutlich in Millionen-Höhe – auch noch bei der AJa beschäftigte Mitarbeiterinnen und Mitarbeiter, deren Arbeitsplätze mehr oder weniger unverschuldet zur Disposition standen. Ein Teil der AJa-Beschäftigten, die gegen den Arbeitsplatzverlust geklagt hatten, erhielten eine Abfindung. Die anderen kamen zusammen mit den behördenfinanzierten Holzresten der „Wapen von Hamburg" und der „Bastiaan" bei Jugend in Arbeit (JiA) unter. Die JiA ist ebenfalls ein im Schiffsbau tätiger Beschäftigungsträger mit Sitz in Harburg.

Fast gleichzeitig mit der Übernahme dieser dubiosen Hinterlassenschaft durch die JiA wurde Christine Hädelt neue Geschäftsführerin bei Jugend in Arbeit. Die parteilose Hädelt kam von der BAGS und war dort Referatsleiterin der Betriebswirtschaftlichen Abteilung, – zuständig also für die Überprüfung der Verwendung von Fördergeldern bei Hamburger Beschäftigungsträgern wie beispielsweise der AJa. Da sie es war, die ein behördeninternes Schreiben zu den Verfehlungen bei der AJa verfasst hatte, war sie bestens vertraut mit den Tricks der Hamburger Träger, die versuchten, der Behörde bei Buchprüfungen ein X für ein U vorzumachen. Der bisherige Geschäftsführer von JiA, der auf einer achtjährigen Lohnkostenzuschuss-Stelle (LKZ) befristet bis 1998 saß, stand natürlich der Berufung von Christine Hädelt im Weg. In einem von der BAGS, also dem Steuerzahler, finanzierten Vergleich soll er 100.000 Mark Abfindung erhalten haben – zudem einen eigens für ihn geschaffenen neuen Arbeitsplatz als Verwaltungsleiter bis zum

Ablauf seiner LKZ-Stelle. Diese Position war bei JiA damit faktisch doppelt besetzt – denn die Stelle des Verwaltungsleiters gab es dort schon vorher. Die neue Geschäftsführerin Christine Hädelt hatte also gerade bei JiA ihren Job angefangen, da saß bei Jugend in Arbeit (JiA) in Harburg ein Mitarbeiter in einer der Werkstätten über ein paar Zeichnungen.[67] Bauanleitungen für einen zweitürigen Schrank für Gasflaschen. Mit den Aufgaben des Beschäftigungsträgers hatte das nichts zu tun. Es war eine private Arbeit für den Schrebergarten eines prominenten Vereins-Mitglieds, der zeitweise im Vorstand tätig war, – das Material bezahlt mit Zuwendungsgeldern der Behörde für Arbeit, Gesundheit und Soziales. Mitte der 90er Jahre beschäftigte der Verein Jugend in Arbeit[68] mehr als 200 Personen in ABM-Maßnahmen – überwiegend im historischen Schiffbau, aber auch in anderen Projekten. Stadtweit für positive Schlagzeilen sorgte der Verein durch die 1995 abgeschlossene und fünf Millionen Mark teure Restaurierung des 1908 für den Hamburger Senat gebauten Dampfschiffes „Schaarhörn", mit der nun wieder Staatsgäste über die Elbe schippern. Geführt wird der Verein, in dem auch Gewerkschafter, BAGS-Mitarbeiter sowie der ehemalige Chef des Hamburger Arbeitsamtes und Segelfreund Dr. Olaf Koglin Mitglied sind, seit Juli 1993 von **Dr. Klaus Kemmet** von der Landesvereinigung der Unternehmensverbände in Hamburg e.V. Sein Stellvertreter ist seit Mai 1994 **Reinhard Wolf** von der Handelskammer Hamburg.

Private Dienstleistungen scheinen bei der JiA keine Ausnahme gewesen zu sein. Denn in den Werkstätten sollen aus Vereinsholz „auch Schränke und Einbauküchen"[69] gefertigt worden sein. Im September 1996 hatte der ehemaligen JiA-Projektleiter **Rainer Göbel** die JiA-Geschäftsführerin Christine Hädelt erstmals darauf aufmerksam gemacht, dass aus der Tischlerwerkstatt am Lotsestieg dort gefertigte Küchenmöbel, Schränke und montierte Plattenteile mit einem privaten Anhänger abtransportiert worden waren, – oftmals nach Feierabend. Fotos belegen dies. „Frau Hädelt erklärte, die Möbel seien für die Küche der Werft am Tollerortweg", sagt Göbel. „Dort gibt es aber eine

eigene Tischlerei, in der die Küchenmöbel für den Tollerortweg hergestellt wurden." Und auch nachdem die Küche am Tollerortweg fertig
eingerichtet war, beobachteten Göbel und ein Kollege, wie Mitte
Oktober wieder Küchenmöbel von der Werft am Lotsestieg mit dem
privaten Anhänger weggefahren wurden. Doch ein Jahr nach der
Verurteilung von Michael Pape wegen des Missbrauchs von ABM-
Kräften und der Verwendung von Baumaterialien, die mit Zuwendungsgeldern bezahlt worden waren, konnte sich die Behörde für
Arbeit, Gesundheit und Soziales offenbar keinen neuerlichen Skandal
leisten. „Von den Einbauküchen ist uns nichts bekannt", wiegelte eine
BAGS-Sprecherin damals ab.[70] Dr. Klaus Kemmet hielt Göbels
Beobachtungen, die wie gesagt mit Fotos dokumentiert sind, für „kal-
ten Kaffee" und den „Versuch, Unruhe zu stiften".[71] Alles andere als kal-
ter Kaffee waren auch andere Verfehlungen bei Jugend in Arbeit, die
rund um die „Millionen"-Restaurierung der englischen Rennyacht
„Artemis" ruchbar wurden. Für 200.000 Mark[72] kaufte der JiA-
Vorstand das 1900 in Southhampton gebaute Segelschiff. Die
„Artemis", einst Teilnehmerin bei internationalen Segelregatten, hat
nichts mit der Hansestadt zu tun, obwohl sich die JiA eigentlich dazu
verpflichtet hat, Schiffe zu restaurieren, die „möglichst einen Bezug zur
Geschichte Hamburgs haben."[73] Schon seit Anfang 1995[74] stellten
Arbeitsamt und Behörde für Arbeit, Gesundheit und Soziales die
Gelder für das mit 15 Millionen Mark veranschlagte ABM-Projekt für
15 Helfer, einen Meister und einen Projektleiter zur Verfügung. Das
langfristige Ziel des „Artemis"-Projektes war die Ausbildung von zehn
Lehrlingen zu Bootsbauern und die Beschäftigung von 18 ABM-Kräften
– wobei es sich um benachteiligte Jugendliche bis 25 Jahre und unge-
lernte gewerbliche Helfer aus den Bereichen Holz und Metall handeln
sollte.[75] Ein fragwürdiges Projekt, weil man Holzbootsbauer eigentlich
kaum noch benötigt. Gearbeitet wurde an dem JiA-Vorzeigeschiff
„Artemis" zu dieser Zeit aber kaum. Ende September 1996, also mehr
als eineinhalb Jahre nach dem offiziellen Start des „Artemis"-Projektes,
teilte JiA dem Versicherungsmakler mit, dass die Versicherungssumme
für die Rennyacht mit 500.000 Mark unverändert bleibe, da mit der

„Restaurierung noch nicht begonnen wurde".[76] Und erst im Oktober 1996 erteilte die JiA-Geschäftsführerin Christine Hädelt den Auftrag, ein Gutachten über die Sanierungsmöglichkeiten des „Artemis"-Kiels zu erstellen.[77] Selbst bis zum Januar 1997 lag noch nicht einmal eine Projektbeschreibung für die „Artemis"-Restaurierung, die „am 1.08.97 beginnen soll"[78], vor. Die Projektleiter wurden auf einer Dienstbesprechung im Januar 1997 aufgefordert, diese zu erstellen. Schon im Herbst 1996 kritisierten zwei JiA-Mitarbeiter in einem Quartalsbericht, dass „leider noch nicht absehbar ist, wann die Arbeit wieder aufgenommen werden kann"[79] und weil die gut 37 Meter lange „Artemis' nicht erst seit gestern in den Händen von Jugend in Arbeit" sei, „kann es sich hier mit großer Wahrscheinlichkeit nur um Planungs- und Entscheidungsfehler in der Vereinsführung handeln."[80] Weil die „Artemis"-Sanierungs-Crew offensichtlich unter Langeweile leidet, machen sie sich ähnlich wie bei Michael Pape an einem Privatschiff nützlich. Als „Übung" werden die Arbeiten an dem Kutter „Henriette", dessen Verkauf ein JiA-Mitarbeiter privat an Eigner **Harro Lüken** eingefädelt haben soll, deklariert. Genehmigt ist diese Extratour weder vom Arbeitsamt noch von der Behörde. „Das war sicherlich nicht korrekt"[81], gibt JiA-Geschäftsführerin Christine Hädelt später zu. 150 Arbeitsstunden seien in die „Henriette" investiert worden, die einen Wert von 7500 Mark gehabt hätten, so Hädelt.[82] Doch bezahlen muss der Rellinger Lüken nichts. Der Kapitän, bei dem man auch den Sportbootführerschein machen konnte, führte acht JiA-Ausbilder „bis zur Prüfungsreife" zum Führerschein „See" und „Binnen". Nur ein Mitarbeiter, **Rainer Göbel**, bricht den Führerschein ab, als er von dem Eine-Hand-wäscht-die-andere-Hand-Geschäft „Henriette"-Arbeiten gegen Führerschein" erfährt. „0,00 DM"[83] berechnet er dafür, für die „Lehrmittel DM 1437"[84]. Eine Qualifizierungsmaßnahme sei dies gewesen, rechtfertigt sich später die JiA. Zwar nicht genehmigt, aber später „mit dem Arbeitsamt und der BAGS geradegezogen"[85], sagt Hädelt. Für die ABMler fiel allerdings keine Fortbildungsmaßnahme ab. Das empörte selbst Sozialdemokraten, der Harburger Genosse **Henry Brügmann** fragte: „Gibt es eigentlich auch mal Sanktionen, oder wird immer alles nachträglich geheilt?"[86] Nein, Sanktionen gab es nicht. Man habe „pingelig"[87] geprüft, so hieß es aus der BAGS, aber der Verdacht, dass an der „Artemis" nahezu zwei Jahre nicht gearbeitet wurde, habe sich nicht bestätigt. Rainer Göbel wunderte die damalige Behörden-Auskunft nicht. Denn er erinnert sich noch heute, wie die Arbeitsamtsprüfer kamen, um die „Artemis"-Arbeiten zu begutachten. „Man zeigte ihnen die Arbeiten an einem klobigen Ruderhaus", sagt Göbel, „und erzählte ihnen, es sei das von der ‚Artemis'. In Wirklichkeit war es das Ruderhaus vom Dampfschlepper ‚Klaus D.'." Als die Prüfer weg waren, hätten Projekt-Mitarbeiter schallend gelacht. In einem Schreiben des Betriebsrates[88] wird zudem bemängelt, dass die Prüfer zwar den Einsatz der ABM-Helfer kontrolliert hätten, aber nicht den der Meister und Gesellen, die auf einer Lohnkostenzuschuss-Stelle (LKZ)[89] arbeiteten. Doch genau dieser Personenkreis hatte die Arbeiten an der „Henriette" ja durchgeführt. So wundert es nicht, dass die Behörden nur kleinere Verstöße bei JiA abmahnten und die BAGS ansonsten die „öffentliche Aufregung" wegen der Vorwürfe gegen den Träger mit einem „tadellosen Ruf" für nur „begrenzt nachvollziehbar" hielten. Eine Reinwaschung fast erster Klasse.

Dabei hätte es für die Behörden genug Gründe gegeben, ernsthaft zu ermitteln. Abgesehen einmal davon, dass es bei der JiA Einnahmen durch Schrottverkäufe gab, die nicht richtig verbucht und der Behörde nicht gemeldet wurden, liegt dem Vereins-Vorsitzenden von JiA schon 1996 ein Schreiben vor, in dem Rainer Göbel die Leistungen an der „Henriette" mit „mindestens 20.000 Mark" beziffert – und nicht wie von Christine Hädelt nur mit 7500 Mark[90]. Die BAGS verweigert dazu heute jede Antwort. Dabei erscheint Göbels Summe der Wahrheit deutlich näher zu kommen als die der Geschäftsführerin. Denn die „Henriette" lag mehrere Monate am JiA-Kai. Und Göbel berichtet auch, dass entgegen der Vereins-Aussage nicht ABM-Beschäftigte an dem Kutter geübt, sondern vornehmlich zwei Meister und Gesellen den Kahn flott gemacht hätten. Göbel: „Die Helfer, die eigentlich hätten qualifiziert werden sollten, haben bestenfalls die Drecksarbeit gemacht." Die Arbeiten an der „Henriette" hatten zur Folge, dass die Fachkräfte den Ausbildungs-Verpflichtungen gegenüber den ABMlern nicht nachkommen konnten. Da machte es auch nichts, dass Jugend in Arbeit einen hübschen Prospekt über die Restaurierung herausbrachte – zu einer Zeit, in der bis dahin an dem Schiff nicht viel getan worden war. In dem Faltblatt war ein Foto enthalten, welches mit den Schiffsarbeiten gar nichts zu tun hatte, berichtet der ehemalige Projektleiter Rainer Göbel. Auf diesem Foto ist ein JiA-Mitarbeiter beim Bearbeiten eines Spanten zu sehen. Da das Bild auf einer Doppelseite zu sehen ist, auf der es ausschließlich um die „Artemis" geht, wird der Eindruck vermittelt, dass auch dieses Bild zu den Restaurierungsarbeiten an der Luxusyacht gehört. „In Wirklichkeit handelte es sich um ein Spantenfoto der ‚Landrat Küster'", sagt Göbel. So wundert es auch nicht, dass die „Artemis" eigentlich Anfang des Jahres 2000 hätte fertig saniert sein sollen – sie ist es bis heute nicht.[91] Und wann sie genau fertig werden soll – auch dazu schweigt sich die BAGS beharrlich aus. Schon jetzt ist aber klar, dass es eines der teuersten Projekte wird, die mit ABM-Geldern in Hamburg realisiert worden sind. Allein der Materialeinsatz pro Arbeitnehmer soll beim „Artemis"-Projekt etwa dreimal so hoch sein wie bei anderen Maßnahmen. Aber auch zu den genauen Kosten eines „Artemis"-Arbeitsplatzes verweigert die Behörde eine Stellungnahme, obwohl das Projekt mit Steuergeldern, also dem Geld der Bürger der Hansestadt, bezahlt wurde und bis zur ungewissen Fertigstellung noch wird.

Während in das Vorzeigeschiff „Artemis" Millionen investiert werden, musste Rainer Göbel sein erfolgreiches Recycling-Projekt, das er bei Jugend in Arbeit leitete, beenden, weil rund 100.000 Mark fehlten. Zehn Arbeitsplätze in einer innovativen Branche hätte Jugend in Arbeit, einer der größten Träger von Arbeitsbeschaffungs-Maßnahmen, damit retten können. Es lagen sogar Aufträge für den Biomüll-Reaktor vor, unter anderem von der Technischen Universität Harburg. Aber JiA, ein Verein mit einem 15-Millionen-Mark-Etat, unternahm nicht einmal den Versuch, das fehlende Geld von der Behörde zu bekommen, bemängelte der JiA-Betriebsrat. Und das, obwohl die BAGS signalisiert habe, „zusätzliche Komplementärmittel" für das Recycling-Projekt zur Verfügung zu stellen, so der Betriebsrat.[92] Göbel war damals so erzürnt über das Verhalten seines Arbeitgebers, dass er an die Öffentlichkeit ging. Daraufhin war ihm gekündigt worden, auch, weil er „bei den (...) üblichen Lügereien und Betrügereien nicht mitgemacht"[93] habe. Erst 16 von bewilligten 36 Monaten war Göbel auf seiner vom Arbeitsamt und der BAGS genehmigten LKZ-Stelle bei JiA tätig gewesen. Göbel zog vors Arbeitsgericht und plötzlich hatte Jugend in Arbeit ganz viel Geld übrig. Umgerechnet rund 65.000 Mark[94] bot der Verein „mir völlig schamlos in einer öffentlichen Gerichtsverhandlung" an, so Göbel, wenn er auf seinen Job verzichtet und Ruhe in der Öffentlichkeit gegeben hätte. Damals im Gerichtssaal mit dabei: Zwei ehemalige Mitarbeiter aus dem Recycling-Projekt, deren Arbeitsplätze durch das „inkompetente, nur noch niederschmetternd kindisch, boshafte Verhalten der Geschäftsführung"[95] von JiA „vernichtet"[96] wurden. Nach dem Kündigungsschutzgesetz, so Göbel, wäre für ihn eine Abfindung von einem halben Monatsgehalt pro Beschäftigungsjahr zu zahlen gewesen. Der Verein Jugend in Arbeit bot ein Vielfaches. Doch Rainer Göbel lehnte ab.

Erläuterungen zu den Fußnoten ab Seite 285

Die Geldmaschine

Wie die Hoteliers in St. Pauli und St. Georg die Stadt mit tatkräftiger Unterstützung des Sozialamtes Mitte ein Jahrzehnt lang abkassieren: ein Sittengemälde vom Kiez, seinen Behörden und vielen Sozialdemokraten

Auf der angeblich sündigsten Meile der Welt wurde schon immer viel Geld mit der gewerblichen Vermietung von Zimmern verdient. Ende der 80-er Jahre, als durch Aids die Aktien an der Sex-Börse nach ganz unten rutschten und die lukrative Dealerei mit den Beischlaf-Immobilien empfindlich einbrach, tat sich für das Herbergsgewerbe rund um die Reeperbahn und in St. Georg eine neue, üppig sprudelnde Geldquelle auf. Die meist heruntergekommenen Stundenhotels und Steigen wurden zu Quartieren von Asylsuchenden, Kriegsflüchtlingen und Obdachlosen umgewidmet. Kassiert wurde nicht mehr bei den Freiern und Frauen, sondern bei der Freien und Hansestadt Hamburg. Und das nicht zu knapp.

Ein regnerischer Winternachmittag Anfang 2001 auf der Reeperbahn. Nachmittags um 14.30 Uhr sehen die Dildos in den Auslagen der Fenster nicht sehr prickelnd aus. Überall Bilder von Brüsten, nackten Frauen, Sexkabinen, Sexläden, Sexspielzeug. Peitschen, Latex, Onanierhilfen. Ein Ort, um Touristen zu zeigen, dass ihr Gemächt hängt und gegen ein paar Scheine in die stehende Position gerichtet werden kann. Aber: ein Ort, um Familien unterzubringen, traumatisierte Kriegsflüchtlinge, strenggläubige Moslems, für die alles um sie herum hier Todsünde ist? Oder Kinder, die Frauen bisher nur tief verschleiert gesehen haben und hier nun unter Halbnackten herumlaufen und täglich Obszönitäten erleben müssen? Oder Obdachlose, die ganz unten gestrandet sind? Wohl kaum – aber in Hamburg war das ein Jahrzehnt lang so normal wie die Sonne, die hier auf dem Kiez so selten scheint. Ortstermin mit **Uwe Christensen**, der von 1996-1998 täglich Menschen in die Unterkünfte auf der Reeperbahn eingewiesen hat: „Ein goldenes Geschäft für den Kiez", sagt der 59-Jährige. „Da haben sich viele zwielichtige Gestalten Millionen zusammengescheffelt." Als Angestellter im Hotelsachgebiet des Bezirks Mitte musste der gelernte Bankkaufmann Flüchtlinge und Obdachlose in heruntergekommenen Hotels, Pensionen und ehemalige Bordellen unterbingen. Heute sagt er, er sei missbraucht worden: „Von meinen Chefs und den Hoteliers." Und während es denen heute immer noch sehr gut geht, ist Uwe Christensen ein Jahr vor Ablauf seines Arbeitsvertrages mit der Stadt Hamburg in die Arbeitslosigkeit geschickt worden, mit 57 Jahren: „Damit haben sie mich kaltgestellt. Wer gibt schon einem fast Sechzigjährigen eine neue Chance?"

Eines der größten Hotel-Sammellager war das Hotel Interrast, Reeperbahn 154 und 170. Einen der Eingänge findet man, indem man nach der „Ritze" fragt: ein Kiezschuppen mit Boxring im Keller. „Ritze" deswegen, weil auf die Eingangstür der Schoß einer Frau mit weit gespreizten Beinen gemalt ist. Öffnet man die Tür, verschwindet man zwischen den Beinen der gemalten Nackten. Vor der Ritze geht es links in den einstigen Kontakthof des ehemals größten Bordells der Bundesrepublik, wo die Freier sich unter Dutzenden von Prostituierten eine aussuchen konnten. Mit freundlicher Unterstützung des Hamburger Senates hatte hier Anfang der 70er Jahre der heutige Immobilien-Milliardär **Willi Bartels** gemeinsam mit seiner inzwischen verstorbenen Frau Gisela das „Eros-Center" eröffnet, ein Bordell der Superlative. Fünfzehn Jahre später, als Aids das Geschäft mit sexuellen Dienstleistungen fast eingehen ließ, zogen in die 400 Sexzimmer, in denen so viel Geschlechtsverkehr praktiziert worden ist wie in keinem anderen Gebäude der Bundesrepublik, neue Gäste ein: Für rund eine halbe Million Mark Miete quartierte die Stadt Hamburg Flüchtlinge aus aller Herren Länder ein – pro Monat, wohlgemerkt. So wandelte sich Deutschlands größte Sperma-Hütte in eine gigantische Asyl-Absteige, aus dem windigen Puff wurde eine gigantische Gelddruckmaschine.

Uwe Christensen schiebt seinen Elbsegler, einen Hut Marke **Helmut**

Schmidt, fest auf den Kopf. Es ist zugig hier im Kontakthof. Kopfschüttelnd dreht er sich zur Seite und deutet auf die Eingangstür: „Auf neun Quadratmetern waren mehrere Personen untergebracht. Bis zu fünfzig Mark pro Nase und Nacht hat Bartels von der Stadt verlangt. Die hat auch brav bezahlt. Und dann ging noch nicht einmal der Fahrstuhl. Die alten Leute mussten sich zu Fuß nach oben schleppen." Heute funktioniert der Fahrstuhl wieder und die Wände sind gestrichen. Denn die schmuddelige Flüchtlingsunterkunft ist längst wieder in ihre ursprüngliche Bestimmung übergegangen: Jetzt gibt es hier wieder Frauen zu mieten.

Willi Bartels, der es nicht gerne liest, wenn Hamburger Zeitungen ihn als König von St. Pauli titulieren, ist schon zu Lebzeiten eine Legende auf dem Kiez. Der Sohn eines Schlachters aus dem Harz kaufte nach dem Zweiten Weltkrieg rund um die Reeperbahn zerbombte Häuser und Grundstücke auf und schuf damit den Grundstein für ein Immobilien-Imperium mit einem Wert von geschätzten 1,5 Milliarden Mark. Zu Bartels Besitztümern zählen Übernachtungsbetriebe wie das noble Hotel Hafen Hamburg, diverse Wohn- und Geschäftshäuser sowie Beteiligungsgesellschaften, die von der Elbe bis nach Kanada reichen. Mit mehreren hundert Wohnungen ist er der größte Immobilienbesitzer auf St. Pauli.

Als Ende der Achtziger der Osten zusammenbricht, steht Hamburg vor einer Einreise von Zuwanderern, wie sie die Stadt zahlenmäßig seit dem Zweiten Weltkrieg nicht mehr erlebt hat. Das so schon äußerst knappe Wohnungsangebot ist der Nachfrage nicht mehr gewachsen. Damit hat die Stunde der Elends-Profiteure geschlagen. Willi Bartels ist einer der ersten, der den Braten riecht, und einer der gerissensten, wenn es um das Aushandeln von Verträgen geht. Bereits Ende der Achtziger bietet er der Stadt, die händeringend nach Schlafplätzen für Flüchtlinge sucht, seinen Aids-maroden Puff „Eros-Center" als „Wohnanlage Reeperbahn 170" an. Die Stadt greift zu und quartiert zeitweise mehr als 800 Menschen in die Sammelunterkunft auf Hamburgs Sexmeile ein. Was als Notmaßnahme in schwierigen Zeiten gedacht war, entwickelt sich schnell zum Dauerzustand. Knapp zehn Jahre kassiert Hotelier Bartels Monat für Monat 400.000 Mark und mehr – je nachdem, wieviel Betten belegt sind. Später schließt er mit der Stadt Generalverträge für die Unterkunft ab und streicht so garantierte 450.000 Mark ein – pro Monat.

Ein Bombengeschäft. Kein anderer hat so viel an dem Reibach mit den Flüchtlingen verdient wie er – weit mehr als 50 Millionen Mark, schätzen Insider, hat der inzwischen 85-Jährige aus dem Hamburger Stadtsäckel einstreichen können. Das lässt Uwe Christensen noch heute die Haare zu Berge stehen: „Wenn es bei uns in der Hotelunterbringung in den Sozialämtern St. Pauli und Mitte tatsächlich so etwas wie einen Willen zum sorgsamen Umgang mit Steuergeldern gegeben hätte, hätte die Stadt nach meinen Informationen schätzungsweise 200 Millionen sparen können. Mit dem Geld, das allein Willi Bartels verdient hat, hätte Hamburg viele neue Wohnungen bauen und selbst bewirtschaften können." Uwe Christensen zeichnet ein Geflecht zwischen Behördenmitarbeitern, die das SPD-Parteibuch haben, SPD-Abgeordneten und Hoteliers, die für die Belegung ihrer Hotels zu horrenden Preisen Bestechungsgelder gezahlt haben. Er stellt Fragen, die bis heute keiner der Verantwortlichen in Hamburgs Politik und Verwaltung beantworten will: Warum wurden Menschen in den dreckigsten Kaschemmen der Stadt zu Preisen von bis zu 289 Mark pro Quadratmeter im Monat untergebracht? Wer hat sich das eigentlich ausgedacht und warum liegt ein Deckmantel des Schweigens über den Vorgängen?

Willi Bartels ist ein mächtiger Mann in St. Pauli. Einer, der auch schon mal aushelfen möchte, wenn ein Behördenmitarbeiter wie Uwe Christensen eine Wohnung sucht. „Als ich im Sozialamt auf St. Pauli angefangen habe, habe ich eine Wohnung im Viertel gesucht. Zwischen unserer Dienststelle und dem Stammtisch von Willi Bartels gab es immer einen regen Austausch. Eines Tages sagte mein Chef **Heinz Beeken** zu mir, dass wir einen geschäftlichen Termin bei Willi Bartels hätten. Der könne mir dann wohl auch bei meinem Wohnungsproblem helfen." Also ist Uwe Christensen mit seinem Vorgesetzten Heinz Beeken (SPD), dem Sozialamtsleiter von St. Pauli, zum Stammtisch von Willi Bartels in dessen Hotel Hafen Hamburg gegangen, wo der Milliardär täglich ab 11 Uhr in gemütlicher Runde Geschäftliches bei einem frischen Morgenbier bespricht. Bei dem Gespräch trifft Christensen, der kurz vorher in die SPD eingetreten ist, auch seinen Parteikollegen **Kurt Schubert**, den Distriktsvorsitzenden der SPD Heiligengeistfeld und Bezirksabgeordneten. Bartels und Schubert sind Freunde, die ein ganzes Stück gemeinsam durchs Leben gegangen sind. „Kurt Schubert hatte mich schon als seinen Nachfolger für den Distriktvorsitz ausgeguckt. Wenn ich mich richtig verhalten hätte, hätte ich den Job so gut wie sicher gehabt." Rentner Schubert ist auch ein wichtiger Mensch in St. Pauli. Mit seiner jahrzehntelangen Erfahrung in der Bezirkspolitik kennt er den Stadtteil und die Behörden in Mitte in und auswendig. „Manchmal kam er zu uns ins Amt und hat Freikarten für den Dom gebracht", sagt Uwe Christensen. „Als ich mir im Bezirksamt nicht mehr alles gefallen lassen habe, warnte Schubert mich, ich solle aufpassen." Heute ist Uwe Christensen längst aus der Partei wieder ausgetreten.

Die Männer plaudern über die Seniorenarbeit auf dem Kiez, die Willi Bartels am Herzen liegt. Uwe Christensen ist zu diesem Zeitpunkt Seniorenbeauftragter in St. Pauli. „Wir haben Alten-Projekte besprochen, für die Herr Bartels auch immer wieder mal gespendet hat", erinnert sich Uwe Christensen. „Ich habe Willi Bartels von einer Wohnung erzählt, die ich auf St. Pauli mieten wollte und die viel zu teuer war. Er würde sich um eine Wohnung für mich Gedanken machen, hat er mir gesagt."

Bald muss Uwe Christensen die Dienststelle verlassen. Als sich einige Zeit nach dem Gespräch Rentner aus St. Pauli bei ihm beschweren, weil sie für einen als kostenlos angekündigten Ausflug bei Reiseantritt auf einmal 20 Mark bezahlen mussten, wird Christensen misstrauisch.

Nicht zum ersten Mal wundert er sich über Unregelmäßigkeiten bei Senioren-Abrechnungen. Das Bezirksamt hatte 1500 Mark für einen Ausflug nach Stapel an der Elbe zur Verfügung gestellt, und damit sollte der Seniorenausflug eigentlich auch bezahlt sein. „Ich habe meinen Chef Heinz Beeken darauf angesprochen, mehrere Male, auch in Dienstbesprechungen mit anderen Mitarbeitern. Schließlich hat er ja das Geld verwaltet. Die Senioren kamen aber zu mir und sagten: ‚Herr Christensen, Sie haben doch gesagt, dass das kostenlos ist.‘"

Als Uwe Christensen nach einem Urlaub bei seinem Sohn in Bayern an seinen Schreibtisch ins Ortsdienststelle St. Pauli zurückkehren will, muss er den erst mal suchen: „Pflanzen, Akten, persönliche Unterlagen, alles weg und in den Archivkeller gebracht. Selbst das Namensschild war abgeschraubt." Die Kollegen im Amt klären den verdutzten Seniorenbeauftragten auf: „Du bist ins Bezirksamt versetzt, sagt Beeken." Christensen stellt sich stur. Wo kein schriftlicher Vorgang ist, gibt es auch keine Versetzung. So war es schon immer in deutschen Amtsstuben und daran soll sich auch sein Chef und Genosse von der SPD, Heinz Beeken, halten. „Also habe ich meine Sachen wieder aus dem Keller geholt und meine Arbeit fortgesetzt." Seit drei Jahren ist Christensen Seniorenbeauftragter im Bezirk Mitte. Er schlägt vor, die Seniorenvertretung des Bezirks über seine Versetzung entscheiden zu lassen. Das sei eine demokratische Entscheidung, an die er sich auch halten wolle. Doch dazu kommt es nicht. Heinz Beeken hat den längeren Arm. „Ich denke, dass der mich weg haben wollte, weil ich bei den Geldzahlungen der Senioren sehr aufmerksam war." Drei Jahre vor dem geplanten Ruhestand soll sich der beliebte Seniorenbeauftragte Christensen in ein neues Sachgebiet einarbeiten: in die Hotelunterbringung von Flüchtlingen und Obdachlosen. Ein Job, der ihm zunächst nicht schmeckt.

Reeperbahn 5, Reeperbahn 29, Reeperbahn 35, Reeperbahn 38, Reeperbahn 40, Reeperbahn 42, Reeperbahn 57, Reeperbahn 82, Reeperbahn 83, Reeperbahn 83a, Reeperbahn 97, Reeperbahn 150,

Reeperbahn 154, Reeperbahn 158, Reeperbahn 170: Alles Hotels, die von der Stadt für die Unterbringung von Flüchtlingen genutzt werden. Allein auf der Reeperbahn sind zeitweise weit mehr als 1000 Betten vermietet, in Hoch-Zeiten für fünfzig Mark die Nacht. Während sich am Wochenende die Touristen auf die Füße traten, sitzen in Pensionen, Billigabsteigen und Kiez-Hotels Flüchtlinge aus aller Herren Länder und staunen, wie es im gelobten Land am Wochenende hergeht. Suff, Sex, Trubel und Amusement auf der einen Seite – Kakerlaken, Kinderweinen, traumatisierte Flüchtlinge und dichtes Gedränge in verwahrlosten Unterkünften auf der anderen Seite.

St. Pauli ist ein Stadtteil, der von Armut geprägt ist. Etwas mehr als 25.000 Menschen leben hier. Trotzdem werden auf St. Pauli zeitweise mehr als 3000 Betten für die Unterbringung von Flüchtlingen angemietet. Organisiert wird die Verteilung auf die Betten bis Anfang 1996 unter anderem auch im Sozialamt St. Pauli unter der Leitung von Heinz Beeken. Die Hoteliers und ihre Mitarbeiter sind oft Gäste im Sozialamt: „Zum Beispiel **Karl-Heinz Böttrich-Scholz**", so Uwe Christensen. Auch deswegen glaubt Christensen, dass hier einiges im Argen liegt. Heute ist Heinz Beeken in die Bezirkssstelle für Wohnungssicherung versetzt. „Herr Beeken hat im Rahmen der Personalentwicklung eine neue Funktion im Sozialamt übernommen", sagt die Pressesprecherin des Bezirksamtes. Das Büro des ehemaligen Fraktionsvorsitzenden der SPD in Neugraben-Süderelbe diente manchmal als verkappte Parteizentrale, sagt Uwe Christensen: „Vom Arbeitsplatz aus hat Heinz Beeken auch Parteiarbeit gemacht, beispielsweise Faxe versandt. Und er hat auch die Mitarbeiter dafür eingespannt. Wir mussten Faxe versenden, Briefe nach seinem Entwurf als Schreibdienst für die SPD erledigen und uns an Vorbereitungen für den Wahlkampf der SPD beteiligen."

Nur wenige Schritte vom Sozialamt St. Pauli entfernt ist eine weitere üble Adresse für Flüchtlinge: das Hotel Aabenraa in der Hein-Hoyer-Straße 68. Mitten im Wohngebiet St. Paulis sind hier zeitweise fast 300

Flüchtlinge zusammengepfercht. Uwe Christensen schaut erstaunt um sich: Das Aabenraa wird renoviert. Wir fragen nach den Hotelpreisen und ob hier denn auch Flüchtlinge untergebracht werden. „Nein, das ist ein Hotel", lautet die Antwort. Eine schicke Eingangshalle, ein ganz normales Hotel – hier wird mit viel Geld renoviert. Vor wenigen Jahren war das Aabenraa eine Goldquelle: Bei einem Tagessatz von 38 Mark pro Nacht und Nase summierten sich die Monatseinnahmen der Betreiberin **Uschi Scholz** auf etwa eine viertel Million Mark. Dafür, so könnte man erwarten, wäre wenigstens ein ebener Fußboden drin gewesen. Aber nicht bei Uschi Scholz im Hotel Aabenraa auf St. Pauli: „Der PVC-Bodenbelag vor den Zimmern 12-14 ist aufgerissen und brüchig. Es besteht Stolpergefahr für die Bewohner"[1], vermerkt das Protokoll zweier Sozialamtsmitarbeiter, die dem Aabenraa im Mai 1995 einen Besuch abstatteten. Da will man nur hoffen, dass wirklich keiner gestolpert ist, denn: „Die Lichtschalter auf dem Flur zu den Zimmern 16-18 sind defekt. Stromschlaggefahr!" Ob die Betreiberin ihren Bewohnern bei Betreten der Flüchtlingsunterkunft Atemschutzmasken verteilt hat, ist in dem Protokoll nicht vermerkt. Es wäre aber die günstigste Möglichkeit gewesen, sie vor gesundheitsgefährdendem Sporen- und Pilzbefall zu bewahren: „Die Flurwände zu den Zimmern 101-108 sind mit Schwarzschimmel überzogen." Das Gleiche vermerken die Sozialamtsangestellten für die Zimmer 12, 101, 109, 303, 407 und 408: „Schwarzschimmel an den Wänden." Die Zimmer 315 und 317: „In der Eingangstür befindet sich ein Loch." Zimmer 309 und 409: „Zimmerlampen defekt." Überhaupt die Beleuchtung: „Auffällig wurde, dass in den meisten Zimmern die Abdeckungen der Deckenbeleuchtung fehlten." Zimmer 13: „Die Badezimmerlampe ist defekt." Zimmer 14: „Das Bad müsste dringend renoviert werden." Und wie die Bewohner der vierten Etage ihre Notdurft verrichtet haben, grenzt an übermenschliche Fähigkeiten: „Die Beleuchtung geht nicht an, der Lichtschalter ist defekt, und es fehlt die Brille und der Deckel für die Toilette." Wahrscheinlich mit viel menschlicher Wärme, denn: „Es wurde eine hohe Überbelegung im Hause festgestellt. Nur ein Beispiel für viele andere Zimmer: Das Zimmer 310 ist mit vier Personen belegt und weist eine Abmessung von 4,50m x 3,50m auf, gleich 15,75 qm. Nach der Hotel- und Gaststättenordnung stünden der Familie aber 20 Quadratmeter zu." Abzuziehen bleibt in dem Zimmer allerdings noch der Platz für die Küche, denn Uschi Scholz hat den Kriegsflüchtlingen aus Bosnien, die hier zum größten Teil untergebracht waren, kein Süppchen gekocht. Versorgen mussten die Bewohner sich selbst – auf den Zimmern versteht sich, weil für Küchen anscheinend kein Geld da war: „Keine Gemeinschaftsküchen. Betreiber stellt Kochgelegenheit auf den Zimmern zur Verfügung." Auch für Möbel hatte Uschi Scholz offenbar kein Geld mehr übrig: „Die Möbel werden zum größten Teil von den Bewohnern gestellt." Kassiert hat die hartherzige Hoteliersfrau alleine für das 15,75 Quadratmeter große Zimmer so viel, wie eine edle 200 Quadratmeter-Altbauwohnung mit Stuck, Balkonen und Fahrstuhl in bester Hamburger Wohnlage kostet: 4560 Mark. Ein Quadratmeterpreis von 289 Mark im Monat. Da fragt man sich, wer solche Preise im Namen der Stadt ausgehandelt hat.

Uschi Scholz ist verheiratet mit dem Hamburger Kriminalbeamten Karl-Heinz Böttrich-Scholz, der zeitweise Hamburgs Chef-Brandermittler war. Ihr Vermögen hat Uschi Scholz zu einem nicht unerheblichen Teil der großzügigen Unterstützung durch die Stadt Hamburg zu verdanken. Denn neben der beschriebenen heruntergekommenen Hotelwirtschaft Aabenraa vermietete sie das Hotel Commodore ein paar Meter weiter in der Budapester Straße ebenfalls als Hotel für Flüchtlingsunterbringung an die Hansestadt: 240 Plätze zu einem Preis von 50 Mark pro Nacht und Nase, macht bei Vollbelegung mehr als 300.000 Mark Umsatz im Monat. Belegt haben die beiden Unterkünfte die Mitarbeiter des Sozialamtes im Bezirk Mitte. Hier, unter der Regie des Sozialamtsleiters **Klaus-Dieter Bobke** (SPD), war die Hamburger Schaltzentrale für die Einweisung von Aussiedlern, Kriegs- und Armutsflüchtlingen im gesamten Stadtgebiet. Die Aufmerksamkeit, die Uschi Scholz bei ihren Gästen in den Hotels vermissen ließ, widmete sie lieber den Bediensteten des Sozialamtes. Feiern ist immer noch das Schönste, mag sie sich gedacht haben, und bereitete den städtischen Angestellten und Beamten vom Sozialamt Mitte einen schönen

Betriebsausflug: „Die Dienststelle Interne Ermittlungen (DIE, zuständig für Beamtendelikte, Anm. d. Red.) ermittelte: Ursula Scholz organisierte – angeblich auf Bitten des Sozialamt-Chefs – einen Dienstausflug für rund 100 seiner Beamten. Für den Bus mussten nur 820 statt 1800 Mark bezahlt werden, fürs Buffet 3,50 Mark pro Person."[2]

Auch die örtliche SPD-Schickeria, so munkelt man, ist des öfteren zu Gast von Uschi Scholz gewesen. Beweise gibt es dafür nicht. Die SPD vor Ort durfte sich aber über die besondere Aufmerksamkeit von Ehemann Karl-Heinz Böttrich-Scholz freuen, der neben seiner Tätigkeit als Leiter der Kripoabteilung für Branddelikte auch in Sachen SPD unterwegs war: Als einer von zwei Revisoren prüfte Böttrich-Scholz im SPD-Distrikt St. Pauli-Süd die Kasse. Für die Geschäfte von Uschi Scholz hat sich der starke Mann der SPD St. Pauli, **Ingo Kleist**, nicht besonders interessiert: „Wir hatten unsere Probleme damit. Aber ich habe das Aabenraa nur einmal von innen gesehen. Gott sei Dank." So viel Desinteresse verwundert bei einem Politprofi wie Ingo Kleist, der seit 1978 Mitglied der Hamburgischen Bürgerschaft ist und für den „die Flüchtlingsunterbringung das zentrale Thema in den 90ern auf St. Pauli war." Sein Abgeordnetenbüro liegt nur einen Steinwurf von dem Aabenraa entfernt, in der Hein-Hoyer-Straße 47.

Auch dass der zuständige Sozialamtsleiter in Mitte, Klaus-Dieter Bobke, eine umstrittene Rolle bei der Verteilung der Millionen gespielt hat, hat den örtlichen SPD-Mann zunächst nicht irritiert. Ingo Kleist: „Ich weiß, dass er SPD-Mitglied ist, hatte aber kein besonders nahes Verhältnis zu ihm. Wir haben uns gesiezt. Für Ermittlungen bin ich nicht zuständig." Aufgefallen ist die örtliche SPD vor allem durch eins: Schweigen und Nichts-Tun. Kein Mucks in der Öffentlichkeit, kein Besichtigen der schäbigen Unterkünfte, kein Hinterfragen der dubiosen Zahlungen. Dabei waren viele der Akteure Mitglieder der Partei – und vielleicht ist es genau das, warum Ingo Kleist und seine Frau Grete, die Distriktsvorsitzende von St. Pauli-Süd, das Thema jahrelang vor der Öffentlichkeit versteckt haben.

Nur wenige haben sich Gedanken um die menschenunwürdige Unterbringung der ausländischen Gäste in den Absteigen St. Paulis gemacht. Eine von ihnen ist die ehemalige GAL-Politikerin **Anna Bruns.** Die damalige stellvertretende Fraktionschefin der Grünen hat in der Bürgerschaft immer wieder auf die einträglichen Geschäfte der Hoteliers auf St. Pauli mit dem Sozialamt hingewiesen und die millionenfache Steuerverschwendung angeprangert. Anna Bruns war eine der wenigen, die dem dubiosen Millionengeschäft mit der Stadt Sand ins Getriebe blies. Eine echte Gefahr für die Geldmaschine Flüchtlingsunterbringung auf St. Pauli.

Das ist eine interessante Frau, mag sich Karl-Heinz Böttrich-Scholz gedacht haben, und zapfte illegal den LKA-Computer an, um der unliebsamen Störenfriedin in diversen Datenbanken hinterher zu schnüffeln. Das war nicht das einzige Mal, dass sich Böttrich-Scholz verbotenerweise des Zugangs zum Polizei-Computer bediente. Als sich Sozialamtsleiter Klaus-Dieter Bobke von Zivilfahrzeugen verfolgt fühlte, startete Böttrich-Scholz für den Parteigenossen und Geschäftspartner, der die Belegung der Hotels seiner Frau verantwortete, eine Fahrzeughalter-Abfrage im Polizei-Computer. Und siehe da: Es waren keine gewöhnlichen Zivilfahrzeuge, sondern Einsatzfahrzeuge der Hamburger Polizei, die den Sozialamtsleiter Bobke observierten. Damit war die zentrale Person in der Verteilung der Flüchtlings-Millionen gewarnt, als später Kripo und Staatsanwaltschaft Bobkes Büro und die Abteilung Hotelunterbringung im Sozialamt durchsuchten. Die Hamburger Polizei hatte den Spitzenbeamten im Visier, weil sie vermutete, dass er an dem Geschäft mit den Flüchtlingen kräftig mitverdiente: Bobke soll bestechlich gewesen sein. Wer 1 und 1 zusammenzählen kann, mag sich vorstellen können, dass auch Karl-Heinz Böttrich-Scholz und seine Ehefrau es mit der Angst bekamen. Und tatsächlich: Die Kollegen des Brandermittlers durchsuchten im August 1997 auch die Büroräume von Uschi Scholz. Der Vorwurf der Staatsanwaltschaft: Im Gegenzug für die großzügige Ausrichtung des Betriebsausfluges habe Bobke Scholz bei der Belegung der Hotels bevorzugt.

Bei der Vernehmung der Zeugen stießen die Ermittler der Dienststelle für interne Ermittlungen (DIE) auf ein Netz von Behördenmitarbeitern, Polizisten und SPD-Abgeordneten, mit denen Böttrich-Scholz und Bobke teilweise jahrzehntelange Bekanntschaft pflegten. Zum Beispiel auf **Peter Kämmerer,** den ehemaligen ÖTV-Gewerkschaftssekretär und Ortsausschussvorsitzenden in Billstedt, der 1982 aus der Bezirksversammlung Mitte den Sprung in die Hamburgische Bürgerschaft schaffte. Dort fiel Kämmerer nicht besonders auf, höchstens, wenn er im Namen der gebeutelten Hamburger Gastronomie den Verein der Roten Flora im Schanzenviertel als „Steueroase" brandmarkte und wissen wollte, ob dort nicht ein „Riesenumsatz" gemacht würde. Die jungen Betreiber des linken Polit- und Kulturtreffs gaben ihre Getränke nämlich zum Selbstkostenpreis heraus, ohne dies beim Hamburger Finanzamt zu deklarieren. Kämmerer selbst wurde allerdings auch beim Schummeln erwischt, als er beim Arbeitsamt angab, dass er vollen Anspruch auf Arbeitslosengeld habe ohne Berücksichtigung seiner Diäten als Bürgerschaftsabgeordneter. Er arbeite schließlich nur rund vier bis acht Stunden pro Woche für die Bürgerschaft, so seine Begründung beim Arbeitsamt.[3] Das mag durchaus so gewesen sein, aber weder das Arbeitsamt, gegen dessen Bescheid über ein geringeres Arbeitslosengeld Kämmerer prozessierte, noch die SPD-Fraktion fanden das besonders witzig: Am 6. Dezember 1996 nahm der Sozialdemokrat seinen Hut und verließ das Hamburgische Landesparlament unrühmlich nach 14 Jahren.

Seit seinem Outing als Bürgerschafts-Faulenzer fällt Peter Kämmerer vor allem in seiner Tätigkeit als Beiratsvorsitzender der Interessensgemeinschaft St. Pauli auf – ein exklusiver Club von Hoteliers, Gaststättenchefs und Gewerbetreibenden rund um die Reeperbahn, die sich einmal im Monat in der Turmspitze des Hotel Hafen Hamburg treffen. Dort besprechen die Herren der Reeperbahn bei Würstchen und Bier die ihrer Meinung nach dringendsten Probleme St. Paulis. Die Runde geht auf Kosten des Hauses – und das gehört Willi Bartels. Organisiert wird die monatliche Zusammenkunft von Hoteliers und Gewerbetreibenden in der IG St. Pauli von **Kurt Schubert,** dem langjährigen SPD-Abgeordneten. „Kurt Schubert ist bei uns im Amt ein- und ausgegangen", sagt Uwe Christensen. Auch Sozialamtsleiter Bobke und IG St. Pauli-Beiratsvorsitzender Peter Kämmerer kennen sich gut und lange, seit der Schulzeit. Die beiden Sozialdemokraten besuchen den gleichen Lions Club namens LC Hamburg Hafen. Mit Karl-Heinz Böttrich-Scholz (SPD) pflegt Peter Kämmerer (SPD) eine Freundschaft. Der besucht ihn am 4. Dezember 1996 in der Bürgerschaft, etwa zwei Wochen, nachdem er die Daten von Anna Bruns (GAL) unerlaubterweise aus dem Polizeicomputer erfragt hatte. Auch die Halter-Abfrage für Sozialamtsleiter Bobke, wonach der Schulfreund Kämmerers von Zivilfahrzeugen observiert worden ist, hat Böttrich-Scholz zu diesem Zeitpunkt schon getätigt, am 31. Oktober des Jahres. Böttrich-Scholz und Kämmerer scheinen außerordentlich Wichtiges zu besprechen haben. Obwohl Kämmerer zu diesem Zeitpunkt wegen seiner Angaben beim Arbeitsamt selbst im Rampenlicht der Öffentlichkeit steht, hat er für den Kriminalbeamten mit dem geheimen Wissen viel Zeit übrig: Eine gute halbe Stunde sprechen die beiden intensiv am Rande der Bürgerschaftssitzung. Kämmerer, Mitglied des Innenausschusses der Bürgerschaft, macht sich Notizen.[4] Irgend etwas scheint wichtiger zu sein als Kämmerers eigener Abgang aus der Bürgerschaft, denn bereits zwei Tage später wird er sein Abgeordnetenmandat niederlegen.

Als Mitglied des Innenausschusses der Bürgerschaft beschäftigt sich Kämmerer mit öffentlichen und geheimen Vorgängen der Hamburger Polizei. Auch er nutzt seine Kontakte, um Sozialamtsleiter Bobke bei der Ermittlung der KFZ-Kennzeichen zu helfen und spricht den damaligen Leiter der Polizeiwache in Billstedt an.[5] Kämmerer hat Kontakt zu allen Beteiligten: zum Sozialamtsleiter Klaus-Dieter Bobke, den die Polizei wegen des Verdachts der Bestechlichkeit bei der Unterbringung von Flüchtlingen mit Zivilbeamten observiert, zu seinem Freund Karl-Heinz-Böttrich-Scholz, der für den Sozialamtsleiter in den LKA-Computer guckt und dabei auch gleich die das Geschäft störende Anna Bruns überprüft, und zu Polizeibeamten, die bei der Ermittlung der

KFZ-Kennzeichen helfen sollen. Gleichzeitig ist er Mitglied des Innenausschusses der Bürgerschaft und Beiratsvorsitzender der Interessensgemeinschaft St. Pauli – eben jener Vertretung von Hoteliers, die mit der Unterbringung von Flüchtlingen so viel Geld verdienen. Ein Mann im Widerstreit vieler Interessen. Sozialamtsleiter Bobke hat dabei selbst an dem Geschäft mit den Flüchtlingen verdienen wollen, pfeifen die Spatzen von den Dächern St. Paulis. In einem Gespräch mit Ingo Kleist deutete Uschi Scholz 1995 an, dass Bobke im Namen seiner Frau ein Hotel kaufen wolle.[6] Man könne sich damit dumm und dusselig verdienen, habe der Sozialamtsleiter ihr gesagt, so Scholz. Bobke muss sich seiner Sache ziemlich sicher gewesen sein, denn mit einem eigenen Hotel hätte der Sozialamtsleiter de facto an sich selbst vermietet.

Uwe Christensen, der Sachbearbeiter in der Hotelvermittlung, geht heute von einem „abgekarteten Spiel zwischen Hotelbetreibern, Sozialamtsleitern und Behörde für Arbeit, Gesundheit und Soziales aus". Christensen wunderte sich jahrelang darüber, wie die Zusammenarbeit organisiert war. Oft genug fühlte sich der Stadtangestellte dabei von seinen Vorgesetzten im Stich gelassen, „weil ich wohl das reibungslose Geschäft gestört habe." Beispielsweise, als er nach einem vernichtenden Innenrevisionsbericht des Senatsamts für Bezirksangelegenheiten die Hoteliers schriftlich aufgefordert, der Dienststelle Gewerbe-Anmeldung, Mietverträge, Grundrisse und aktuelle Belegungslisten zuzusenden. Christensen will Standards entwickeln und fordert Unterlagen, die eigentlich selbstverständlich sind bei Verträgen mit der Stadt – die aber seit Jahren kaum angefordert wurden. „Die Resonanz war erbärmlich", sagt Christensen. „Gerade mal drei Antworten habe ich bekommen. Dutzende Hoteliers, die jeden Monat tausende von Mark eingestrichen haben, zeigten uns noch nicht mal auf Anforderung des Amtes diese Basis-Unterlagen." Hat er keine Unterstützung von den verantwortlichen Abteilungsleitern im Bezirksamt Mitte? „Fehlanzeige. Die haben fast alles mündlich mit den Hoteliers selbst besprochen. Das waren heimliche Geschäfte." Dabei hatte der Innenrevisionsbericht genau dies moniert: „Es gibt in den Hotelakten nur sporadisch Unterlagen, aus denen sich die Anzahl, Größe und Nummer der Zimmer sowie der rechtmäßige Betreiber des Betriebes eindeutig entnehmen lassen." Noch nicht mal der Betreiber, also der Vertragspartner, ist eindeutig festzustellen. Und die Kalkulation der Preise: ein Geschäft im Nebel. „Es ist nicht nachvollziehbar, nach welchen Kriterien die Preisverhandlungsrunden von M/SO[7] [Sozialamt Mitte] durchgeführt wurden. (...) Welche Überlegungen dem vereinbarten Preis zugrunde gelegt werden, insbesondere ob er Ergebnis betriebswirtschaftlicher oder sonstiger Betrachtungen ist, war nicht dokumentiert." Und über die Hotelabrechnungen schreiben die Mitarbeiter der Innenrevision: „30 % aller Einzelfälle sind jedoch fehlerhaft und gehen zur Klärung zurück in die Sozialhilfesachbearbeitung."[8] Wäre eine später durchgeführte Bettenpreisreduzierung schon zum 1. März 1995 in Kraft getreten, „beliefe sich die Einsparungssumme bis Ende Dezember 1995 auf 2,8 Mio. DM"[9], so der Innenrevisionsbericht.

Auch dazu hatte Sachbearbeiter Christensen Vorschläge für seinen Amtschef Bobke entwickelt und ihm schriftlich mitgeteilt: „Rund 13 Hotels rechnen für die tägliche Unterbringung pro Person/ Hilfeempfänger noch rund 50 DM mit den Sozialämtern ab. Hiervon abweichend liegt bei unseren täglichen Vermittlungen der durchschnittliche Tages/Bettpreis bei nur rund DM 30 und niedriger. Somit werden rund DM 20 täglich, bzw. weiter gerechnet DM 600 monatlich, letztendlich DM 7200 für einen HE[10] [Hilfeempfänger] jährlich durchschnittlich mehr ausgegeben."[11] Mit eigenen Verbesserungsvorschlägen errechnete Christensen für rund 200 deutsche Obdachlose, die auch in Hotels untergebracht wurden, „DM 1.460.000 Sparvolumen jährlich." Ein Mitarbeiter, der jeden deutschen Amtsleiter glücklich machen sollte, wenn er vorschlägt, wie die Behörde fast anderthalb Millionen Mark pro Jahr sparen kann. Nicht so im Bezirksamt Mitte, Abteilung Sozialamt: „Ich habe das Schreiben am 11. November 1996 an Herrn Bobke und den stellvertretenden Amtsleiter **Kuhn** geschickt", sagt Christensen. „Die Antwort habe ich im August 1997 bekommen, und auch erst auf

Nachfrage meinerseits." Dessen Antwort ist mehr als nebulös: „Aufgrund strukturpolitischer Vorgaben ist eine Umverteilung nur möglich, soweit Mitte und Stp[12] [St. Pauli] nicht tangiert werden. (...) Vorschlag: Erstellen Sie eine Matrix, aus der nachvollzogen werden kann, wie mögliche Umverteilungswege aussehen könnten, ohne Mitte und Stp [St. Pauli] in Anspruch nehmen zu müssen." Zu diesem Zeitpunkt ist das Jahr 1997, in dem Christensen die Einsparung vornehmen will, allerdings schon fast vorbei – sein Vorschlag, 1,5 Millionen Mark zu sparen, ist nicht mehr zu realisieren. „Wenn wir Einsparungsvorschläge gemacht haben, wurden wir nicht beachtet oder von oben zurückgepfiffen", so Christensen. „Es wollte keiner sparen."

Auch augenscheinlich falsche Angaben von Hoteliers wurden nicht verfolgt, stellt der Innenrevisionsbericht fest: „M/SO[13] [Sozialamt Mitte] wurde vom Arbeitsamt Bautzen informiert, dass HE [Hilfeempfänger], die offiziell im Elbe Hotel wohnen, sich in den neuen Bundesländern aufhalten und mit aktiver Unterstützung der Besitzerin des Elbe Hotels illegale Geschäfte (Kartoffelverkauf) betreiben. In der Zimmervermietung K.[14] sind lt. undatiertem Vermerk M/SO [Sozialamt Mitte] Unterbringungskosten in Höhe von 1107 DM (Mai 1995) für einen HE [Hilfeempfänger] bezahlt worden, obwohl dieser tatsächlich nicht in diesem Hotel übernachtet hat. Ob ein Rückforderungsbescheid in diesen beiden Fällen ergangen ist bzw. ob andere Schritte unternommen wurden, konnte jedoch weder aus den Akten, noch auf Befragen nachvollzogen werden." Tausende von Mark im Schornstein verraucht – na und? Noch nicht einmal wer wann in welchem Hotel gewohnt hat, war in den Unterlagen des Bezirksamtes Mitte nur annähernd verlässlich dokumentiert. Dabei war dies entscheidend für den Geldfluss: „Nach mehreren Stichproben in Bewohnerlisten musste IR[15] [die Innenrevision] jedoch feststellen, dass es sich dabei keineswegs um verlässliche Ist-Belegungszahlen handelt, da nicht alle angegebenen HE [Hilfeempfänger] auch tatsächlich dort wohnhaft sind, wie Nachprüfungen der Hotelkontrolleure immer wieder bestätigen." Der Ratschlag der Innenrevision ist an Zynismus kaum zu überbieten: „IR [Die Innenrevision] ist der Auffassung, dass im Bereich der Hotelvermittlung ein Überblick und eine Kontrolle über die tatsächlichen Ist-Belegungs-zahlen bestehen muss und schlägt hierfür die Nutzung der EDV-Technik vor. Die Investition eines PC dürfte sich aufgrund der Einspar-potenziale rechtfertigen."

Doch an einer nachvollziehbaren sauberen Bilanz hatten weder die Hoteliers noch das Sozialamt ein Interesse. „Selten wurden Überprü-fungen gemacht", sagt Uwe Christensen. „Und selbst wenn etwas fest-gestellt wurde, glaube ich nicht, dass es geahndet wurde. Im City Hotel am Steindamm beispielsweise sind bei einer Überprüfung durch unse-re Hotelkontrolleure keine zehn belegten Betten festgestellt worden. Dabei waren dort mehr als 70 Personen mit einem Bettenpreis von 35 Mark gemeldet und auch abgerechnet worden. Der Schaden ist also immens gewesen. Bobke hat gesagt, dass er das über die Rechtsab-teilung klären wird. Ich habe nie wieder etwas davon gehört." Das Resümee des Innenrevisionsberichtes: „So musste neben der Unter-bringung auf Wohnschiffen, in Pavillondörfern und sonstigen öffent-lichen Einrichtungen auf Hotelbetten zurückgegriffen werden. Hierbei handelt es sich mit 34 DM pro Person und Tag um die teuerste Unterbringungsform, während die Unterkünfte von Pflegen und Wohnen[16] durchschnittliche Kosten von 14 DM pro Person und Tag verursachen (Bürgerschaftsdrucksache 14/595 vom 12.11.91)."[17] Bereits 1991 war also klar, dass die Hotelunterbringung im Gegensatz zu anderen Unterbringungsformen Unsummen an Geldern verschlang. Trotzdem wurde politisch nicht gegen gesteuert, im Gegenteil: „Die Unterbringung in Hotelbetten zwecks Abdeckung des Spitzenbedarfs hat sich zu einer der Hauptunterbringungsformen fehlentwickelt", so das vernichtende Urteil der Revisoren aus dem Senatsamt für Bezirks-angelegenheiten. Weitere Unregelmäßigkeiten deckte der Parla-mentarische Untersuchungsausschuss „Vergabe und Kontrolle von Auf-trägen und Zuwendungen durch die Freie und Hansestadt Hamburg", kurz PUA „Filz", auf. In seinem Eingangstext zur Aufgabenstellung stellte der PUA in seinem Abschlussbericht fest: „Dem Vorwurf der

Bestechlichkeit waren vor allem Mitarbeiter des Hotelsachgebietes des Bezirksamts Hamburg-Mitte ausgesetzt, da hier zentral die Verteilung aller Zuwanderer auf die Bezirke gesteuert wurde."[18] Trotzdem seien nicht „dienstaufsichtsrechtliche Belange" Gegenstand des Untersuchungsauftrages, sondern „inwieweit die BAGS ihrer Aufgabe als Fachbehörde bei der Kontrolle der Mittelverwendung durch die Bezirke gerecht geworden ist."[19] Ein schwerer Fehler, meint Ex-Sachbearbeiter Christensen: „Den Kontakt mit den Hotelbetreibern hatten die Sozialämter Mitte und St. Pauli. Aber da will man lieber nicht so genau hingucken, weil man Angst vor weiteren Enthüllungen hat." Der PUA habe das Thema bewusst unter den Teppich gekehrt. Der ehemalige Mitarbeiter im Ortsamt St. Pauli und im Bezirksamt Mitte hat an jeder der 55 Sitzungen als interessierter Beobachter teilgenommen und ist sichtlich enttäuscht, dass die Parlamentarier zwar den Themenbereich behandelt, aber eben nicht die Geldvergabe an die Hoteliers in den Bezirksämtern geprüft haben. Das war Absicht, meint Christensen, „weil sonst das Pulverfass Unterbringung mit seiner Steuerverschwendung in vielfacher Millionenhöhe in die Luft gegangen wäre." Pulverfässer gab es in dem Ausschuss allerdings, wie an anderer Stelle in diesem Buch nachzulesen ist, ohnehin schon einige. Da klingt es ihm wie Hohn und Spott in den Ohren, wenn er von der Einladung, der Senatorin erzählt: „Senatorin Fischer-Menzel lud die Mitarbeiter der Hotelunterbringung ins Rathaus ein, weil wir der Stadt so viel Geld erspart hätten. Das haben wir bestimmt nicht."

Die Mitarbeiter des Untersuchungsausschusses hatten es allerdings auch nicht einfach, denn auch in der BAGS war die Dokumentation miserabel: „Aufgrund der schlechten Aktenführung der BAGS wurde eine gründliche Untersuchung durch den Ausschuss erschwert."[20] Und – ein vernichtendes Urteil – die BAGS habe ihre Aufgaben als Fachbehörde auf den Bezirk Mitte abgeschoben, indem sie die Verteilung der Flüchtlinge nicht selbst ausgeübt, sondern bei der Clearingstelle des Bezirkes Mitte angesiedelt habe: „Für den Untersuchungsausschuss ist es unverständlich, wie die BAGS als Fachbehörde die konflikträchtige

Verteilung der Zuwanderer auf ein bezirkliches Gremium verlagern konnte, ohne dieses gleichzeitig mit genügend Kompetenzen auszustatten."[21] Aufgrund der Aufspaltung der Zuständigkeiten, wonach die Bezirke sich um die Hauptlast der praktischen Bewältigung der Probleme kümmern mussten, die BAGS aber die Kontrolle über die finanziellen Mittel gehabt habe, habe dazu geführt, „dass die Bezirke nicht in der Verantwortung waren, auf eine sparsame Mittelverwendung zu achten." Grundsätzlich war zwischen Behörde und Bezirken vereinbart, dass die Bezirke die Verträge mit der BAGS abstimmen mussten. Dabei ist es im Arbeitsbereich des Bezirksamtes Mitte immer wieder zu gravierenden Fehlern gekommen: „In anderer Sache schrieb ein Mitarbeiter, (...) dass das Bezirksamt Hamburg-Mitte die Verträge für die Objekte Billstieg sowie Georgswerder Damm ohne Einschaltung der BAGS verlängert habe, obwohl WF 42[22] [Abteilung im Amt für Wiedergutmachung und Landesamt für Aussiedler, Flüchtlinge und Lastenausgleich] mit Schreiben vom 9. August 1993 darauf hingewiesen hätte, dass ohne Zustimmung des Amtes wegen der Notwendigkeit der Maßnahme und der Überprüfung der vorhandenen Mittel eine Einschaltung unumgänglich sei."[23] Mit Schreiben vom gleichen Tag wies die Leiterin des Amtes Sozialamtsleiter Bobke verärgert daraufhin, die Verträge auf in Frage kommende automatische Vertragsverlängerungen zu prüfen und den Dienstweg einzuhalten: „Insofern möchte ich Sie auf diesen Punkt nochmals ausdrücklich hinweisen. Wegen der großen Zahl der vorliegenden Verträge kann die Überwachung nicht durch uns erfolgen."[24]

Doch das Sozialamt Mitte machte weiter wie bisher, teilweise sogar ohne Vertrag: „Am 4. Mai 1995 teilte das Sozialamt des Bezirks Hamburg-Mitte der BAGS mit, dass für die Gemeinschaftsunterkunft Reeperbahn 95 seit dem 31. März 1993 kein Mietvertrag mehr bestehe. Stillschweigend sei die Einrichtung von dem Sozialamt im Einvernehmen mit dem Betreiber weiter belegt worden."[25] Der Höhepunkt sollte aber noch kommen. Denn Immobilien-Milliardär Willi Bartels hatte mit der Stadt einen Vertrag ausgehandelt, der ihm eine automatische Verlängerung seines ehemaligen „Eros-Centers" als „Wohnunterkunft Reeperbahn" bei nicht fristgerechter Kündigung um zwei Jahre zubilligte – zu einem Festpreis von 450.000 Mark im Monat, ohne dass in dem Vertrag auf eine Mindestanzahl von aufzunehmenden Flüchtlingen bestanden wurde. So waren in dem ehemaligen Puff zeitweise nur 450 statt 650 Flüchtlinge untergebracht: Die Stadt zahlte also einen Tagessatz von 33 Mark pro Kopf für heruntergekommene Ex-Sexzimmer, obwohl sie die Unterkunft gar nicht mehr benötigte. Und die BAGS, so lässt sich aus dem PUA-Bericht entnehmen, wollte die Unterkunft auch nicht weiter anmieten. Denn die Flüchtlingszahlen waren zu diesem Zeitpunkt längst stark zurückgegangen. Die Verantwortung dafür lag mal wieder beim Sozialamt in Mitte und dessen Chef Klaus-Dieter Bobke. So ist es jedenfalls einem Schreiben der zuständigen Abteilungsleiterin an Bobke zu entnehmen: „Ich habe Sie anlässlich unseres Gesprächs am 26. März 1997 davon in Kenntnis gesetzt, dass die Fachbehörde weiteren Vertragsverhandlungen mit dem Ziel, einen längerfristigen Vertrag abzuschließen, nicht zustimmen kann und vorgeschlagen, die Frage, ob eine Anmietung des Objektes über die bestehende Laufzeit hinaus erfolgen soll, im Sommer 1997 erneut aufzugreifen. (...) Zu meinem Erstaunen teilten Sie mir daraufhin mit, dass der Vertrag zwar erst zum 28.2.1998 kündbar sei, der Vertrag aber die Kündigung mit einer Frist von zwölf Monaten vorsehe, so dass der Vertrag zwischenzeitlich um zwei Jahre verlängert sei."[26]

Kostenpunkt der verschlampten Vertragskündigung: fast elf Millionen Mark für den mächtigen Mann auf St. Pauli, Willi Bartels. Im „Spiegel" musste der Sprecher des Bezirksamtes dann auch einräumen, „dass uns der Zeitpunkt der Kündigung etwas aus dem Blickfeld gerutscht ist."[27] Aber erst als Flüchtlingsinitiativen auf „die feuchten Wände, den Schimmel, die kaputten Möbel, die Kakerlaken"[28] aufmerksam machen und Bartels mit einem Kölner Bordellbetreiber einen neuen Vermieter gefunden hat, entlässt er die Stadt aus dem Vertrag: „Ich bin so großzügig"[29], sagt er gegenüber der Presse und erspart der Stadt damit 4,4 Millionen Mark.[30]

Bestechung schien zum Tagesgeschäft zu gehören. Wie der Fall von Uwe Christensen zeigt, hat es allerdings kaum jemanden gekümmert – weder das Sozialamt Mitte noch die SPD-geführte Behörde für Arbeit, Gesundheit und Soziales (BAGS). Denn selbst als der Hotelier F. S.,[31] der den Sachbearbeiter Christensen mit einem mit Geldscheinen gefüllten Papierumschlag gefügig machen wollte, zu acht Monaten Gefängnis auf Bewährung verurteilt wird, belegt die Stadt das Hotel weiter. Aus dem Vermerk Christensens zum Bestechungsversuch an seine Amtsleitung: „Bereits in der Vergangenheit hatte der Betreiber (...) Herr F. S. mich mehrmals bei der täglichen Belegung der Hotels mit Hilfeempfängern telefonisch persönlich zum Kaffee eingeladen, hierüber unterrichtete ich meinen Abteilungsleiter Herrn Z.,[32] ich selber habe stets abgelehnt." Anschließend habe ihn der Hotelier bedrängt: „ Seine Antwort hierauf war, er wolle doch verstärkt mit mir zusammenarbeiten. Ergänzend gab ich noch den Hinweis, bei mir wird kein Hotel bevorzugt. Daraufhin antwortete Herr S.: ‚Dann gehe ich bankrott, ich habe viele Kredite bei der Bank.' Nun legte Herr S. mir einen weißen, geknickten Briefumschlag in meine geöffnete Schublade, mit der Bemerkung: ‚Herr Christensen, sie müssen mir mehr Leute schicken.' Ich forderte Herrn S. auf, diesen Briefumschlag wieder an sich zu nehmen, ich möchte mit solchen Handlungen meinen Arbeitsplatz nicht gefährden.'" Amtsleiter Bobke hat das wenig geschert. Das anschließende Gerichtsverfahren ließ er Uwe Christensen alleine durchstehen, Bobke hat seinen Sachbearbeiter nicht mal begleitet: „Und als ich anschließend wieder ins Amt kam, hat keiner nachgefragt, wie es ausgegangen ist. Die hatten alle ein schlechtes Gewissen." Das, so Christensen, sei beileibe nicht der einzige Bestechungsversuch im Sozialamt Mitte gewesen: „Ich habe von Kollegen gehört, dass es ihnen auch so ergangen ist."

Eine Woche vor dem Bestechungsversuch hatte die BAGS mit dem Hotelier einen Vertrag über mehr als drei Jahre abgeschlossen, um dort 50 drogenabhängige Obdachlose szenenah unterzubringen: „39.000 Mark Mieteinnahmen im Monat für ein kleines Haus in schlechter

Lage"[33], kommentierte das „Hamburger Abendblatt" damals. Das ergibt bei den vereinbarten drei Jahren Mietdauer fast 1,5 Millionen Mark von der Stadt – kein schlechtes Salär für einen wegen Bestechung verurteilten Hotelier. „Die Vertragsvergabe war einwandfrei"[34], sagte eine Sprecherin der Behörde damals und kündigte an: „Bei einer eventuellen Verlängerung des Vertrages wird der persönliche Hintergrund des Betreibers eine Rolle spielen."[35] Auch heute, nach Ablauf des Mietvertrages am 31.12.1999, ist das Hotel belegt: mit genau der gleichen Klientel. „Wie kriegen wir denn hier ein Zimmer?", fragen wir bei einer Ortsbesichtigung nachmittags im Januar 2001. Antwort eines Bewohners: „Musst zum Sozialamt gehen und dir einen Schein holen." „Wohnen hier nur Sozialhilfeempfänger?" „Ja." „Wie viele denn?" „So um die fünfzig." „Wo ist denn der Hausmeister?" „Der schläft."

Karl-Heinz Böttrich-Scholz wurde zu einem Bußgeld von 2800 Mark wegen unerlaubter Datenerhebung verurteilt. Klaus-Dieter Bobke ist auf eigenen Antrag hin aus gesundheitlichen Gründen in den Ruhestand versetzt worden. Ein Ermittlungsverfahren wegen Bestechlichkeit durch Einladungen zum Essen im Zusammenhang mit der Vermietung von Wohnunterkünften in acht Fällen ist noch nicht abschließend verhandelt.

Die zuständige Behörde für Arbeit, Gesundheit und Soziales wollte uns zu dem gesamten Themenkomplex keine Antwort geben, obwohl es eine ihrer Aufgaben ist: Das Pressegesetz verpflichtet sie dazu. So müssen wir uns die Frage selbst beantworten: Lohnt sich Bestechung in Hamburg? Offensichtlich ja.

Erläuterungen zu den Fußnoten ab Seite 285

Eine Oper mit Misstönen

Wie sozialdemokratisches Amtshandeln dazu führt, dass man mit Asylbewerbern Kasse machen kann

Mit einer Zeitungsanzeige hätte der Eigentümer seine Zimmer kaum an den Mann oder die Frau bringen können. Was hätte er auch schreiben sollen? „Kleine Räume, teilweise nur 1,91 Meter Steh-Höhe, Fenster ohne Ausblick, mangelhafte Heizung, verwohnte Bäder und Küchen, Feuchtigkeit und Haustiere inklusive für einen exklusiven Preis." Es hätte wohl keiner angerufen, um in der heruntergekommenen Schilleroper auf St. Pauli Mieter zu werden. Es musste auch keiner mehr anrufen. Denn das hatte offenbar längst **Peter Gero**, der sozialdemokratische Bauamtsleiter im Bezirk Mitte, mit Unterstützung des Amtsleiters **Rolf Miller** (SPD) getan. Die beiden Herren verfügen offensichtlich über eine gehörige Portion Fantasie, gepaart mit ein bisschen Abenteurertum, Leichtsinn – und Freude am Geld ausgeben. Man kann es aber auch, wie es der CDU-Fraktionschef in Mitte, **Hartwig Kühlhorn,** tat, mit Blauäugigkeit umschreiben, was da 1996 an „atemberaubendem Dilettantismus"[1] seinen Lauf nahm.

Die Herren Gero und Miller fädelten also einen richtigen Coup ein. Weil der Eigentümer der Schilleroper, die Familie **Ehrhardt,** seit Jahrzehnten nicht willig war, das historische Gebäude unweit des Neuen Pferdemarktes zu sanieren, schmiedeten die sozialdemokratischen Behördenmitarbeiter einen abenteuerlichen Plan: Sie wollten für mehr als eine Million Mark die Schilleroper für maximal drei Jahre als Asylunterkunft anmieten. Im Gegenzug sollte der Eigentümer danach mit der Sanierung des Gebäudes beginnen. Der ganze Plan hatte leider mehrere Fehler. Der Größte: Während die Stadt rechtsverbindlich zusicherte, für jedes Bett und jede Nacht in der Schilleroper rund 18 Mark zu bezahlen, blieb es für die Familie Ehrhardt nur bei einer nicht einklagbaren Absichtserklärung in Sachen Sanierung. „Es ist keine juristisch wasserdichte, sondern eine politische Vereinbarung"[2], stellte dann auch Rolf Miller fest, ein „Verständigungsversuch mit kalkulierbarem Risiko." Das Risiko lag darin, dem Eigentümer beziehungsweise dem Betreiber der Wohnunterkunft mindestens 1,2 Millionen Mark an Steuergeldern in zwei Jahren zu schenken – danach aber keine Gegenleistung, sprich Sanierung der Schilleroper zu erhalten. Ein Vertragsabschluss, der also dem Eigentümer ganz viele Vorteile bot und der Stadt ganz viele Nachteile. Trotzdem wurde er abschlossen. „Es muffelt nicht nur, es riecht nach Mauschelei mit Investoren", argwöhnte „die tageszeitung"[3]. Und für die „Hamburger Morgenpost" „stinkt der Fall Schilleroper – nach politischer Dummheit oder Frechheit. Das schließt auch Korruption nicht aus."[4] Der Vertrag war um so bemerkenswerter, weil Ehrhardt mit seiner maroden Oper schon zwischen 1990 und 1997 schätzungsweise sechs Millionen Mark[5] mit der Unterbringung von Menschen verdient haben soll. Bis heute undurchsichtig auch das Verhalten der Sozialbehörde. Sie hatte die neuerliche Anmietung der Schilleroper immer abgelehnt, weil die Unterkunft nicht den Qualitätskriterien entsprochen habe. Dann aber soll die später wegen „Filzvorwürfen" zurückgetretene Sozialsenatorin Helgrit Fischer-Menzel (SPD) in einem Telefonat gegenüber dem Bezirksbürgermeister von Mitte, Rolf Miller (SPD), die Anordnung ihrer Behörde, die Schilleroper nicht anzumieten, zurückgezogen haben. So steht es jedenfalls handschriftlich auf einem Schreiben der Sozialbehörde an den Bezirk Mitte mit Datum vom 20. Februar 1997.[6]

Egal, ob es nun Dummheit oder Korruption war. Bis heute ist die Frage unbeantwortet, was die Herren Gero und Miller bewogen hat, die Schilleroper ab Anfang April 1997 erneut anzumieten. Ursprünglich hatte die Stadt Hamburg die Unterkunft für 164 Asylbewerber und Aussiedler seit 1989 genutzt und Ende 1994 aufgegeben, weil der Zustand der Gebäude schlicht zu schlecht war. Daran hatte sich auch nach erneuter Anmietung nichts geändert. In einer Auflistung aller 18 bezirklichen Wohnunterkünfte aus dem Mai 1997 wird der Standard der Einrichtungen mit Punkten bewertet. Zwischen sieben und 21 Punkte vergeben die Experten des Sozialamtes. Die Unterkünfte am

Horner Weg 282 (sieben Punkte), an der Davidstraße 24 (acht Punkte) und in der Schilleroper (acht Punkte) rangieren weit abgeschlagen auf den untersten Plätzen. Doch im Gegensatz zu der gerade neu angemieteten Schilleroper will sich die Behörde, so steht es in einem internen Bericht von Sozialdezernentin **Ute Florian**, von den Unterkünften mit Substandard an der Davidstraße und am Horner Weg schnellstmöglich trennen. Unerklärlich ist die erneute Anmietung der Schilleroper auch aus einem anderen Grund: Schon ohne die rund 100 Betten für Asylbewerber in der Oper standen allein im Bezirk Mitte bis zu 350 ungenutzte Unterkunftsplätze zur Verfügung – und diese auch noch mit einer besseren Ausstattung.

Bei den Sozialdemokraten in der Bezirksversammlung Mitte führten die schon vor der Anmietung bekannten Argumente nicht zu einem Umdenken. Obwohl die Kommunalpolitiker die Arbeit der Amtes kontrollieren sollen, machten sich die SPDler die „schwer nachvollziehbare Argumentation"[7] des Baudezernenten zu eigen. Man hätte eine Verabredung getroffen, dass nach Ablauf der Anmietung der Schilleroper als Asylunterkunft „dort saniert werde"[8], verkündete **Markus Schreiber** (SPD), der im Jahr 2001 sogar als Bezirksamtsleiter vorgesehen war, aber an Gegnern aus der eigenen Partei scheiterte. Und sein Fraktionschef **Jan-Hinrich Fock** zeigte sich überzeugt davon, dass „eine positive Entwicklung eintreffe".[8] So verwunderte es wenig, dass die Parteidisziplin bei den Sozialdemokraten dazu führte, dass Anträge von CDU und GAL, mit denen die Anmietung der Schilleroper verhindert werden sollte, niedergestimmt wurden. Lediglich die SPD-Abgeordnete aus St.-Pauli-Süd, **Grete Kleist,** enthielt sich der Stimme.

Damit waren in diesem undurchsichtigen Deal mit einer Flüchtlingsunterkunft allerdings noch längst nicht alle Hürden genommen. Ungewöhnlicherweise probte die Sozialdezernentin im Bezirk Mitte, **Ute Florian**, den Aufstand gegen die „nicht bedarfsgerechte" Anmietung der Schilleroper. Doch auch ihre fachlichen Einwände bewirkten bei den Herren Miller und Gero kein Umdenken. Im Gegenteil. In einem internen Behördenschreiben beschwert sich Florian über „diffamierende Äußerungen", die „von der Leitung des Bezirksamtes über mich gemacht werden".[10] Florian war in Ungnade gefallen, weil sie in die „menschenunwürdige"[11] Schilleroper keine Asylbewerber zwangsweise einweisen wollte. Ein nicht nur aus heutiger Sicht richtiges Vorgehen – das ihr vom Bezirkschef die Drohung von Diziplinarmaßnahmen einbrachte. Selbst das Gesundheitsamt stellte „so erhebliche Mängel" in der Unterkunft fest, „dass eine dauerhafte Belegung problematisch erscheint".[12] Die zum Teil ungenügenden Belüftungsmöglichkeiten der Zimmer, Durchfeuchtungsschäden und der mangelhafte Wasserabfluss in einigen Gemeinschaftsbädern „stellen in gesundheitlicher Hinsicht nicht zu tolerierende Einschränkungen dar".[13] Obwohl diese Bedenken auch schon vorher bestanden, zudem mehrfach von Rattenbefall rund um die Schilleroper die Rede war und letztlich die Missstände zur Aufgabe der Unterkunft im Jahre 1994 führten, betrieb der Leiter der Abteilung für öffentliche Unterbringung die Zwangsbelegung der Schilleroper mit afghanischen Flüchtlingen, die damals noch in einer Unterkunft an der Amsinckstraße lebten. „Sofern die Bewohner die Unterkunft nicht freiwillig räumen, ist diese Handlung zu erwingen"[14], – die Polizei sei um Amtshilfe zu bitten, hieß es in einem Vermerk an Sozialdezernentin Florian. Bemerkenswerterweise ist die Sozialdezernentin auch Vorgesetzte der Abteilung für öffentliche Unterbringung, deren Mitarbeiter aber offenbar der vorgegebenen Hardliner-Linie des Bezirkschefs Miller folgten. Florian lehnte daraufhin schriftlich die „Verantwortung für ein solches Vorgehen ab." Die Zwangsmaßnahmen seien „unverantwortlich." Genutzt wurde die Unterkunft trotzdem, wenn auch nur bis zum Ende des abgeschlossenen Vertrages im Frühjahr 1999. Heute wird die Schilleroper nicht mehr als Wohnunterkunft genutzt.[15]

Mit ihrem Gehorsam gegenüber dem Bezirksamt und seinen Entscheidungen billigten die SPD-Abgeordneten im Bezirk Mitte auch einen „fürchterlichen Verzicht" durch ihren Baudezernenten Peter Gero. Der hatte nämlich ohne Rückendeckung durch die Kommunalpolitiker, aber sicherlich mit Wissen seines Bezirkschefs Rolf Miller, eine Art Vereinbarung mit dem Eigentümer der Schilleroper, Eberhard Ehrhardt, abgeschlossen. In dem ursprünglichen Schreiben von Gero heißt es: „Ein Enteignungsverfahren wird seitens der Stadt nicht angestrebt." Ein Enteignungsverfahren hatten Bezirkspolitiker mehrfach gefordert, weil der Eigentümer sich mit seiner Verweigerungshaltung in Sachen Sanierung gegen die öffentlichen Belange stelle. Ehrhardt änderte den Satz kurzerhand in: „Ein Enteignungsverfahren wird seitens der Stadt ausgeschlossen." Gero widersprach nicht. Dies ist umso bemerkenswerter, als dass sich die Stadt seit Jahren in einem Rechtsstreit mit dem Eigentümer der Schilleroper befindet und man wusste, dass Ehrhardt bisher alles unternommen hatte, um die von der Stadt festgelegten Sanierungsziele für die Schilleroper nicht umsetzen zu müssen. Im Jahr 1986 hatte der Senat das Areal zwischen Bernstorffstraße, Neuer Pferdemarkt und Brunnenstraße zum Sanierungsgebiet erklärt. Die Schilleroper gab ihm den Namen. Nach dem gültigen Bebauungsplan ist die Schilleroper als Marktfläche mit einer kleinteiligen gewerblichen Nutzung und Stadtteilflächen vorgesehen. Gegen diese Vorgabe beziehungsweise die Nichterteilung von Befreiungen hatte Ehrhardt, der sich Kulturflächen mit mehreren hundert Besuchern vorstellte, eine Normenkontrollklage eingereicht, die bis heute nicht abschließend entschieden ist. Wegen des schwebenden Rechtsstreits hatte der Bezirk bisher Zwangsmaßnahmen gegen den Eigentümer wie ein Baugebot oder gar ein Enteignungsverfahren nicht eingeleitet.

Die Schilleroper hat eine bewegte Geschichte hinter sich. 1888 begann sich der Zirkus Paul Busch auf dem gut 3000 Quadratmeter großen Gelände einzurichten. Ein Jahr später wurde mit dem Bau eines festen Zirkushauses begonnen, einer runden Arena mit Eisenstützen. Die eigentliche Manege war 13 Meter breit. In den Nebengebäuden waren Ställe, Garderobe und Räume für die Zirkusverwaltung untergebracht. Kurz vor 1900 übernahm Busch den Zirkus Renz am Zirkusweg und gab sein Gebäude an der Lerchenstraße auf. In ihm wurde 1905 ein Theater mit fast 1700 Plätzen eingerichtet. Erst 1932 erhielt das

Gebäude nach einem Umbau den Namen Schilleroper. Allerdings war die damalige Nutzung als Kulturstätte nicht von langer Dauer. 1939 wurde der Komplex geschlossen. Nach dem Krieg dienten die Gebäude mal als Garagen, mal als Wohnungen. Auch Restaurants eröffneten in dem Hauptgebäude. Den einstigen Glanz konnte die Schilleroper aber nicht wieder erlangen. Durch bauliche Veränderungen wurden die Gebäude immer mehr verschandelt, so dass heute nur noch der zentrale Rundbau von der einstigen Zirkusarchitektur zeugt. Trotzdem kam das Denkmalschutzamt schon 1997 zu dem Ergebnis, dass der Erhalt der Schilleroper „aus historischen Gründen und zur Bewahrung charakterlicher Eigenheiten des Stadtbildes im öffentlichen Interesse" liegt. Denn bei der Schilleroper handelte es sich um den „letzten erhaltenen Zirkusbau des 19. Jahrhunderts in der Bundesrepublik Deutschland", da alle anderen vergleichbaren Bauten durch den Krieg oder in der Nachkriegszeit zerstört worden sind.

Trotz dieser kulturhistorischen Bedeutung, trotz des ausgewiesenen Sanierungsgebiets, das 1998 abgeschlossen wurde und trotz, oder gerade wegen der staatlichen 1,2 Millionen Mark für die Unterbringung von Flüchtlingen ist die Schilleroper bis heute nicht saniert. Eberhardt Ehrhardt hatte sich zwar erstaunlicherweise an seinen Teil der nicht rechtsverbindlichen Vereinbarung gehalten und 1998 durch seinen Projektentwickler Hanseatica Pläne für eine Neugestaltung des Areals vorgelegt. Sie wollten einen „multifunktionalen Veranstaltungsbereich" für 800 Personen. Dazu Büros, Restaurants, Läden und in einem viergeschossigen Bau luxuriöse Wohnungen. Und unter dem Bau sollte eine Tiefgarage mit fast 100 Stellplätzen entstehen. Die historische Zirkusarena sollte abgebaut, saniert und dann an anderer Stelle auf dem Gelände auf einem fünf Meter hohen Sockelgeschoss wieder aufgebaut werden. Alles in allem waren die Baupläne, die von dem Hamburger Architektenbüro **Bothe, Richter, Teherani** entworfen worden waren, nicht annähernd kompatibel mit dem Bebauungsplan und den städtischen Sanierungsplänen. Die geplante überregionale Großnutzung würde die Wohnqualität im Viertel erheblich verschlechtern und das Gebiet im Autoverkehr ersticken lassen, begründeten die Mitglieder der Bauprüfkommission im Bezirk Mitte die Ablehnung des Bauantrages. Dies musste auch Ehrhardt erwarten. Denn seine neuen mit der Hanseatica entwickelten Pläne unterschieden sich nur unwesentlich von denen aus den Jahren 1986 und 1989. Damals ging es um ein Theater mit 1000 beziehungsweise 540 Sitzplätzen. Beide Planungen, so stellte später das Verwaltungsgericht[16] fest, seien mit dem gültigen Bebauungsplan nicht vereinbar und im Rahmen von behördlichen Befreiungen nicht genehmigungsfähig. Um also ein weiteres Mal an der Nase herumgeführt zu werden und weitere Baupläne vorgelegt zu bekommen, die nicht realisierbar waren, hatte Peter Gero im Juni 1998 das Denkmalschutzamt sogar gebeten, das Unterschutzstellungs-Verfahren für die Schilleroper auszusetzen. Begründung: Man verhandele mit der Familie Ehrhardt über eine Sanierung des Gebäudes – die Gespräche würden voraussichtlich im Herbst 1998 zum Abschluss kommen. Sie sind es bis heute nicht ...

„Es ist nach wie vor so, dass das Unterschutzstellungsverfahren ruht", sagt **Ingo Mix,** Sprecher der Kulturbehörde.[17] „Aber es gibt eine Menge offener Fragen, auch mit dem Eigentümer." Mittlerweile gibt auch das Bezirksamt Mitte zu, dass sich „aus heutiger Sicht die seinerzeit mit der Anmietung verbundenen Absichten nicht in der Weise erfüllt haben, wie zum damaligen Verhandlungs- und Besprechungsstand zu erwarten war", sagt **Sorina Weiland,** Sprecherin des Bezirksamts Mitte. Immerhin hätten die Aktivitäten des Bezirks aber dazu geführt, dass nun ein neuer Bauvorbescheids-Antrag vom Eigentümer gestellt sei. Sorina Weiland: „Im Bezirksamt wird zurzeit dieser Bauvorbescheidsantrag der Grundeigentümer für das Grundstück bearbeitet. Ob und wann dieser Antrag in einen Bauantrag münden wird, ob eine Genehmigung erteilt wird und ob und wann mit einem Baubeginn auf dem Grundstück zu rechnen ist, lässt sich derzeit nicht absehen."[18]

Erläuterungen zu den Fußnoten ab Seite 285

Der Distriktsvorsitzende

Der Hamburger Strafverteidiger Manfred Getzmann war schon zu Schulzeiten Sozialdemokrat. Nach zwei Jahren Distriktsvorsitz in St. Pauli Nord hat der engagierte Anwalt das Handtuch geworfen: „Ich habe ehrlich gesagt nicht geglaubt, wie entsetzlich korrupt diese Partei in Hamburg ist."

Auch für **Manfred Getzmann** war die Motivation, in die SPD einzutreten, die, dass die SPD die Partei der kleinen Leute ist. Der heute 42-Jährige ist Sohn eines Fernmeldetechnikers und einer Verkäuferin aus Braunschweig. Dort wächst er auch auf und engagiert sich politisch schon früh in der Schülervertretung seines Gymnasium. Später wird er Sprecher des niedersächsischen Landesschülerrates. Mit sechzehn Jahren geht er zu den Falken, der sozialdemokratischen Jugendorganisation. Gemeinsam mit dem heutigen Ministerpräsidenten von Niedersachsen, **Siegmar Gabriel** (SPD), organisiert er Feriencamps für die Falken. Wer weiß, welche politische Funktion er heute hätte, wenn er sich in der Partei stromlinienförmiger verhalten hätte. Und wenn er nicht nach Hamburg gegangen wäre. „Für mich heißt es Abschied zu nehmen von einer Politik der Hamburger SPD – ich betone hier ausdrücklich Hamburger –, die es nicht nur versäumt hat, Brüche zu wagen, sie hat sich vielmehr gegen ihre eigene soziale Basis gerichtet und verwaltet Hamburg, als sei es ein sozialdemokratischer Pensionsverein." Das schreibt Manfred Getzmann als Distriktsvorsitzender St. Pauli Nord 1991 an die damalige SPD-Landesvorsitzende **Traute Müller** und erklärt seinen Austritt aus der SPD.

1976 tritt Manfred Getzmann als 18-Jähriger in die SPD ein. „Man muss die Welt verändern", sagt er, „sie gerechter machen. Die ökonomisch Handelnden, die Arbeiter und Angestellten, müssen in dieser Gesellschaft etwas bewegen." Nach dem Abitur geht er nach Hamburg, um Jura zu studieren und engagiert sich im linken Flügel der Partei. Benannt nach der Bierwirtschaft „Bahnsteig" bildet sich um **Dorothee**

Stapelfeldt, heutige Bürgerschaftspräsidentin, Traute Müller, spätere Landesvorsitzende und Stadtentwicklungssenatorin, und ihren Lebensgefährten **Kurt Wandt**, der später als Stasi-Spitzel verurteilt wird, der so genannte Stamokap-Flügel; der marxistisch ausgerichtete Flügel der SPD, zu dem auch der jetzige Landesvorsitzende und hamburger Innensenator **Olaf Scholz** zählte. Es ist die Zeit der Berufsverbote, die in der SPD zu heftigen Auseinandersetzungen führen, der Massendemonstrationen für Frieden und Abrüstung und des Anti-AKW-Widerstandes. In Hamburg ziehen die ersten Grünen über die Bunte Liste in die Kommunalparlamente ein. Trotzdem bleiben fast alle Linken in der SPD, auch Manfred Getzmann: „Ich hielt es damals grundsätzlich für richtig, in einer Massenpartei Politik zu machen, auch wenn viele Mehrheitsbeschlüsse weh tun."

Als er 1986 mit Frau und Kindern nach St. Pauli zieht, beschließt er, sich mit ein paar Freunden parteipolitisch im örtlichen Distrikt zu engagieren. „Der Distrikt war so gut wie tot. Fast nur alte Leute und Karteileichen, die waren richtig froh, dass wir mit ein paar jungen Leuten frischen Wind in den Distrikt gebracht haben." Klassische Parteiarbeit, sagt er, war zunächst gar nicht möglich: „Der SPD fehlte hier in St. Pauli-Nord die soziale Basis." Es ist ein Viertel mit viel Armut und sozial Benachteiligten. Im Schanzen- und Karolinenviertel leben weitgehend Arbeiter; Studenten und Ausländer ziehen in die damals noch günstigen Altbauwohnungen. Nach einem Jahr wird Manfred Getzmann Vorsitzender des Distrikts St. Pauli-Nord und holt neue Leute in die Partei: „Schon nach kurzer Zeit hatten wir 15 Prozent mehr Mitglieder."

Auch wenn die Parteiarbeit zunächst „hauptsächlich Konkursverwaltung" ist, merkt er schnell, dass gerade hier im Bezirk Mitte die Fäden zwischen Verwaltung, öffentlichen Ämtern und Firmen und Partei besonders eng geknüpft sind. Als linker Distrikt im rechts dominierten Bezirk Mitte beißen sich die jungen Macher aus dem Distrikt St. Pauli-Nord an den Strukturen oft die Zähne aus. „Aber das Schlimmste war, dass es hier de facto keine inhaltliche Auseinandersetzung gab. Es ging um Posten und Pöstchen, um Kungeleien und Macht." Ganz im Gegenteil zur politischen Arbeit in Niedersachsen: „Da haben wir uns inhaltlich gefetzt und gestritten, um Atomenergie oder Abrüstung. In Hamburg geht das nicht. Wenn du nicht mitmachst, wirst Du eliminiert und bist politisch tot, egal ob rechts oder links." Damals sind die Flügelkämpfe in der SPD zwischen rechts und links noch stark ausgeprägt, vor allem in der Öffentlichkeit. Der Strafverteidiger muss aber schnell lernen, dass es hier an der Elbe über den Flügelzugehörigkeiten stehende Mächte gibt, die ihren Schacher ohne die Mitglieder betreiben: „Wenn es dann tatsächlich um Entscheidungen geht, kungelt die Parteispitze in ganz kleinem Kreis den Weg aus. Die Mitglieder dürfen dann nur noch abnicken. Bleibst du bei deinen politischen Inhalten, liefern dich auch deine linken Freunde ans Messer."

Anwalt Getzmann, der in seiner Kanzlei in St. Pauli vor allem Sozialhilfeempfänger, Roma, Punks und Junkies verteidigt, die „traditionell besondere Aufmerksamkeit der Staatsmacht genießen", vermisst die Basisnähe der Partei. Als der Musical-Betreiber **Friedrich Kurz** das heruntergekommene Ex-Theater Flora am Schulterblatt, in dem zuletzt ein Foto- und Haushaltswarenladen hauptsächlich Kochtöpfe unters Volk brachte, zum Touristenmagneten für sein Phantom der Oper-Musical machen will, steht das ganze Viertel wie eine Eins gegen die Pläne des Musical-Vermarkters auf. Die SPD, die die Pläne längst abgesegnet hat, ohne die betroffenen Bewohner im Schanzenviertel um Zustimmung zu fragen, setzt die Polizei gegen die Anwohner ein. Die befürchten, dass das Leben in ihrem bis dato beschaulichen, aber lebendigen Viertel durch die erwarteten mehrere tausend Tagesbesucher aus den Fugen gerät: Busladungen voller Menschen, die auf der Suche nach Amüsement die paar Straßen des kleinen Schanzenviertels zur Touristenmeile machen, Autosuchverkehr und vor allem eine Yuppisierung des Viertels. Schließlich wollen Theaterbesucher, die aus Wanne-Eickel nach Hamburg reisen, um ein Musical zu besuchen, danach noch flanieren, essen und trinken.

Aus den Reihen der Hamburger Punks, Autonomen und Menschen aus dem Schanzenviertel bildet sich eine Besetzergruppe, die das ehemalige Theater mit der Inbesitznahme zunächst gegen die Pläne von SPD-geführtem Senat und Musicalbetreiber schützen will und anschließend ein autonomes Polit- und Kulturzentrum im besetzten Zustand eröffnet, das bis heute bundesweit für Schlagzeilen sorgt. Als die Besetzer gemeinsam mit den Schanzenviertlern das besetzte und in Rote Flora umbenannte Ex-Theater gegen die in die Auseinandersetzung geschickte Polizei verteidigen, steht auch der zuständige SPD-Distriktsvorsitzende Getzmann mit weiten Teilen seines Vorstandes auf der Seite der Bewohner: „Das Musical-Theater hätte alle gewachsenen Strukturen des Viertels kaputt gemacht. Das wusste jeder hier." Manfred Getzmann verteidigt als Anwalt diejenigen, die von der Polizei bei den Auseinandersetzungen vor der Flora auf die Mütze kriegen: „Ich habe das nicht für möglich gehalten, dass die Partei solche Dinge nicht im Dialog, sondern per Polizeiknüppel entscheidet." Der SPDler Getzmann ist einer der ganz wenigen, die in Extremsituationen noch zwischen Polizei und Besetzern vermitteln können. Ohne ihn wäre so manche Auseinandersetzung zwischen Bevölkerung und Polizei eskaliert und entglitten. Es dauert nicht lange, und fast jedes Geschäft im Schanzenviertel trägt einen schwarzgrünen Aufkleber mit einem stilisierten Polizeibeamten mit Polizeiknüppel: „Wir müssen leider draussen bleiben." Kaum ein Eisladen, in dem die Beamten bedient werden, kaum ein Kiosk, wo sie noch Erfrischungsgetränke kaufen können.

Das Schanzenviertel hat bald, gelinde gesagt, die Schnauze voll von Staatsmacht und SPD. Trotzdem will die SPD nicht einschwenken und nimmt die Argumente der Anwohner, der Autonomen und ihrer Parteibasis nicht ernst. Erst als Friedrich Kurz merkt, dass jede Mark, die er ins Schanzenviertel investiert, mit einem Pflasterstein beantwortet wird, zieht der Investor seine Pläne zurück und errichtet statt dessen ein neues Theater an der Holstenstraße. Das Schanzenviertel kann aufatmen. Heute hat sich die Rote Flora längst zu einem bunten Kulturtreff für die unangepasste Hamburger Jugend entwickelt; die

Partys in dem immer noch besetzten Gemäuer sind legendär. Die Reste der linksradikalen Autonomen haben sich hier einen der letzten Rückzugsplätze in Norddeutschland erhalten können.

Trotzdem zieht die SPD ihre Polizisten aus dem Viertel nicht zurück. Statt Vertrauen aufzubauen, schickt sie Polizeispitzel und Sondereinheiten ins Schanzenviertel. Ende 1988 wird die berüchtigte E-Schicht eigens neu gegründet: Bis zu 30 Polizeibeamte dieser Spezialtruppe der Hamburger Polizei streifen in zivil durchs Schanzenviertel und machen durch Prügeleien auf sich aufmerksam: Einem Krankenpfleger, der mit Nasenbeinbruch und Kapselriss ins Krankenhaus eingeliefert wird, spricht ein Zivilgericht später 2500 Mark Schmerzensgeld zu. Sein Protokoll von dem Besuch in der Polizeiwache 16 liest sich wie eine Folterbeschreibung: „Die Hände auf dem Rücken gefesselt, werde ich in einem Hinterraum mit dem Gesicht immer wieder auf den Tresen geschlagen, mit Knüppeln von hinten geprügelt. Beamte drücken eine Zigarette auf meinem Arm aus. Als ich sehr stark blute, bitte ich die Beamten einen Arzt zu rufen. Die Antwort eines Polizisten ist nur: ‚Mach erstmal den Schweinkram weg.‘“[1] Ein Schlosser, den die Polizisten auf der Wache 16 in der Lerchenstraße regelrecht mißhandeln, ist danach sechs Wochen arbeitsunfähig. Auch er muss seine Schmerzensgeldansprüche gegen die Hamburger Polizei gerichtlich durchsetzen: Hier kosten die Misshandlungen durch Hamburger Polizisten dem Steuerzahler 4000 Mark. „Was die SPD im Viertel noch an Vertrauen hatte, hat sie spätestens mit den Sonderkommandos in Form der E-Schichten wieder kaputt gemacht", sagt Anwalt Getzmann, der viele Opfer von Polizeigewalt in seiner Kanzlei in St. Pauli verteidigt. „Damit hat sich die Massenpartei SPD hier im Viertel längst den Status einer Randgruppe geschaffen." Auch dass die Partei Hausbesetzer wiederum mit Wasserwerfereinsatz herausprügelt, stösst die engagierten SPDler des Distriktes St. Pauli-Nord vor den Kopf. Die Besetzer wollten im Karolinenviertel die Spekulationsruine von **Nikolai Rabels,** dem Sohn des ehemaligen Staatsrates Peter Rabels, vor dem endgültigen Verfall retten und dort wohnen. Manfred

Getzmann spürt bei der täglichen Arbeit in seiner Kanzlei, dass die SPD hier in Hamburg nicht mehr Politik für die von den gesellschaftlichen Fleischtöpfen Ausgegrenzten, sondern gegen sie betreibt. „Unter meinen Mandanten sind viele Drogenabhängige. Viele von ihnen landen in Hamburg nicht im Hilfesystem, sondern im Gefängnis. Seit Jahrzehnten das gleiche Bild: Tausende verelendete Junkies leben in Hamburg, und die SPD unterstützt nicht die progressiven Ansätze in der Drogenhilfe, sondern richtet ihre Politik nach Parteizugehörigkeit aus. Wer Parteimitglied ist, kriegt Unterstützung, egal ob seine Arbeit gut ist oder nicht. Wer kein Parteimitglied ist, muss permanent um seine Beratungsstelle kämpfen. Selbst wenn er eine gute Beratungspolitik macht."

Diese Klientelpolitik ist es, die Manfred Getzmann als SPDler in St. Pauli scheitern lässt. In seinem Austrittsschreiben an die Parteivorsitzende Traute Müller fasst er seine Erfahrungen so zusammen: „Ich habe ehrlich gesagt nicht geglaubt, wie entsetzlich korrupt diese Partei ist. Hier werden Pfründe von Personen, Senatoren, Kreisen, Ämtern, Vorsitzenden, Arbeitskreisen, Mandatsträgern und so weiter verteidigt und verschoben, als handele es sich um einen Selbstbedienungsladen für Sozialdemokraten." Nach vierzehn Jahren Parteimitgliedschaft macht sich der gestandene Sozialdemokrat mit seinem Austritt gemeinsam mit dem Vorstand des Distriktes St. Pauli-Nord parteilos. Eine Antwort auf das Austrittsschreiben hat er nie bekommen, kein Spitzenfunktionär hat um den engagierten Verfechter von Menschenrechten und solidarischer Politik gekämpft: „Wer nicht für die Partei ist, ist gegen sie", lautet seine Bilanz nach vierzehn Jahren SPD-Mitgliedschaft.

Heute ist der vierfache Familienvater immer noch ein hoch politischer Kopf. Einer, der sich zwischen die Fronten von Staatsmacht und Demonstranten stellt, wenn im Schanzenviertel mal wieder Polizei gegen Bürger aufgefahren wird. Der aufsteht, wenn die SPD-geführte Hamburg Messe sich im Karolinenviertel erweitern und der SPD-Wirtschaftssenator dafür hunderte von Millionen Mark an Steuergel-

dern ausgeben will. „Solche Pläne werden im kleinen Kreis ausgekun-
gelt und den Bewohnern vor die Nase gesetzt. Danach gibt es ein bisschen Scheindemokratie und ein wenig Alibi-Bürgerbeteiligung, aber tatsächlich ist alles längst von oben verordnet." Was die SPD gerade hier
in Mitte von Bürgerpolitik halte, zeige sich beispielsweise an der
Verkleinerung der Sanierungsbeiräte, wo die Bürger nach ein paar
Jahren wieder vor die Tür gesetzt wurden: „Zuerst hat man die Bewohner des Viertels nach viel öffentlichem Druck in den Sanierungsbeiräten
an den Entscheidungen beteiligt. Jetzt, wo sie engagiert mitarbeiten,
aber eben nicht im Sinne der Partei, setzt man sie wieder vor die Tür.
So schafft man Politikfrust, und so wählt sich die Partei ihr Volk."

Mit Demokratie habe die SPD Hamburg nicht viel zu tun. Hamburg sei
höchstens ein oligarchisch organisierter SPD-Stadtstaat mit Macht-
verwaltung nach Fürsten- und Gutsherrenart: „Von den etwa 15.000
SPD-Mitgliedern sind vielleicht zehn Prozent für politische Arbeit
mobilisierbar, die Hälfte davon übernimmt politische Funktionen. Ein
Drittel von denen, also etwa 250 Mitglieder, sind in Hamburg an
Entscheidungen in Ausschüssen und Parlamenten beteiligt. Und tatsächlich bestimmt eine Handvoll im Hinterzimmer gestählter Polit-
profis, wo es langgeht."

Spricht und macht sich auf den Weg, um die Interessen derjenigen zu
vertreten, die nicht zu diesem Kreis gehören: „Ich arbeite für die, die
im Dreck leben und die sich gerade machen. Und nicht für Anpasser
und Ja-Sager." Denn: „Man lebt dann einfach besser."

Erläuterungen zu den Fußnoten ab Seite 285

Das Mitglied

Die Erfahrungen des ehemaligen SPD-Mitglieds Maik Findeisen mit der Partei im allgemeinen, der SPD-geführten Behörde für Arbeit, Gesundheit und Soziales (BAGS) und der Arbeitsgemeinschaft der SozialdemokratInnen im Gesundheitswesen im Speziellen

Am 1. Dezember 1992 wird der Versicherungsangestellte **Maik Findeisen** Mitglied der Sozialdemokraten in Hamburg. „Ich bin in die SPD eingetreten, weil ich dachte, dass sie gewerkschaftsnah und arbeitnehmerfreundlich ist. Die Partei des kleinen Mannes eben." Es dauert nicht lange, und Maik Findeisen hat seinen Platz in der Partei gefunden: Er wird Mitglied in der Arbeitsgemeinschaft der SozialdemokratInnen im Gesundheitswesen (ASG). Er mischt bald in bundesweiten Fachkreisen der SPD mit und bringt dort seinen beruflichen Sachverstand ein.

In Hamburg dreht sich gesundheitspolitisch damals fast alles um den Strahlenskandal im Universitätskrankenhaus Eppendorf (UKE). Die „Hamburger Morgenpost" hatte im Sommer 1993 unter der Überschrift „Tödliche Strahlen im UKE?" einen der größten medizinischen Skandale der Bundesrepublik aufgedeckt. In der Hamburger Strahlen- und in der Frauenklinik hatten Ärzte ihren Patientinnen und Patienten zu Forschungszwecken oder wider besseres Wissen jahrelang viel zu hohe Strahlendosen verabreicht, ohne sie darüber zu informieren. Menschenversuche, die für viele der Patienten mit schwersten inneren Verbrennungen und für einige mit einem vorschnellen Tod endete. Der Skandal ist heute noch nicht zu Ende. Noch immer prozessieren ehemalige Patienten und Angehörige gegen die Stadt, am Ende werden die Menschenversuche im UKE die Stadt Hamburg etwa 80 Millionen Mark gekostet haben, schätzt die Behörde für Wissenschaft und Forschung.

Das neue Parteimitglied Maik Findeisen ist fleißig. Ob Gesundheits- oder Wissenschaftsausschuss, Maik Findeisen lernt im UKE-Skandal die Politik im Allgemeinen und im Besonderen: „Für mich war der Strahlenskandal der Einstieg in die Hamburger Politik. Stundenlang habe ich mir die Sitzungen im Rathaus angehört, bin oft erst spät abends aus dem Rathaus gekommen." Er schreibt Leserbriefe und fordert öffentlich sogar den Rücktritt von Wissenschaftssenator **Leo Hajen** (SPD), seinem Parteigenossen vom linken Flügel. Damit ist er nicht der einzige Hamburger, der meint, dass Hajen besser den Hut nehmen sollte. In der Partei macht er sich damit aber nicht gerade beliebt.

Dezember 1996. Wenige Tage vor Weihnachten steht eine gesundheitspolitische Entscheidung an, wie sie nur sehr selten getroffen wird: die Schließung eines kompletten Krankenhauses. Weil der Landesbetrieb Krankenhäuser (LBK) auf Druck der Krankenkassen innerhalb von drei Jahren 200 Millionen Mark einsparen soll, soll das Hafenkrankenhaus in St. Pauli geopfert werden. „Ein Stadtteil steht auf" heißt die Initiative, die den Protest gegen die Schließung organisiert, und so ist es dann auch: Zunächst in St. Pauli wird der Protest gegen die unsoziale Schließung des weltbekannten Traditionskrankenhauses, das kurz vor seinem hundertsten Geburtstag steht, bald sogar hamburgweit organisiert.

Auch Maik Findeisen mischt mit gegen die Schließung: „Man kann doch den St. Paulianern nicht ihr Krankenhaus wegnehmen", findet er und diskutiert parteiintern mit den Genossen. Viele SPDler sehen die Dinge ähnlich wie er. Zum Beispiel **Kurt „Kuddel" Schubert**, seit 30 Jahren SPD-Abgeordneter in der Bezirksversammlung Mitte: „Sind die Bürger denn gar nichts mehr wert?"[1], fragt er und macht Sozialsenatorin **Helgrit Fischer-Menzel** für die Schließung verantwortlich. Die hatte als zuständige Senatorin in der entscheidenden Sitzung des LBK-Aufsichtsrates am 12. Dezember 1996 von ihrer Doppelstimme als Aufsichtsratsvorsitzende Gebrauch gemacht und damit Zünglein an der

Waage gespielt: Aus für das Hafenkrankenhaus. SPDler Schubert über die SPD-Senatorin: „Die tickt doch nicht mehr richtig. Die lügt wie gedruckt."[2]

Maik Findeisen schreibt in einem Leserbrief in der „Morgenpost" über die „absolute Fehlentscheidung von Fischer-Menzel", die „fehl am Platz" sei. Sein Resümee: „Früher waren Nieten das Kernstück für stabile Verbindungen, heutzutage brauchen sie selber gute Verbindungen, um sich halten zu können."[3] Der Einzige, der jetzt noch helfen könne, sei **Henning Voscherau.** Den Bürgermeister sollten die Hamburger mit Briefen und Faxen zum Erhalt des Hafenkrankenhauses auffordern, zitiert die Morgenpost Maik Findeisen als Mitglied der Arbeitsgemeinschaft Sozialdemokraten im Gesundheitswesen. Gemeinsam mit 100.000 (!) Hamburgern, die sich in der größten Unterschriftenaktion der Hansestadt für den Erhalt des Krankenhauses aussprechen, kämpft Maik Findeisen für St. Pauli, aber auch für die Glaubwürdigkeit der Hamburger Sozialdemokraten: „Man darf das Hafenkrankenhaus nicht schließen", sagt er, „erst recht nicht neun Monate vor der Bürgerschaftswahl."

Der eigentliche Grund, dem Stadtteil die Einrichtung wegzunehmen, so vermuten Medien und St. Paulianer, ist das Filetgrundstück des Hafenkrankenhauses am Zirkusweg zwischen Bismarck-Denkmal und Reeperbahn. 200 bis 400 Millionen Mark, schätzt die „taz Hamburg"[4], ist das Grundstück wert. Viele St. Paulianer glauben, dass sich die SPD-geführte gesundheitspolitische Spitze der Stadt um Senatorin Helgrit Fischer-Menzel und LBK-Chef **Heinz Lohmann** auf einen Schlag und auf Kosten ihres Stadtteils ihrer finanziellen Sorgen entledigen will. Mitte Dezember 1996 fragt sich das „Stadtmagazin HH19", ob der „Political Consultant" und Ex-Senator **Volker Lange** im Gerangel um das Grundstück eine Rolle spielt. Schließlich hatte der Sozialdemokrat schon beim nahe gelegenen Millerntorhochhaus im Hintergrund an den Fäden gezogen. Auch die „Hamburger Morgenpost" spekuliert über die Rolle des ehemaligen SPD-Kreischefs: „Kein Wunder, dass auch in Sachen Hafenkrankenhaus-Grundstück der Name Volker Lange schon gehandelt wird."[5] Drei Tage nach diesem Artikel druckt die „Morgenpost" einen Leserbrief von Maik Findeisen, in dem er zusammenfasst, was auf dem Kiez vermutet wird: „Die Spatzen trillern mittlerweile die angeblich wahren Gründe für die Schließung des Hafenkrankenhauses in die Welt. So sollen demnach nicht etwa gesundheitspolitische Motive, sondern vielmehr milliardenschwere Bauspekulationsgelüste die einzig wahren Gründe für die Schließung des Hafenkrankenhauses sein. Die von einem Ex-Senator geführte Consulting-Firma soll bei dem milliardenschweren Bauvorhaben angeblich federführend sein."[6]

Maik Findeisen nennt im Gegensatz zu den zitierten Zeitungen noch nicht mal einen Namen. Trotzdem wird er derjenige sein, der abgestraft wird – von seiner Partei und von Volker Lange. Am 13. Januar 1997 zitiert der SPD-Krisenstab in Sachen Hafenkrankenhaus das einfache Mitglied vor die Parteioberen ins Rathaus. Unter anderem anwesend: der stellvertretende Bürgerschaftsfraktionsvorsitzende und Chef der Schrebergärtner, **Ingo Kleist** aus St. Pauli, Gesundheitssenatorin Helgrit Fischer-Menzel, der ASG-Vorsitzende und Krankenhausdirektor in Barmbek, **Dr. Lutz Hoffmann,** und **Petra Brinkmann,** Mitglied im Fraktionsvorstand und im Haushalts- und Gesundheitsausschuss. Findeisen: „Petra Brinkmann rief mich an und erzählte mir, man möchte mit mir über das Hafenkrankenhaus reden. Statt dessen saß ich da wie ein Angeklagter." Mit „rotem Kopf" habe ihn der SPD-Landesvorsitzende **Jörg Kuhbier** angefahren und „wutschnaubend zur Schnecke machen wollen", so Findeisen weiter. „Kuhbier fragte mich, wie ich dazu komme, zu behaupten, dass Lange die Finger im Spiel hat. Da habe ich ihm von einem Gespräch erzählt, dass im Hafenkrankenhaus mit Lange, Petra Brinkmann und dem Hafenkrankenhausdirektor schon im August 1996 stattgefunden hat." Petra Brinkmann habe verneint, dass es ein solches Gespräch gegeben habe. Diskutiert worden sei allerdings nicht, die meisten Genossen hätten betreten zu Boden geschaut.

Der Sinn des Gesprächs wird Maik Findeisen am nächsten Tag klar, als er seinen Briefkasten öffnet: Dort findet er einen Brief der Kanzlei von **Gerd Weiland** (SPD), verfasst von Rechtsanwalt **Rolf-Dieter Klooß** (SPD), der ihn im Namen seines Mandanten Volker Lange (SPD) auffordert, eine Unterlassungserklärung abzugeben und nicht mehr zu behaupten, dass „die von einem Hamburger Ex-Senator geführte Consulting-Firma bei dem milliardenschweren Bauvorhaben angeblich federführend sein soll."

Die Runde im Rathaus, so scheint es, hat nur dazu gedient, ihn auszuhorchen, ob er Beweise für seine Anschuldigungen gegen Lange habe. „Ich nehme an, dass seitens der SPD noch am gleichen Abend mit Lange oder Klooß telefoniert wurde", sagt Maik Findeisen. „Denn am nächsten Tag hatte ich ja schon die Unterlassungserklärung per Bote in meinem Briefkasten." Weil Maik Findeisen sich im Recht fühlt, beauftragt er einen Anwalt, Widerspruch einzulegen. Eine Falle, in die ihn die Partei bewusst zu Gunsten ihres Ex-Senators, der dem „kleinen Genossen per Gericht einen Maulkorb verpasst"[7], hinein laufen lässt. Was tatsächlich im Hintergrund ablief, wird erst später bekannt. An dem von ihm zitierten Gespräch im Hafenkrankenhaus – das hätte sich an dem Genossenabend im Rathaus leicht klären lassen – hat nicht Volker Lange, sondern **Rolf Lange** (SPD), auch der ein ehemaliger Hamburger Innensenator, teilgenommen. Was nicht heißen muss, dass Volker Lange nicht auch darüber nachgedacht hat, ob nicht einer seiner Geschäftspartner mit dem Spitzengrundstück Geld verdienen könnte. Findeisen hatte seinem Informanten im Hafenkrankenhaus vertraut, doch der hatte schlicht Rolf mit Volker Lange verwechselt. Das Verfahren vor Gericht bezahlt der Versicherungsangestellte mit einem vollen Monatsgehalt: 3000 Mark kosten ihn die paar Worte.

Aufgeklärt hat sich die teure Falschinformation erst drei Jahre später. So bleibt Findeisen erst mal Mitglied der Partei, die ihm längst die Rote Karte für seine kritischen gesundheitspolitischen Stellungnahmen gezeigt hat. Als Anfang des Jahres 2000 in seinem SPD-Ortsverband auf der Jahreshauptversammlung Wahlen zum Distriktvorstand, zum

Kreis und für den Landesparteitag anstehen, bewirbt er sich wie knapp 20 andere Eppendorfer Parteimitglieder sogar um einen Parteiposten. Doch von höherer Stelle ist längst beschieden, dass ein Mensch wie Findeisen besser keine Funktionen in der SPD ausüben sollte. Mit einem Schreiben vom 3. Februar 2000 an den Distriktsvorsitzenden **Martin Schütz** weist der Vorsitzende der ASG Hamburg, **Dr. Lutz Hoffmann,** darauf hin, dass Maik Findeisen „durch Leserbriefe zu gesundheitspolitischen Themen in allen möglichen Zeitungen aufgefallen" sei: „Seine Stellungnahmen entsprechen fast niemals der politischen Linie, die durch den Landesvorstand oder die SPD-Bürgerschaftsfraktion festgelegt werden." Ein unbequemer Genosse also, der vorher fragen soll, bevor er seine Meinung kundtut. „Man muss sicherlich die Größe haben, mit solchen Mitgliedern zu leben, aber man muss auch wissen, mit wem man es wirklich zu tun hat", schreibt der Barmbeker Krankenhausdirektor. „Vielleicht helfen Euch meine Informationen." Von dem Brief, der auch auf einer ASG-Sitzung verlesen wird, erfährt das ASG-Mitglied Findeisen von einem anderen ASG-Mitglied. Ebenso, dass er sich mit seinen Leserbriefen zurückhalten solle. „Meine öffentlichen Äußerungen würden den Parteioberen nicht gefallen. Von da an war mir klar, dass ich in dieser Partei nicht erwünscht bin", so Findeisen. Zur Wahl tritt er nicht mehr an, die Mitgliedsbeiträge spart er sich. Ein paar Monate später schließt ihn die Partei aus. Trotzdem will sich Findeisen weiterhin politisch engagieren, wenn auch nicht in der Partei namens SPD.

Auch seine Mutter hat mit den Hamburger Verhältnissen Bekanntschaft gemacht. Maik Findeisen: „Als meine Mutter 1990 an Leukämie erkrankte, wurde sie im Allgemeinen Krankenhaus Altona zum Studienobjekt im Rahmen der Erprobung neuer Krebstherapien. Unsere Familie hat von den Versuchen erst erfahren, als unsere Mutter schon tot war." Als die Familie Findeisen nach dem Tod Einblick in die Krankenakte von **Ingeborg Findeisen,** die die Nummer Neun in der bundesweiten Testreihe trägt, nehmen wollte, habe das Krankenhaus Altona zunächst erst einmal eine Mark pro Kopie aus der Akte verlangt. „Wir dachten, wir lesen nicht richtig. Den Eintragungen in der Krankenakte ist unter anderem zu entnehmen, dass ein **Professor Büchner** von der Uni Münster als Studienleiter telefonische Hinweise zum Medikamenteneinsatz bei meiner Mutter gab, obwohl er sie nie gesehen hat. Und keiner aus der Familie ist über die Testreihe an unserer Mutter informiert worden." Die „wenig optimistischen Ergebnisse"[8] der Studienreihe halfen Ingeborg Findeisen nicht. Im Gegenteil: „Für den von der Behörde beauftragten Gutachter galt es jedoch als ‚fast sicher‘, dass die bei der Kranken auftretenden Infekte zu einem großen Teil‘ auf die bei dem Test verabreichten Mittel zurückzuführen waren. Nach zwei Monaten Qual starb Ingeborg Findeisen am 29. Juli 1990 im AK Altona."[9]

Das alles erinnert stark an den Hamburger Strahlenskandal: Medizinversuche an Patienten, die nicht mal um ihr Einverständnis gefragt werden. Kein Wunder, dass Maik Findeisen versucht herauszufinden, was damals tatsächlich in den Räumen des AK Altona mit seiner Mutter passierte. So lässt er seine Rechercheergebnisse vom Hamburgischen Datenschutzbeauftragten überprüfen. Daraufhin muss der damalige Ärztliche Direktor des AK Altona, **Professor Oswald Müller-Plathe**, einen krassen Verstoß gegen das Bundesdatenschutzgesetz eingestehen. In einem Schreiben vom 17. Oktober 1994 teilt Müller-Plathe dem Hamburgischen Datenschutzbeauftragten mit, dass die Mitarbeiter des AK Altona in dem Studienfall Ingeborg Findeisen bedauerlicherweise nicht die Anforderungen des Bundesdatenschutzgesetzes berücksichtigt haben. Konkret hat das AK Altona personenbezogene Daten von Ingeborg Findeisen ohne ihr schriftliches Einverständnis an den Leiter der Studie, **Professor Büchner** in Münster, übermittelt.

Unmittelbar darauf verklagt die Behörde für Arbeit, Gesundheit und Soziales Maik Findeisen und verpasst ihm per Gericht einen Maulkorb. Bei Androhung eines Ordnungsgeldes in Höhe von bis zu 500.000 Mark solle er die Behauptung unterlassen, dass seine Mutter „nicht ordnungsgemäß in ihre Teilnahme an der multizentrischen klinischen Studie über Chemotherapie und Immunotherapie zur Remissionserhaltung bei akuter myeloischer Leukämie des Erwachsenen eingewilligt habe." Allerdings hat Ingeborg Findeisen der Familie nie mitgeteilt, dass sie im Kampf gegen den Blutkrebs als Versuchspatientin diene. In der Krankenakte ist zwar angekreuzt, dass sie darüber informiert worden sei und mündlich eingewilligt hätte. Aber unterschrieben hat Ingeborg Findeisen nichts. Ferner ließ die SPD-geführte BAGS Maik Findeisen verbieten zu sagen, dass „für die Teilnehmer an dieser Studie der Abschluss einer Probandenversicherung gemäß § 40 Abs. 1 Nr.8 AMG[10] erforderlich, für seine Mutter aber nicht abgeschlossen worden sei."[11] So eine Versicherung dient der Absicherung eventuell auftretender Folgeschäden, die durch eine Versuchsreihe entstehen. Auf eine kleine schriftliche Anfrage der Hamburger Grünen zur Studienbehandlung von Ingeborg Findeisen im AK Altona antwortet der Hamburger Senat am 24. Februar 1995, dass die Patientin zwar an einer Therapieoptimierungsstudie teilgenommen habe, hierfür aber keine Probandenversicherung abgeschlossen werden müsse. Zwei Jahre später bestätigt das Bundesgesundheitsministerium, dass der Sohn der verstorbenen Ingeborg Findeisen sehr wohl im Recht war. Aus einem Schreiben des Bundesgesundheitsministeriums vom 6. November 1997 an die Landesgesundheitsbehörden (Az.: 112-5113-03 § 40): „In der Konsequenz führt der weite Begriff der klinischen Prüfung damit bei den Therapieoptimierungsstudien regelmäßig zu dem Ergebnis, dass für alle in eine Studie einbezogenen Patienten eine Probandenversicherung nach § 40 Abs. 3 AMG abgeschlossen werden muss." Für Ingeborg Findeisen hatte das AK Altona keine Probandenversicherung abgeschlossen. Gesundheitssenator damals: der heutige Bürgermeister **Ortwin Runde** (SPD).

Bis zum heutigen Tage hat die BAGS das Schreiben des Bundesgesundheitsministeriums vom 6. November 1997 in dem Fall von Ingeborg Findeisen ignoriert. Der Fall wurde nicht noch einmal überprüft.

Erläuterungen zu den Fußnoten ab Seite 285

Das Möchte-gern-Mitglied

Warum der Kaufmann und Immobilien-Besitzer Claus Becker das Bundesverfassungsgericht anrief, um in die Hamburger SPD einzutreten

Es war ein Strategiepapier notwendig. Ging es doch um die Existenz der Hamburger Sozialdemokratie. Die Mitglieder liefen in Scharen davon – oder starben einfach weg. Die Neueintritte, damals Ende 1995, konnten den Schwund nicht wettmachen. Mit der Kampagne „Ja, rot steht dir gut"[1], wollte die SPD neue Mitglieder gewinnen. Am Arbeitsplatz, im Freundeskreis, einfach überall sollten die Genossen auf Werbetour gehen. Und gerade ihre Parlamentarier wollte die SPD „als besonders wichtige WerberInnen"[2] in die Pflicht nehmen.

Peter Kämmerer hatte das schon 1993 getan. Der damalige SPD-Bürgerschaftsabgeordnete hatte den „Kaufmann, Segler und Museumsbesitzer **Claus Peter Becker**" geworben, wie er dem damaligen Landesvorsitzenden seiner Partei, **Helmut Frahm,** schrieb. Das neue Mitglied „wird sicherlich dazu beitragen", war sich Kämmerer sicher, „eine frische Brise in die SPD zu bringen".[3] Die hatte Becker sich auch für den Hamburger Kiez vorgenommen, nachdem er 1987/1988 mehrere heruntergekommene Häuser am Hans-Albers-Platz, der Erich- und Bernhard-Nocht-Straße gekauft hatte, um sie zu sanieren. Der Schiffahrts-Kaufmann, der zuvor eigentlich nichts mit Immobilien zu tun gehabt hatte, eröffnete in St. Pauli das Erotic-Art-Museum, ein Ort der Lust und Freude – und vor allen Dingen ein subventionsfreier Ort. Kultur Marke Eigeninitiative. Für Becker lag es nahe, in die SPD einzutreten, als er von Kämmerer gefragt wurde. „Ich forderte Veränderungen für St. Pauli und Kämmerer sagte, dann musst du dich in der Partei engagieren", sagt der heute 52-jährige Becker. „So kam es, dass ich den Mitgliedsantrag unterschrieb." Viele Genossen hatten sich in der Interessengemeinschaft St. Pauli gefunden – um den ärmsten und von der Politik oft vergessenen und sich selbst überlassenen Stadtteil voranzubringen. Sicher auch, um Einfluss auf Entscheidungen zu nehmen, mit denen sich gut Geld verdienen ließe. Ohne die Interessengemeinschaft und ihren finanzschwersten Gönner **Willi Bartels** geht heute auf St. Pauli politisch nichts. Auch wenn ihm das damals viele nicht geglaubt, ihm Spekulation und Yuppisierung unterstellt hatten, sagt Becker, er wollte dem Stadtteil etwas Gutes tun. Die Genossen vor Ort glaubten es ihm offensichtlich nicht. Oder war es nur die Angst vor einer Unterwanderung mit der Folge, die Hausmacht im Distrikt St. Pauli zu verlieren? Interner Distrikt-Zoff führte schon einmal zu einem absurden Ergebnis. Weil sich die Genossen untereinander nicht grün waren, wurde der Distrikt Heiligengeistfeld gegründet. Bundesweit einmalig ist, dass in diesem Distrikt kein einziger Mensch wohnt. Lediglich die Dom-Schausteller kommen dreimal im Jahr, um an der Glacischaussee ihre Buden und Fahrgeschäfte aufzustellen. Und sie sind es auch, die in diesem merkwürdigen Distrikt, der von **Kurt Schubert,** dem ehemaligen Beizirksabgeordneten in Mitte und Mitglied der Interessengemeinschaft St. Pauli, geleitet wird, Mitglied sind. Aber zurück zu Claus Becker. Der ist heute drauf und dran, die Hansestadt zu verlassen und seine Immobilien zu verkaufen. Schuld daran sei die SPD, sagt Becker, die „die Stadt in einer Art schlauen Beugehaft" halte. Nein, Claus Becker ist nicht wegen solcher Anfeindungen aus der SPD ausgeschlossen worden. Er wurde, trotz seines prominenten Werbers, gar nicht erst aufgenommen. Die SPD Hamburg-Mitte[4] teilte ihm mit, dass man seine Mitgliedschaft ablehne. „Nicht mehr als ein Einzeiler", sagt Becker. Besonders ärgerte ihn, dass die Sozis im Bezirk Mitte mit ihrer Ablehnung so lange warteten, bis „ich der Drogenberatungsstelle ‚Stay Alive' die Zukunft in einem meiner Häuser gesichert hatte". Claus Becker legte Widerspruch gegen seine Nichtaufnahme in den Verein mit Namen Sozialdemokratie ein. Die SPD-Mitte, deren Kreisvorsitzender damals der ehemalige Bau- und Wirtschaftssenator **Volker Lange** war, verstieß Becker erneut. Die nächste Runde ging an den Landesvorstand – doch auch der, es war kaum anders zu erwarten, lehnte Becker ein paar Monate später als Mitglied ab – „endgültig", wie die SPD schrieb.[5]

„Es zeugt von einem merkwürdigen Demokratieverständnis, wenn eine Partei etwas intern für endgültig erklärt", meint Becker. „Selbst bei Mord hätte ich meine bürgerlichen Rechte irgendwann wieder. Als Deutscher habe ich so meine Probleme mit Worten, die mit ‚end' beginnen." Becker rief das Gericht an. Noch immer hatte sich die SPD nicht einmal genötigt gesehen, eine Begründung für die Ablehnung des Möchte-gern-Mitglieds Becker zu geben. Nach Paragraf 10 des Parteiengesetzes entscheiden die zuständigen Organe nach näherer Beratung über die Aufnahme von Mitgliedern – einen Beitrittsanspruch gibt es nicht; nicht einmal den Anspruch auf eine Begründung für die Ablehnung der Mitgliedschaft. Allerdings dürfe die Partei nur Mitglieder von sich fernhalten, die die einheitliche politische Linie stören. Willkürlich dürfe eine Mitgliedschaft nicht abgelehnt werden[6], es besteht eine Verpflichtung zur sachgerechten Entscheidung.[7] Andererseits müssten Parteien die Möglichkeit haben, sich gegen Unterwanderung sowie gegen parteischädigende Einflüsse wirksam zu schützen.[8] Doch die Anwälte von Claus Becker argumentierten, dass „das Demokratieverständnis unterlaufen" wäre, „wenn einerseits den Parteien eine überragende Rolle in der parlamentarischen Demokratie nach Artikel 21 des Grundgesetzes zugewiesen wird, andererseits die Parteien Mitglieder beliebig ohne Begründung zurückweisen könnten."[9] Wenn keine Gründe für die Ablehnung eines Parteimitglieds geliefert werden, so Beckers Anwalt, „können offensichtlich keine Gründe gegeben sein". Hinzu kam etwas Bedeutsameres: Der damalige Landesvorsitzende Helmut Frahm soll Becker angeboten haben, sich in einem anderen Distrikt als Mitglied anzumelden. Für Beckers Anwalt war damit die Ablehnung seines Mandanten „um so unverständlicher und um so rechtswidriger". Um es abzukürzen: Claus Becker bekam weder vor dem Landgericht Hamburg noch vor dem Hanseatischen Oberlandesgericht Recht und durfte kein Mitglied der Sozialdemokratischen Partei Deutschlands werden. Auch das von Becker angerufene Bundesverfassungsgericht befasste sich zwar mit dem Fall – eine Entscheidung zu Gunsten Beckers erfolgte aber nicht.

Für Becker, der bereits als 20-Jähriger auf St. Pauli gelebt hat, ist das Verhalten noch immer unverständlich, bestätigt aber seinen heutigen Argwohn gegen die rote Regierungspartei. „Die Parteien haben eine Monopolstellung in Sachen politischer Betätigung", sagt Becker. „Und sie missbrauchen dieses Monopol weiter, indem sie ohne Begründung Menschen den Zutritt zu politischer Arbeit verweigern." Für Becker sitzen die Drahtzieher seiner verweigerten Parteimitgliedschaft auf St. Pauli – besser im gleichnamigen Distrikt. Seit Jahren, besser Jahrzehnten, haben **Ingo** und **Grete Kleist** die politische Macht im Rotlichtbezirk – zumindest was die SPD betrifft. Ingo Kleist ist mächtiger Vertreter der riesigen Heerschar der Kleingärtner und sitzt in der Bürgerschaft. Grete Kleist ist sozialdemokratisches Urgestein in der Bezirksversammlung Mitte. Zum Thema Becker sagen die beiden nichts, wie immer: „Dazu haben wir uns noch nie geäußert und dabei wollen wir es auch belassen", so Ingo Kleist auf Nachfrage. Über Grete Kleist wird erzählt, dass sie bei Neueintritten schon mal Hausbesuche abstattet, um zu sehen, ob der oder die Neue auch zum Club SPD passt. Claus Becker kennt das in ähnlicher Form, sagt er. „Frau Kleist ist in Häusern von mir klingeln gegangen und hat gefragt: ‚Haben Sie Ärger mit Herrn Becker?' „Blödsinn", sagt Ingo Kleist. „Bei uns haben sich Mieter über Herrn Becker beschwert und meine Frau hat sich das angehört."

Was die Mieter Gretel Kleist erzählt haben, wissen wir nicht. Dafür aber, dass Claus Becker um so mehr Ärger mit den Behörden dieser Stadt, im Besonderen mit dem Bezirksamt Mitte in der Folge hatte. „Der Investor muss uns überwinden. So denken die Behörden", meint Becker. „Die verstehen sich als Blockade." Es könnte nicht völlig abwegig sein, sieht man sich an, was drei Mitarbeiter des Wirtschafts- und Ordnungsamtes im Januar 1996 mit dem Taxi vorbeibrachten: eine Schließungsverfügung für Beckers Bar und Restaurant Erich an der Erichstraße. Die Behörde hatte die „Sofortige Vollziehung" der Schließung angeordnet – soll heißen, das Erich wurde versiegelt. Die Behörde rügte unter anderem nicht frei begehbare Rettungswege und eine fehlende feuerhemmende Tür. Die Sofortige Vollziehung der Schließungsverfügung wurde dann mit einer Lärmbeschwerde während einer Buddy-Holly-Feier begründet. Zwei Tage später hob das Verwaltungsgericht die Behörden-Verfügung wieder auf.[10] Zu offensichtlich war die Rechtswidrigkeit dieser Anordnung aus dem SPD-geführten Bezirksamt Mitte. Zum einen hatte Becker schon zwei Tage, bevor die Behörde die sofortige Schließung des „Erichs" verfügte, alle Mängel beseitigen lassen. Die Anordnung der „Sofortigen Vollziehung" der Schließung hielten die Richter jedenfalls für rechtswidrig, da die „Verfügung keinerlei Ermessenserwägungen für eine Schließung aus diesem Grund", also einer einmaligen Lärmbelästigung, enthalte.

„Hamburg ist die beste Stadt", sagt Becker, „aber bitte keine Behördentermine." Denn das, was er mit der Schließungsverfügung erlebt habe, sei kein Einzelfall. Liest man die Akten, wird man den Eindruck nicht los, dass man bei Becker das Haar in der Suppe suchte, während man bei seinen Nachbarn mehr als zwei Augen zudrückte. Die Gründe dafür, so muss ebenfalls vermutet werden, sind politischer Natur. Becker ist nie müde geworden, die Stadt für ihre Taten, besser ihre Versäumnisse, zu kritisieren. Beispielsweise in Sachen Hans-Albers-Platz. Da Becker einen Teil seiner Häuser an diesem unwirtlichen Platz stehen hat, hat er ein Interesse daran, dass hier etwas Positives passiert. Die Stadt hat es mehrfach versprochen – und immer wieder gebrochen. Schon 1987 schrieb Bürgermeister **Klaus von Dohnanyi**[11] dem Künstler **Professor Jörg Immendorff,** dem Erschaffer des Hans-Albers-Denkmals, dass er den Bausenator gebeten habe, „auch außergewöhnliche Finanzierungsmöglichkeiten auszuschöpfen und damit die Umgestaltung des Platzes in 1988 zu ermöglichen." Und Dohnanyi erbat bei Immendorff Verständnis dafür, „dass wir Künstler in der Politik' nicht immer über einen unseren Aufgaben angemessenen, künstlerischen Spielraum' verfügen." Immendorff hatte 1986 mit der Stadt vereinbart, dass sie den Platz herrichtet – im Gegenzug stiftete der Künstler das Hans-Albers-Denkmal, das im September 1986 von Bürgermeister von Dohnanyi eingeweiht wurde. Der Platz – er sieht bis heute unschön aus. Im September 1989 erinnerte Immendorff Bürgermeister Dr. Henning Voscherau an das Versprechen der Stadt. Vergeblich. Er bekam von der Senatskanzlei die Antwort, dass man nur „in mittelfristigen Zeiträumen zu einer Neugestaltung des Hans-Albers-Platzes" in „Verbindung mit der Neugestaltung des Bereiches Spielbudenplatz/Reeperbahn"[12] kommen könne. Nun, auch der Spielbudenplatz ist bis heute eine hässliche Sandwüste. So viel zur Dauer von mittelfristigen Zeiträumen in der Politik.

Möglichst kurzfristig will Claus Becker nun Hamburg den Rücken kehren. Und das hängt mit einem Ermittlungsverfahren[13] zusammen, das gegen ihn wegen des Verdachts des Verstoßes gegen das Betäubungsmittelgesetz geführt wird. Dabei geht es nicht darum, dass Becker Drogen genommen haben soll, sondern dass er „eine Gelegenheit zum unbefugten Verbrauch, Erwerb oder zur unbefugten Abgabe von Betäubungsmitteln anderen verschafft oder gewährt" haben soll. Auf Deutsch: Weil Becker Konzessionsinhaber für die Diskothek „Lucky Strikes" ist und bei Gästen dieses Ladens bei einer Razzia Ecstasy-Pillen gefunden wurden, soll Becker juristisch den Kopf hin halten – sogar seine Privatwohnung, in der er seine inzwischen verstorbene kranke Frau pflegte, wurde durchsucht. „Wir haben immer mit der Polizei kooperiert", ärgert sich Becker, „uns beraten lassen, was wir gegen Drogen tun können. Wir haben eine Videoüberwachungsanlage einbauen lassen, wir haben Türsteher, kooperieren mit Zivilfahndern. Mehr kann der Betreiber eines Lokals nicht tun." Für den Rechtsanwalt und FDP-Rechtsexperten **Burkhardt Müller-Sönksen** ist dann auch die Begründung für das Ermittlungsverfahren gegen Becker verwunderlich. Mit der gleichen Begründung müsse man dann auch gegen die Justizsenatorin **Lore-Maria Peschel-Gutzeit** (SPD) ermitteln, die für den Knast Santa Fu zuständig ist: „Hier sind allerdings keine Durchsuchungen notwendig. Der Drogenkonsum in Santa Fu ist in zahlreichen Bürgerschaftsdrucksachen hinlänglich beschrieben."[14] Obwohl die Akte „null Gründe" für ein Verfahren hergibt, so Becker, wird sie nicht zugeklappt. „Es gab gar keine Rechtsgrundlage, meine Privawohnung zu durchsuchen. Ich habe persönlich noch nie etwas mit Drogen zu tun gehabt. Das Verfahren ist völlig konstruiert." Und selbst in diesem Fall will er nicht ausschließen, dass die Sozialdemokraten etwas damit zu tun haben könnten." „Ich wurde schon einmal vom Bundeskriminalamt angesprochen, weil die einen Tipp auf meine Person bekommen hatten – völlig grundlos. Ich bin inzwischen der Meinung, dass die SPD nicht davor zurückschreckt, die Polizei zu instrumentalisieren."

Fast zehn Jahre nach seinem Versuch in die SPD einzutreten, ist Becker nicht wirklich traurig, dass es nicht geklappt hat: „Ich halte diese Stadt für nicht reformierbar", stellt er resignierend fest. „Es ging mir nie so sehr um die Mitgliedschaft als um die Veränderungen für den Stadtteil. Ohne diese Veränderungen schiebt sich die Stadt ins Abseits. Regionen wie Berlin oder das Ruhrgebiet sind längst in der Zukunft angekommen. Aber für das klitzekleine St. Pauli werden alle Chancen verspielt. Der Stadtteil wird behandelt wie ein ungeliebter Kleingarten."

Erläuterungen zu den Fußnoten ab Seite 285

Frag mal Volker Lange

Wie der Ex-Senator seine Politkontakte nutzt, um Geld zu machen

„Da gab es Krabbenschüsseln, die hatte ich in meinem Leben noch nicht gesehen." **Werner Nielsen**[1] breitet die Arme aus und deutet den Umfang einer mittelschweren Eiche an. Obwohl er in seinem Leben schon einiges gesehen hat, wird ihm heute noch schwindelig, wenn er daran denkt. Schließlich musste er immer die Rechung bezahlen: „Das waren immer so zweieinhalbtausend Mark pro Frühstück." Und wer war dabei? „Na, ja zwei, drei Leute von uns, **Volker Lange** und ein potentieller Auftraggeber, zum Beispiel der Chef einer angesehenen Luftfahrtgesellschaft."

Wir befinden uns im Jahre 1992 und in diesem Moment in einem extra abgetrennten Raum in einem der besten Hotels der Stadt. Werner Nielsen hat Schwierigkeiten. Mit seinem guten dutzend Firmen von Gebäudereinigung bis Öltransport ist er in die Klemme geraten. Irgendwie läuft es nicht mehr so recht. Werner Nielsen braucht Inspiration: „Ich wusste damals nicht mehr so recht weiter. Es musste irgendetwas Neues passieren." Also hat er Heinz Brenner gefragt, den angesehenen und überaus erfolgreichen Erfinder und Macher des Rotherbaums. Eine Ikone der Stadt, die Rat weiß: „Frag mal Volker Lange."

Das hat er auch getan. Und schwupps sitzt er jetzt mit dem Luftfahrtmanager und seinem neuen Berater Volker Lange zum Geschäftsfrühstück im Atlantic an der Alster. Wenn er selbst angerufen hätte, wäre er wahrscheinlich an der Vorzimmerdame gescheitert. Was hätte er auch sagen sollen? Vielleicht: „Guten Tag, hier spricht Werner Nielsen, Gebäudereinigung und Ölentsorgung. Haben Sie nicht einen Auftrag für mich?" So war das alles viel einfacher. Und ziemlich beeindruckend. „Der Lange hat einfach zum Telefon gegriffen und hatte den Spitzenmanager sofort am Hörer. Zwei Tage später haben wir uns zum

Frühstück getroffen." Bei Räucherlachs und Carpaccio besprechen die Herren die Wirtschaft im allgemeinen, die Flugzeugwirtschaft im besonderen und dann noch, wie man Flugzeuge nach der Landung wieder sauber macht. Es fallen Zahlen, wie viele Flugzeuge der eine sauber machen lassen muss und welche Kapazitäten der andere schaffen kann. Flugzeugreinigung! Bei Werner Nielsen rattert der Kopfrechner. Das kann ein schönes Geschäft werden – die Rettung für seine Firmen? Unter Hanseaten verabschiedet man sich mit Handschlag und so endet auch dieses Frühstück der besonderen Art. Manchmal hat das was zu bedeuten.

Werner Nielsen ist baff. Heute noch. Dass man so Geschäfte macht mit den Großen der Stadt, hat er zwar immer mal wieder gehört. Aber wer glaubt schon solche Räuberpistolen: Du rufst den ehemaligen Bau-, Wirtschafts- und Innensenator an und der regelt das dann für dich. In Hamburg heißt dieser Wundermann Volker Lange. Der gestandene Sozialdemokrat betreibt Political Consulting – ein anrüchiges, aber einträgliches Geschäft.

Auch im Hafen lässt sich gutes Geld verdienen, meint Volker Lange und ruft im Auftrag von Werner Nielsen bei einem Hafenmanager an. So macht man das, wenn man Political Consultant ist: Man ruft an.

Wie der Luftfahrtmanager trifft sich auch der Hafenmanager gern mit fremden Menschen, wenn Volker Lange dabei ist. Werner Nielsen hat einfach verdammtes Glück. Eben noch fast pleite und jetzt schon potentieller Geschäftspartner der mächtigsten Männer der Hamburger Flug- und Hafenwirtschaft. Das alles verdankt er nur einem Mann, der Hamburger Inkarnation des Henry Ford: Während der Amerikaner erfand, wie man Arbeiter höchst erfolgreich an Maschinen zwingt, weiß sein Hamburger Pendant, wie man ebenso erfolgreich Hamburgs Spitzenmanager an den Tisch kriegt. Ist Volker Lange Gott?

Der Mann packt zu. Gleich am ersten Universitätstag lernt er seine spätere Frau Heidi kennen, zwei Jahre später sind sie verheiratet. 1967 tritt Volker Lange in die SPD ein und schon ein Jahr darauf ist er Kreisvorsitzender der Jungsozialisten im Kreis Mitte. Zwei Jahre danach Bezirksabgeordneter, 1971 jüngstes Mitglied der Hamburger Bürgerschaft, 1973 Vorstandsmitglied der SPD-Fraktion in der Bürgerschaft und 1976 mit 32 Jahren der jüngste Vorsitzende des gewichtigen Bauausschusses in der Geschichte der Hamburger Bürgerschaft, wo alle wichtigen Bauprojekte der Hansestadt verhandelt werden. Volker Lange ist ein Senkrechtstarter, einer, von dem in der SPD schon damals geredet wird: Aus dem wird noch mal was. Recht haben sie.

Im gleichen Jahr schlägt er den nächsten Novizen-Rekord: jüngster Schulleiter Hamburgs, nach Staatsexamen in Französisch und Sport. Privat mag es die Nachwuchshoffnung der Hamburger SPD für damalige Zeiten eher unsozialdemokratisch: In Lehmsahl-Mellingstedt, nur wenige Meter vom Golfclub Treudelberg, bewohnt er mit der Familie ein „riesiges Haus mit großzügiger Wohnhalle und viel Garten."[2] Fast alles selbst gemacht, betont er in Zeitungsinterviews, mit Freunden und dem Vater. Stolz zeigt sich Papa Lange auf rührenden Fotos der Boulevardpresse zwischen Töchterchen und Frau als Familienoberhaupt, das auch noch selber den Rasen mäht. Dumm nur, dass selbst der Familiensitz später Schlagzeilen machen wird. In fast direkter Nachbarschaft haben sich Volker Lange und **Alfons Pawelczyk** (SPD) – auch er lange Jahre Hamburger Senator – im vornehmen Lehmsahl von der Neuen Heimat ein Grundstück frei Haus liefern lassen. Zu speziellen Preisen, versteht sich. 77.371 Mark, so rechnete ein später eingesetzter Parlamentarischer Untersuchungsausschuss aus, hat die Familie Lange für das Edel-Grundstück weniger auf den Tisch gelegt als jede andere Hamburger Familie, die dort hätte bauen wollen: Statt 36,53 Mark wären dann die marktüblichen 105 Mark pro Quadratmeter Baugrund fällig geworden. Langes Ehefrau Heidi: „Nächtelang hat mein Mann die Zeichnungen nachgerechnet"[3], – ihr Mann hat eben schon in jungen Jahren gewusst, wie sich ein einflussreicher Hamburger Sozialdemokrat private Vergünstigungen zu Lasten der

Allgemeinheit sichert. Der spätere Daimler-Cheflobbyist Alfons Pawelczyk trieb es noch bunter: Sein Grundstück hätte nach offiziellem Schätzwert nicht 35,40 Mark, sondern 115,00 Mark pro Quadratmeter kosten müssen. Gesamtersparnis: 80.078 Mark.[4]

Die verdienten Märker investierte das junge Glück Volker und Heidi Lange schon vorher in einen „schnellen Hirsch", einen „Super-Toyota Celica Coupé".[5] Und damit auch jeder weiß, dass hier der baupolitische Sprecher der sozialdemokratischen Bürgerschaftsfraktion angebraust kommt, steht es vorn und hinten auch dran: HH-VL 1200. Politisch bezeichnet er sich nichtsdestotrotz als „gemäßigten Linken." Damit liegt er 1978, als Bürgermeister **Ulrich Klose** einen neuen Bausenator sucht, im Trend der Zeit und goldrichtig: Ulrich Klose wandelt sich auch gerade in einen „gemäßigten Linken" und stolpert folgerichtig 1981 in der Hamburger SPD über seine atomkritische Haltung in Sachen AKW Brokdorf. Volker Lange wird das Wort links zehn Jahre später bei seinem eigenen Rücktritt nur noch in Verwandtschaft mit bösen anderen Worten, aber nie mit sich selbst benutzen: Links sind die anderen, die Linken eben, die ihn mit einer „Diffamierungskampagne aus dem Amt getrieben haben." Aber bis dahin wird noch viel Gift in das norddeutsche Grundwasser fließen. Die Deutsche Demokratische Republik wird sich über 30 Millionen Mark freuen (von denen zunächst der Hamburger Senat nichts weiß, um so mehr aber das Devisenimperium des **Schalck-Golodkowski** in der DDR), und die Wilhelmsburger Bürger wundern sich über Arsen in ihren Haaren. Vor allem aber werden Beziehungen geschmiedet, viele hanseatische, gern auch länderübergreifende und manchmal sogar transkontinentale. Denn Beziehungen sind das Gleitmittel, mit dem sich auch die vornehmsten Hinterteile zwischen Elbe und Wolga gern verwöhnen lassen. Wenn es dafür echtes Geld gibt. Ulrich Klose ist 1978 auf dem Höhepunkt seiner Macht: Mit 51,5 Prozent hat die SPD die Bürgerschaftswahlen im Juni klar für sich entscheiden können. Der vorherige Koalitionspartner muss der Hamburger Politik nun als außerparlamentarische Opposition zusehen, denn die FDP ist wie so oft in der Hamburger

Geschichte an der Fünf-Prozent-Klausel gescheitert. Mit der Baubehörde, die Volker Lange von **Rolf Bialas** (FDP) übernommen hat, hat der jüngste Senator in Kloses Kabinett ein Schlüsselressort inne. Stadtentwicklung, Baupolitik, Wohnungen, Stadtreinigung: Die Baubehörde ist eine gewichtige Institution. Zum Amt gehören auch Aufsichtsratsfunktionen in der Saga, – dem mit heute mehr als 80.000 Wohnungen größtem Vermieter städtischer Wohnungen –, in der Wohnungsbaukreditanstalt, der Stadtentwicklungsgesellschaft und dem Flughafen. Es ist ein verantwortungsvolles Amt, das Ulrich Klose dem starken jungen Mann der Hamburger SPD anvertraut und das ihn aber bald überfordern wird.

1980 kommt trotzdem der nächste Karrieresprung. Volker Lange wird Vorsitzender des mächtigen SPD-Kreises Mitte, ist damit einer der sieben Hamburger Kreisfürsten und automatisch Mitglied des SPD-Landesvorstandes. Die innerparteiliche Macht ist jetzt fest gesichert, und Volker Lange führt eine Tradition ein, die bis auf eine halbjährige Interimszeit von **Günther Apel** bis heute ungebrochen ist: Der Bausenator der Stadt ist erstens Sozialdemokrat und zweitens auch irgendwann Chef der SPD Hamburg-Mitte. Heute heißt der Mann **Eugen Wagner**. Der nahm es mit der Genügsamkeit der eigenen vier Wände auch nicht so genau: Noch als Präses der Baubehörde wohnte Wagner zur Miete in einer vergünstigten Sozialwohnung in Finkenwerder. Erst als die Presse lästerte, überließ der Bausenator seine billige Wohnung bedürftigeren Menschen.[6] Doch während „Beton-Eugen", wie die Presse Wagner später immer wieder wegen seiner Politik klassifiziert, mit mittlerweile fast zwanzig Dienstjahren Sitzfleisch beweist, zeichnet sich sein Vorgänger als Kreisvorsitzender und Senator durch weit weniger Geschick aus: Klassenziel verfehlt, heißt es in der Analyse des „stern" kurz vor der Wahl im Juni 1982: „Für die erstarkte Mieterbewegung ist Lange das rote Tuch. Die Saga stolperte während seiner Amtszeit von einem Skandal zum anderen. Sein größter Flop: die von nahezu allen Experten (auch Umweltsenator **Curilla**) gescholtenen Baupläne auf der Billerhuder Insel. Sie bescherten der CDU ein willkommenes Wahlkampfthema. Ein rundum glückloser Mann, dieser Volker Lange. Gesamtnote: 5."[7]

Politik hat oft etwas mit Glück zu tun, häufiger aber noch mit Fleiß. Als die Bürgerschaft am 1. Februar 1984 den Parlamentarischen Untersuchungsausschuss (PUA) zur Überprüfung der Ablagerung von Industriemüll einsetzt, geht es um Schlamperei und Fahrlässigkeit in Volker Langes Baubehörde, die für den Betrieb und die Überwachung der Deponie Georgswerder zuständig ist – mit möglicherweise tödlichen Folgen: „So wurden auf Georgswerder von einzelnen Firmen Stoffe abgelagert, die, wie Parathion oder Dioxin, bei einer Freisetzung in die Biosphäre zu tausendfachen Krebsfällen, schweren Erkrankungen bis hin zum Tod führen würden."[8] **Egmont R. Koch,** Autor des Sachbuchs „Seveso ist überall", hatte die Behördenleitung schon im ersten Amtsjahr des neuen Senators auf mögliche Ablagerungen des hochtoxischen Sevesogiftes durch die Firma Boehringer auf der Staatsdeponie Georgswerder aufmerksam gemacht und eindringlich gewarnt. Als Baudirektor **Böhm** den Werksleiter von Boehringer, **Werner Krum,** nach dem tödlichen Gift fragt, wiegelt der noch nicht mal ab: „Ich kann nicht ausschließen, dass vorher auch in Hamburg TCDD[9]-haltige Abfälle eingelagert wurden." Unternommen hat die Baubehörde nichts. Auch bei einer ersten Dioxin-Messung 1979, als das dem tödlichen Sevesogift verwandte Octachlordibenzodioxin gemessen wird, reagiert die Baubehörde mit Achselzucken. Dabei war Seveso die erste große Umweltkatastrophe in Europa, die gerade mal drei Jahre vorher eindrücklich vor Augen geführt hatte, was passiert, wenn Profit mehr zählt als Schutz des menschlichen Lebensraums: 40 Familien mussten damals ihre vergifteten Häuser verlassen und 70.000 vergiftete Tiere getötet werden.

Selbst als Gesundheitssenator **Jan Ehlers** (SPD) einen weiteren Brief des Werkleiters Krum, in dem dieser im Anblick der Umweltkatastrophe in Seveso noch einmal auf mögliche frühere Ablagerungen seines Arbeitsgeber hinweist, an den zuständigen Senator Volker Lange weiterleitet, bleibt der untätig. Und das Gift, es schlummert auf der städtischen Deponie Georgswerder und sickert in Hamburgs Grundwasser, es vergiftet Hamburger Arbeiter.

Jahre später. Im Dezember 1983 meldet sich ein anonymer Mitarbeiter der Hamburger Umweltbehörde telefonisch bei der GAL-Bürgerschaftsfraktion und weist darauf hin, dass im Sickerwasser der Deponie Georgswerder das berüchtigte Seveso-Dioxin gemessen wurde. Er befürchte, so der unbekannte Anrufer, „dass die Messungen zur geheimen Kommandosache erklärt würden."[10] Die GAL macht den Skandal publik und dann kommt endlich heraus, auf was für einer tödlichen Giftbombe Hamburg gesessen hat, während Volker Lange untätig auf seinem Senatorensessel saß: „Ein Jahr später legte der Chemiker **Ralf Kilger** ein im Auftrag der Bürgerschaft gefertigtes Gutachten vor, in dem er die Dioxinmenge im Georgswerder Giftberg auf rund zehn Kilogramm schätzt – theoretisch reicht das aus, um die gesamte Weltbevölkerung auszurotten."[11] Die Behördenleitung hat, so man denn den Aussagen des Bausenators vor dem Parlamenarischen Untersuchungsausschuss glauben mag, noch nicht mal drüber geredet. Hamburgs CDU kommentiert das so: „Mit dem Eingeständnis von Volker Lange, dass die Deponie Georgswerder nicht einmal Gegenstand von Besprechungen der Behördenleitung gewesen sei, ist alles gesagt über die Effizienz und Qualität dieses Senators."[12] Unvergessen hat sich der „Qualitätssenator" damit bei den Wilhelmsburgern gemacht. Denn die Georgswerder Siele sind während seiner Amtszeit mit kontaminiertem Sickerwasser verschmutzt, die Wilhelmsburger selbst mit Deponieabgasen und Stäuben verpestet worden. Als man in den Wilhelmsburger Friseurstuben die abgeschnittenen Haare zusammenkehrte und untersuchte, fanden sich in den Haarspitzen beachtliche Konzentrationen von Edel- und Halbmetallen, nämlich überdurchschnittlich hohe Mengen an Arsen, Cadmium, Quecksilber und Blei. Und Langes ehemalige Angestellte bei der Stadtreinigung dürfen sich bei dem „Effizienzsenator" dafür bedanken, dass sie von ihren fiesen Krankheiten, die sie sich im Auftrag der Stadtreinigung zugezogen haben, erst ziemlich spät erfahren haben: „Eine Untersuchung der

Gesundheit der ehemaligen Deponiearbeiter wurde von Senator Lange nicht veranlasst. Er trägt somit Mitverantwortung für die späte Entdeckung der Erkrankungen (Chlorakne und Krebs) von Arbeitern der Stadtreinigung."[13] Für die dürfte Georgswerder heute noch nicht sein, was es für den Senator während seiner gesamten Amtszeit in der Baubehörde war: ein „abgeschlossenes Kapitel."[14]

Schließlich ist es bei diesem ersten schmutzigen Skandal des Volker Lange im sozialdemokratischen Gewurschtel der Hansestadt zu einem nicht gekommen – zu Konsequenzen, wie sie die GAL immer wieder vergeblich gefordert hat: „All jene, die dies veranlassten oder durchführten, gehören weiterhin zum politischen Establishment dieser Stadt. Keine einzige echte Verurteilung trotz einer Vielzahl von Anzeigen. Keine einzige echte Schließung von Betrieben oder Fuhrunternehmen."[15] Die Politik hält die Reihen fest geschlossen, Volker Lange bleibt weiterhin Seit' an Seit' mit all den anderen Georgswerder-Verantwortlichen Senator der Stadt. Mit Müll und Gift kann man eben viel Geld verdienen und da machen alle gerne mit – auch die selige Deutsche Demokratische Republik (DDR).

Die Regierungszeit von **Klaus von Dohnanyi** ist geprägt von Skandalen, die ihren Niederschlag in zahlreichen Parlamentarischen Untersuchungsausschüssen fanden. Gleich neun hat die Amtszeit des adligen Bürgermeisters zu bieten – so viele wie nie zuvor in so wenigen Jahren und bisher auch nie danach. Dabei muss sich Kloses Nachfolger im Hamburger Rathaus für die meisten noch nicht einmal selbst die Schuld zuweisen. Einer seiner Senatoren ist allerdings ganz besonders oft dabei: der ins Wirtschaftsressort gewechselte Volker Lange. Nicht als Aufklärer oder Wächter der Demokratie – das sind gewiss nicht die Insignien eines Senators, der als „Tarzan mit viriler Halbglatze"[16] Schlagzeilen macht.

Auch die Bonner Staatsanwaltschaft muss sich mit Hamburger Wahrheiten herumschlagen, als sich die Hamburger **Gottfried Scholz**, damaliger Leiter des Amtes für Wohnungswesen in der Baubehörde, und sein ehemaliger Chef Volker Lange aufmachen, um vor dem Parlamentarischen Untersuchungsausschuss Neue Heimat in Bonn auszusagen. Die strittige Frage: War Senator Lange eingeweiht, als es darum ging, ob sich die Neue Heimat mit 350 Millionen Mark an der Bank für Gemeinwirtschaft beteiligen will? Scholz sagte ja – Lange nein. Der Außenstehende mag es als selbstverständlich erachten, dass sich der zuständige Senator mit einer Thematik beschäftigt, bei der es um eine derart große Beteiligungsverschiebung zwischen einer gewerkschaftlichen Immobiliengesellschaft und einer gewerkschaftlichen Bank geht. Lange nicht. Schließlich, so der CDU-Bundestagsabgeordnete **Heinz Günther Hüsch,** sei es „ein wesentlicher Punkt, ob die Beteiligung der Neuen Heimat an der Bank für Gemeinwirtschaft damals von der politischen Führung abgesegnet wurde und diese damit die Verantwortung übernahm oder ob das nur die Leitung eines Amtes, also nur der Verwaltungsbereich entschieden hat."[17] Man kann die Frage auch anders stellen: Hat der Senator seine politische Verantwortung nicht wahrgenommen und den Schwarzen Peter einem untergebenen Mitarbeiter zugeschoben? Oder: Hat er gewusst, dass die Transaktion nicht rechtmäßig war und es deshalb verschwiegen? So bleibt dem Bonner Untersuchungsausschuss nichts anderes übrig, als die Staatsanwaltschaft einzuschalten, die gegen Lange und Scholz wegen des Verdachts der falschen uneidlichen Aussage vor einem Parlamentarischen Untersuchungsausschuss ermittelte, um herauszufinden, wer von beiden die Parlamentarier angelogen hat. Zwei Jahre später stellen die Bonner Ermittler das Verfahren mit Zustimmung der Präsidentin des Deutschen Bundestages ein, „weil den Beschuldigten eine falsche uneidliche Aussage nicht nachzuweisen ist."

Als neuer Wirtschaftssenator repräsentiert der Mann mit den schnellen Autos die Hansestadt in allen Teilen der Welt. Ob China oder Russland, Tschecheslowakei oder Frankreich: Der Sport- und Französischlehrer mit dem roten Parteibuch ist viel unterwegs. Besonders oft verschlägt es ihn in den kommunistischen Teil des deutschen Vaterlandes, fast jährlich geht es zur Messe nach Leipzig. Auf die Frage der „Bild"-

Zeitung, ob er denn auch mit **Erich Honecker** verhandele, muss Lange passen: „Nein. Aber mit einem der maßgebenden Männer drüben: **Günter Mittag,** er ist Mitglied des Politbüros und Zentralkomitees der SED. Außerdem mit maßgeblichen Mitgliedern des Außenhandelsministeriums und mit vielen Generaldirektoren von DDR-Betrieben, die mit dem Handel und dem Hafen der Hansestadt zu tun haben."[18] Thematisch dreht es sich um ein Gebiet, auf dem der Chef-Lobbyist der Hamburger Wirtschaft seine Kompetenz schon unter Beweis gestellt hat: Müll, in diesem Fall Hafenschlick und Klärschlamm. Bis zu 700.000 Kubikmeter hanseatischen Elbgrunds sollen via Elbe in die DDR verschifft werden, damit die sozialistischen Brüder bei sich verbuddeln, was im Hamburger Hafen als untauglicher Dreck ausgebuddelt worden ist. Die DDR, bekannt dafür, mit der Umwelt fahrlässig umzugehen, als Mülltonne der Hanseaten: Ein Deal, der zu diesem Zeitpunkt längst Schule gemacht hat.

Denn ein anderer Vertrag ist bereits unterschrieben. Darin erklärt sich die DDR bereit, ihre berüchtigte Deponie Schönberg zum „realsozialistischen Giftberg" und „damit zur größten Hamburger Deponie zu machen."[19] 1,5 Millionen Tonnen Müll sollen über einen Zeitraum von zehn Jahren gegen 30 Millionen Westmark direkt hinter der Grenze aufeinander getürmt werden, keine zehn Kilometer von der Hansestadt Lübeck entfernt. Dort ruft die Deponie bis heute Empörung hervor, weil das Sickerwasser das Grundwasser und die Seen und Flüsse der Hansestadt bedroht. Der Vertrag ist ein Alleingang Langes am Senat vorbei. Erst am 5. Januar 1982 unterrichtet er den Hamburger Senat, dass ein Angebot der DDR vorläge, „auf das man eingehen wolle, ohne aber feste Lieferverpflichtungen einzugehen. Tatsächlich hatte sich die Stadt bereits im November 1981 über das Müllmaklerkontor HBK[20] auf zehn Jahre mit der neuen DDR-Müllkippe auf die Lieferung von 1,5 Millionen Tonnen Abfälle geeinigt. Und im Dezember schloss Hamburg den vom Ausschuss stark kritisierten Vertrag mit der Müllbeseitigungs-Firma CAT, auch auf zehn Jahre, die selbst wiederum feste jährliche Lieferverpflichtungen mit Schönberg hatte."[21]

Wer da nun mit wem was gegen wieviel Geld ausgehandelt hat, wird wohl eines der vielen Geheimnisse zwischen hanseatischem Himmel und sozialistischer Scholle bleiben. Sicherlich weiß der schweigsame DDR-Devisenstar Schalck-Golodkowski mehr. Beteiligt sind allerdings einige der wichtigsten und renommiertesten Köpfe der Hamburger Sozialdemokratie der 70er und 80er Jahre.

Zum Beispiel der Bruder des angesehenen Soziologen **Ralf Dahrendorf**, der ehemalige Hamburger Justizsenator **Frank Dahrendorf**, der auch schon seine Erfahrungen mit Müll und Gift gemacht hat. Dahrendorf war im Zuge des Giftskandals Stoltzenberg als Justizsenator zurücktreten, weil er als Staatsrat in der Innenbehörde einen Brief abgezeichnet hatte, der die ehemalige Munitions- und Giftgasfabrik als ungefährlich eingestuft hatte. Tatsächlich wurden auf dem Gelände 500 Tonnen Gift- und Explosivstoffe gefunden. Acht Jahre später starb der achtjährige **Oliver Ludwig** beim Spielen mit Sprengstoff auf dem ungesicherten Gelände. Die Ironie der Geschichte ließ den Vater wegen Verletzung der Fürsorgepflicht vor Gericht stehen, während Dahrendorf, der den Medien als Bauernopfer anstelle eines Rücktritts Ulrich Kloses galt und später vom Untersuchungsausschuss der Hamburger Bürgerschaft voll rehabilitiert wurde, als Chef der Berliner Innenbehörde eine zweite Chance als Senator bekam. Jahre später setzt er seine Anwaltstätigkeit in der Kanzlei des **Gerd Weiland** (SPD) fort, der als Vorsitzender des Haushaltsausschusses die Finanzen der Stadt Hamburg kontrollieren soll. Das hindert die Parteigenossen und Rechtsanwälte aber nicht daran, mit den Parteigenossen, die die Interessen der Stadt Hamburg vertreten sollen, jede Menge Geschäfte zu machen. In Sachen Schönberg liest sich das dann so: „Abgeordneter Frank Dahrendorf weist darauf hin, dass er in Angelegenheiten der Deponie Schönberg (DDR) die DDR anwaltlich vertrete."[22] Und Kollege Weiland ergänzt, dass „ein Mitglied meines Anwaltsbüros die Firma Hanseatisches Baukontor vertritt."[23] Praktisch könnte es dann so ausgesehen haben: Der Bausenator Volker Lange (SPD) fädelt das Müllgeschäft mit der DDR ein. Die wird durch Ex-Senator Frank

Dahrendorf (SPD) im Anwaltsbüro Weiland vertreten. Als Makler bietet sich das Hanseatische Baustoffkontor an, das sich ebenfalls von der Rechtsanwaltskanzlei des Gerd Weiland (SPD) beraten lässt. Ergo: Volker Lange gibt den Müll und das Geld aus dem Hamburger Staatssäckel, der durch den Haushaltsausschussvorsitzenden Gerd Weiland kontrolliert wird.

Als die Mülldeals dann ins Licht der Öffentlichkeit geraten, weil ein aufrechter Sozialdemokrat, der bei der Stadtreinigung arbeitet, die undurchsichtigen Geschäfte nicht mehr decken will, geht der SPD-Abgeordnete Weiland auch noch in den Parlamentarischen Untersuchungsausschuss und untersucht sich sozusagen selbst. Damit ist er immer bestens informiert, wenn es um Anschuldigungen gegen die von seiner Anwaltskanzlei vertretenen Mandanten geht. Soll er allerdings über deren dubiose Geschäfte erzählen, beruft er sich wie Frank Dahrendorf auf die anwaltliche Schweigepflicht und das „Zeugnisverweigerungsrecht." Auftragserteilung, Auftragsdurchführung und Kontrolle des Auftrages – alles aus einer Hand wie damals in der DDR. Lediglich ein Buchstabe ist ausgetauscht: SPD statt SED. Während in der SED die Diktatur der Arbeiterklasse trotz aller Fehlleistungen oft ernst genommen wurde, handeln die hier beteiligten Spitzenfunktionäre der arbeitnehmerorientierten Hamburger SPD gegen jegliches Interesse ihrer Klientel. Wichtig ist der Müllunternehmer. Denn der zahlt gut. Die Kanzlei Weiland, Dahrendorf und Partner dürfte für den vom Parteikollegen verantworteten Zehnjahresvertrag anständige Honorare kassiert haben: Auf 120 bis 150 Millionen schätzte **Joachim Goldbach,** der Kronzeuge im Parlamentarischen Untersuchungsausschuss zu Schönberg, das Finanzvolumen des zehnjährigen Müllvertrages zwischen Hansestadt Hamburg und Hanseatischem Baukontor. Wieviel mag die sozialdemokratische Anwaltssozietät daran verdient haben? 5000, 50.000, 500.000 oder gar fünf Millionen Mark? Heute ist aus dem realsozialistischen Giftberg Schönberg längst eine tödliche Zeitbombe mit Langzeitwirkung geworden. Und so können sich auch die Lübecker, Schönberger und Travemünder Bürger bei Herrn Lange, von CDU-Fraktionschef **Hartmut Perschau** als „Schlüsselfigur im Müllskandal"[24] bezeichnet, und seinen Geschäftspartnern für ihre umsichtige Gesundheitsfürsorge bedanken. „Alle Wasserwerke rund um Schönberg, Travemünde, Lübeck-Kücknitz und Priwall sind geschlossen worden. Arsen ist in erheblichen Mengen im Wasser", erzählt **Günther Wosnitza**. Der Lübecker kämpft seit Jahrzehnten gegen die Giftkippe, bisher vergeblich: „Die Rate liegt bei einigen Krebserkrankungen weit über dem Bundesdurchschnitt. Auch die Stadt Lübeck muss sich jetzt neue Wasserquellen erschließen. Wovor alle Fachleute immer gewarnt haben, ist eingetreten: Der über hundert Meter hohe Giftberg drückt auf die Kiesschicht und verseucht über das Grundwasser einen kompletten Landstrich."

Danke, Hamburg, danke.

Als der Wirtschaftssenator am 1. Juli 1985 zum 40. Geburtstag seiner Frau Heidi ins vornehme Lehmsahl-Mellingstedt einlädt, trifft sich Hamburgs rechte SPD-Clique im Großen und im Kleinen. Besonderes Merkmal der Herren: Mit Hilfe der Kontakte aus der Hamburger SPD Karriere in der Freien und Staats-Wirtschaft machen. Zum Beispiel der damalige Zweite Bürgermeister und Hamburg-Senator beim Bund, Langes Nachbar Alfons Pawelczyk. Er ist einer der Erfolgreichsten der Geburtstagsgesellschaft. Als späterer Chef-Lobbyist des Mercedes Benz-Konzerns sorgte der Oberst außer Dienst für reibungslose Kontakte des Rüstungskonzerns zum Bundesverteidigungsministerium in Bonn: „Damit die Botschaft ankommt, hält sich der Daimler-Konzern für Union, SPD und FDP eigene Werber. Ehemalige Militärs pflegen Kontakt zu alten Hardthöhen-Kameraden. Chef der Bonner Lobby-Truppe ist der einst als Wehrexperte der SPD geschätzte Hamburger Ex-Senator Alfons Pawelczyk. Fürsorgliche Resonanz findet die Lobby in der überfraktionellen ‚Parlamentsgruppe Luft- und Raumfahrt', die sich gern auf Werksbesichtigungen umsorgen lässt. Das System funktionierte über die Jahre zuverlässig."[25] Wie gut Pawelczyk tatsächlich war, schrieb die „Wirtschaftswoche" 1996: „Auf gute Lobbyarbeit müssen auch Unternehmen achten, die stark vom Bundesetat profitieren – ob nun als Auftragnehmer der öffentlichen Hand oder als Subventions-empfänger. Gleich vorneweg fährt Daimler-Benz mit seinem Chef-Lobbyisten Alfons Pawelczyk. Der frühere SPD-Innensenator aus Hamburg zählt mit einem geschätzten Einkommen von über einer hal-ben Million Mark im Jahr zu den Spitzenverdienern seiner Branche. Die Bilanz des Ex-Politikers, der schon mal im Mercedes 600 zu Terminen fährt, kann sich sehen lassen. In den Haushalten des Verteidigungs-, des Wirtschafts- und des Forschungsministeriums ist Daimler Benz seit Jahren Spitzenreiter, und die Wechselkursabsicherungen des Airbus' belastete die Steuerzahler mit mehr als einer Milliarde Mark."[26]

Der Chef der Hamburg-Messe, **Paul Busse,** hat es da zu weniger gebracht. Aber immerhin: Als ehemaliger SPD-Fraktionsgeschäfts-führer hatte er sich anscheinend hinreichend für den gut dotierten Managerjob bei der städtischen Gesellschaft qualifiziert. Wie **Ulrich Hartmann,** der ehemalige Vorsitzende der SPD-Bürgerschaftsfraktion. Also fand sich für Hartmann ebenfalls ein Job, der nicht zu verachten ist: Chef der Hamburger Gaswerke. Busses damaligen Kollegen bei der Messe, **Franz Zeithammer,** holte seine Vergangenheit als Geschäfts-führer der Hamburg-Messe Anfang 1999 wieder ein. Da stellte die CDU dem Senat unbequeme Fragen nach Aufträgen, die die Messe an die Firma Garbe und Partner vergeben hatte, deren Geschäftsführer zeitweilig Zeithammers Sohn war. Für Zeithammer war die Sache im April 1999 besonders ärgerlich, da er sich zu dem Zeitpunkt bereits vor dem saarländischen Landtag einem Untersuchungsausschuss stel-len musste. Der Vorwurf: Als Geschäftsführer der Congress Centrum Saar habe Zeithammer überhöhte Ausgaben, kostspielige Auslands-reisen und unberechtigte Verfügungen über Finanzmittel getätigt.[27] Eine illustre Geburtstagsrunde also, komplettiert durch die Schausteller vom Dom. Die liefern der Frau ihres SPD-Kreischefs in Mitte ein besonderes Geschenk und spielen mit ihrem Jahrmarkt-Orchester zur Erheiterung der Gäste auf. Viele der Schausteller sind in einem der ungewöhnlichsten Ortsvereine vertreten, den die deutsche SPD zu bie-ten hat: dem Distrikt Heiligengeistfeld, der keine Anwohner zu bieten hat, da das Heiligengeistfeld bis heute eine reine Brachfläche und kein Wohnquartier ist.

Gar nicht nach der Formel „Wes' Brot ich ess, des' Lied ich sing", verhält sich allerdings der vierbeinige Gast des lustigen Sommerfestes: Airdale-Terrier Ixi hat sich die Fleischplatte als Leckerbissen ausgesucht. Als Hausherr Lange den Familienhund verscheuchen will, ließ Ixi seinem Zorn auf Herrchen freien Lauf und beisst dem Wirtschaftssenator in die linke Hand. Erst die Tetanusspritze des herbeigerufenen Arztes kann Schlimmeres verhindern.

Inzwischen ist die Familie Lange auch auf ein besseres Autofabrikat umgestiegen. Als Volker Lange im Frühling 1986 ein paar Tage Urlaub im Salzkammergut in Österreich machen will, gerät „sein schmucker Wagen ausgerechnet auf dem Weg in eine Disco namens ‚Saustall' ins Schleudern, kam erst kurz vor dem Abgrund zum Stehen und handelte sich einige Kratzer ein. Statt die Sache an Ort und Stelle beheben zu lassen, ließ Lange aus Hamburg einen Dienst-Mercedes mit Chauffeur kommen. In seinem Urlaubsdomizil setzte er die österreichische Fahne auf Halbmast und hißte die hamburgische. Das sollen ihm Pensionsgäste übel genommen haben."[28] Eine Dienstfahrt nach Paris ein paar Monate später wird ihm in der Öffentlichkeit auch übel genommen. Gemeinsam mit seinem persönlichen Referenten **Wolfgang Rosebrock,** der spätere Partner in seinem Political Consulting-Büro, und dem Bürgermeister unternimmt der Wirtschaftssenator eine Dienstreise nach Paris. Anlass der hochkarätig besetzten Kommission, die auf Senatskosten an die Seine reist: Besichtigung der örtlichen Bedürfnisanstalten und Besuch der Firma Guve, die kurze Zeit vorher den Auftrag über die Hamburger Bushäuschen-Werbung an Land gezogen hat und später als Interessent für die Hamburger Außenwerbung im Gespräch ist. Da schadet es nichts, dass sich die Verhandlungspartner bereits gut kennen: „Lange, der mit **Jean-Francois Decaux,** dem Sohn des Guve-Firmengründers befreundet ist, bei ihm Ferien macht und mit ihm Tennis spielt, (...)."[29]

Nach nur anderthalb Jahren an der Spitze der Hamburger Innenbehörde nimmt der Langzeit-Senator mit den diversen Skandalen in der Tasche im Mai 1988 seinen Hut und überlässt die Innenbehörde **Werner Hackmann** (SPD).

Der kommende Bürgermeister der Stadt, **Henning Voscherau** (SPD), hat anscheinend auch wenig Lust, den Altfall Lange in seine Amtszeit mitzuschleppen: „Dennoch ist nicht ganz auszuschließen, dass Voscherau die jetzt erreichte Machtfülle dazu nutzen wird, den Vorsitzenden des SPD-Kreises Mitte zum Rücktritt zu bewegen – vielleicht, weil er noch Enthüllungen fürchtet in Sachen Neue Heimat oder Stadtreinigung aus der Bausenators-Zeit von Lange."[30] Auch dürfte ein Innensenator, dessen Staatsschützer den Bürgermeister bei seinen Telefongesprächen belauschen, ohne ihn davon zu informieren, einem kommenden Bürgermeister suspekt vorkommen. Als Klaus von Dohnanyi im November 1987 zu den Hochzeiten der Auseinandersetzung um die besetzten Häuser an der Hafenstraße händeringend nach einer friedlichen Lösung sucht und diese schließlich auch findet, hat er in dem Innensenator einen Senatskollegen, der am liebsten die Staatsmacht auf die Bewohner der Hafenstraße gejagt hätte und das auch noch in dem Moment via Bildzeitung verkündet, während der Bürgermeister verhandelt: „Innensenator: Wir werden die Häuser räumen."[31] Gelungen ist ihm das nicht. Seine Beamten belauschen den Bürgermeister ohne gerichtliche Erlaubnis: „Erst drei Tage nach Beginn der Lauschoperation holten sich die Ermittler eine Genehmigung bei Gericht. Hunderte von Gesprächen liefen zwischen dem 14. und 20. November im Polizeihauptquartier auf, einem Stützpunkt des rechten Dohnanyi-Gegenspielers und SPD-Innensenators Volker Lange."[32] Die Staatsschnüffler hatten laut „Spiegel" mindestens sechs Telefonanschlüsse rund um die Hafenstraße angezapft: „Obwohl ‚undifferenziert alles aufgezeichnet' wurde, wie Staatsschutzchef **Volker Heinze** bekennt, weihten die Verantwortlichen den Regierungschef, dessen Stimme über den Lautsprecher im Abhörraum häufiger erscholl, erst nach dem Abschluss der Aktion ein."[33]

Mit 46 Jahren und einer großzügigen Übergangsgeldregelung im Rücken erklärt Volker Lange Ende Mai 1988 seinen längst fälligen Rücktritt. Seine Begründung: Eine „anhaltende Diffamierungskampagne des linken Parteiflügels gegen mich."[34] Es ist ein beliebtes Spiel des Spitzen-Sozialdemokraten, das sich ein paar Jahre später wiederholen wird, wenn er – wiederum einen Scherbenhaufen hinterlassend – als zweiter Vorsitzender des Hamburger Sportvereins nach nur zwei Jahren Amtszeit den Büttel hinschmeißen muss: Dann ist es eine „Medienkampagne, die ich meiner Familie nicht weiter zumuten möchte."

Über seine finanzielle Absicherung muss sich der Skandal-Senator keine Sorgen machen. Nicht erst mit 65, sondern schon seinem 50. Lebensjahr erhält der viel gescholtene Ex-Senator – „Die lückenlose Pressedokumentation über seine politische Arbeit, die er seit 1978 auch als Senator betreibt, umfasst schätzungsweise 10.000 Zeitungsartikel, rund die Hälfte davon beschäftigt sich mit Skandalen, in die er verwickelt war und ist"[35] – eine Pension von etwa 12.000 Mark bis zu seinem Lebensende, ohne dass zusätzliche Einnahmen verrechnet werden.

Es dauert nicht lange, und Volker Lange ist wieder in Geschäfte verwickelt, die für Schlagzeilen sorgen: „Als Senator half er, nun ward ihm geholfen"[36], titelt die „Hamburger Morgenpost" einen Artikel und listet genüsslich die Subventionen auf, die sein neuer Arbeitgeber, der Bremer Autohändler **Egon Harms**, während seiner Amtszeit als Wirtschaftssenator erhalten hat: „Als Wirtschaftssenator ebnete Lange dem agilen Bremer Manager seinerzeit den Weg zu den Hamburger Häfen – und zu kräftigen Subventionen aus der Staatskasse. Im Hamburger Teil des Cuxhavener Hafens baute Harms mit 1,5 Millionen Mark Subventionen ‚Cuxcargo'. Und kurz vor Langes Abschied aus dem Wirtschaftsressort wurde auf dem Gelände des ehemaligen Gaswerks im Freihafen der Hamburger Auto-Terminal eingeweiht. Zuschuss des Staates: Rund zehn Millionen Mark."[37] Das habe aber nichts miteinander zu tun, so Harms. Sondern: „Herr Lange soll uns helfen, ein paar Türen im Ostgeschäft zu öffnen."[38] Damit beweist der Autohändler Harms einen ausgezeichneten Riecher für Geschäfte. Als Ende der Achtziger der Osten fällt, tut sich eine wahre Goldgrube auf: Endlich lassen sich auch dem Ostblock all die Verheißungen anbieten, die den Westen so glücklich machen. Beispielsweise Luxuskarrossen, gepanzerte Limousinen oder Geländewagen – Luxusgüter, auf die die Nomenklatura in Politik und erblühendem Kapitalismus im Osten so lange verzichten musste. Aber auch jede Menge Westautos für den, der es sich leisten kann. Mit dem umtriebigen Hamburger Ex-Senator Lange hat der Bremer Autoexporteur einen der damals wohl begehrtesten Türöffner verpflichtet: „Bei aller Diskretion im Hinblick auf die Kunden darf vermutet werden, dass er insbesondere die vielfältigen Beziehungen in die DDR und die Tschechoslowakei, die er als Wirtschaftssenator zu pflegen hatte, zu Geld macht."[39] Nach eigenem Bekunden sei er „gut im Geschäft."[40]

Wohl wahr. Ein Kongresszentrum für 1500 Besucher, ein Handelszentrum mit 15.000 Quadratmetern Büros und ein 800-Betten-Luxushotel: Nicht kleckern, sondern klotzen lautet die Devise, als die Hamburger Baugesellschaft Joachim Krech KG im September 1990 in Hamburgs Partnerstadt St. Petersburg, damals noch Leningrad, ein neues Kongresszentrum plant. Investitionsvolumen: 500 Millionen Mark. Der Türöffner heißt Volker Lange: „Die seit Oktober laufenden Verhandlungen wurden für Krech maßgeblich vom früheren SPD-Wirtschaftssenator Volker Lange geführt, der jetzt als Unternehmensberater arbeitet."[41]

Das höchst anrüchige Geschäft, das der Unternehmensberater Lange und sein ehemaliger Pressesprecher Wolfgang Rosebrock (SPD) jetzt gemeinsam betreiben, nennt sich Political Consulting. Im Grunde ist es nichts anderes, als eine gut geölte Verbindung herzustellen zwischen denen, die Entscheidungen in ihrem Sinne wollen, und denen, die sie zu treffen haben: zwischen den Spitzen der Wirtschaft und den Mächtigen der Politik. Es geht also darum, Politiker und hohe Verwaltungsbeamte, die die Geschicke einer Gemeinschaft für das Wohl der

Bürger leiten und verwalten sollen, im Sinne des Auftraggebers zu beeinflussen, der mit seinen Projekten in der Regel nur eins will: Profitmaximierung des eingesetzten Kapitals. Besonders nützlich ist in Hamburg dabei ein über die Jahre gepflegtes dichtes Netz aus guten Kontakten in den Verwaltungsstuben (fast immer SPD), einflussreichen Parteifreunden in städtischen Firmen (immer SPD) und Politikern der eigenen Partei (immer SPD), die in den entscheidenden Positionen sitzen. Zumal wenn es um die Filetstücke einer Stadt geht, die Edelgrundstücke, die das Gesicht einer Stadt über Generationen prägen. Am besten ist es, wenn man auch noch selber Vorsitzender des SPD-Kreises ist, in dem das Projekt realisiert werden soll. Einige Beispiele gefällig?

Beispiel 1: das so genannte Scandinavian Trade Center

Das aufgrund seiner „torartigen Eingangssituation" (Oberbaudirektor **Egbert Kossak**) geplante Hochhaus soll dem Stadtteil St. Georg ein vermeintlich zukunftsweisendes Outfit verpassen. Doch die Bezeichnung des Projektes ist reine Makulatur, glatt gelogen, wie ein Ende 1992 an die Öffentlichkeit gelangtes internes Papier aus der Wirtschaftsbehörde deutlich macht: „Der Public Relations wegen wird das Projekt als ‚Scandinavian Trade Center' tituliert. Dass skandinavische Firmen Ansiedlungsinteressen für das Projekt bekundet hätten, ist nicht bekannt."[42] Henning Voscherau (SPD) war längst darauf reingefallen. In einem Brief an den schon genannten Investor **Joachim Krech** im Juni 1989 lobte der damalige Bürgermeister, dass mit dem Bau „die Verbindung Hamburgs mit den nordeuropäischen Ländern und damit die Funktion der Hansestadt als südlichste Metropole Skandinaviens gefestigt" werde.[43] Das so mit Vorschusslorbeeren von höchster Stelle bedachte Projekt entwickelte sich mit Hilfe der Unternehmensberatung Volker Langes, der zudem SPD-Kreisvorsitzender im betroffenen Bezirk Mitte war, zunächst gigantisch. Denn auch aus der Stadtentwicklungsbehörde kam Schützenhilfe. Hamburgs Oberbaudirektor Kossak, den Lange „als jobbenden Kumpel vom Bau kannte"[44], hatte seinem Ex-Chef Lange, der ihn 1981 in der Baubehörde als Hamburgs obersten

Architekten angestellt hatte, statt der ursprünglich geplanten sieben sogar 22 Geschosse angeboten: „April 1990: Kossak kritisiert die gedrungene Baukörperform. Die Zahl der Geschosse wächst auf 17, Kossak hält 22 Geschosse für wünschenswert. Die Einleitung des B-Planverfahrens wird für nötig erklärt."[45] Durch eine dermaßen erweiterte Ausweitung der Bebauung gewinnt der Grundstückswert um Millionen – wenn sie denn genehmigt wird. Der Bürgerprotest gegen das Giganto-Hochhaus sollte mit Millionen aus dem Hamburger Staatssäckel beruhigt und kaltgestellt werden, mit freundlicher Unterstützung des Bausenators Eugen Wagner (SPD), vermeldete „Der Spiegel": „Da fügt es sich gut, dass Lange Vorsitzender der SPD Hamburg-Mitte ist, deren Vorstand auch Bausenator Eugen Wagner, 52, als Langes Stellvertreter angehört. Die Verbindung zahlt sich gut aus. So sagte der Senator dem Ex-Senator am Telefon Mittel für ein Projekt im Stadtteil St. Georg zu, die für andere Stadtregionen vorgesehen waren – in St. Georg forciert Filzokrat Lange gegen den Widerstand der Anwohner den Bau eines 13 stöckigen Büro-Centers."[46] Die sollten das Wahnsinnsprojekt am Ende verhindern, was den Investor nicht hinderte, 7,1 Millionen Mark Schadensersatz zu fordern – unter der lautstarken Empörung der CDU, die „SPD und Senat Rufschädigung Hamburgs als Standort für Investitionen"[47] vorwarf.

Beispiel 2: das Millerntorhochhaus auf St. Pauli

Februar 1995: Mit der Sprengung des 23-stöckigen Iduna-Hochhauses am Eingang der Reeperbahn werden Fakten für ein weiteres Projekt im Kreis des SPD-Chefs in Mitte, Volker Lange, geschaffen. Diesmal berät der Senator a. D. die „Allgemeine Beratungsgesellschaft für Immobilien" (ABG) um den Groß-Investor **Horst Rahe.** Auch die Immobiliengesellschaft Deuteron des **Andreas Wankum**, die ein paar Jahre später für ein äußerst trauriges Kapitel in der Geschichte des Hamburger Sportvereins sorgen und in der Lange auch eine unrühmliche Rolle spielen wird, ist daran beteiligt.

Diesmal geht es um ein Bauprojekt, das bei vielen Stadtplanern nur

Kopfschütteln hervorruft: 35.000 Quadratmeter teuerste Bürofläche direkt am Eingang der sündigsten Meile der Welt. Wie von vielen vorausgesagt, ist das Projekt lange nicht zu vermieten und steht jahrelang als Mahnmal für besonders gelungene Bausünden Seite an Seite mit Pornokinos und Dildo-Fachgeschäften. 300 Millionen Mark sind hier auf 37.500 Quadratmetern St. Pauli-Grund verbaut worden. Gefingert, wie es im Hamburgischen Sozialdemokratendeutsch heißt, hat Sozialdemokrat Lange unter anderem einen Grundstückskauf von der Stadt, den der Grünen-Angeordnete **Volker Nienstedt** zum Anlass nahm, um einen Brief an den Rechnungshof zu schreiben: „Ich weise auch auf die enge ‚Zusammenarbeit‘ zum Nachteil der Stadt zwischen dem Bezirksamt und dem Ex-Senator, Unternehmensberater in Diensten der ABG und SPD-Kreisvorsitzenden im Bezirk Mitte, Herrn Volker Lange, hin, wie sie sich mir aus der Aktenlage unmittelbar ergibt."[48]

Was war geschehen? 1992 kaufte die ABG aus einem Immobilienfonds der DG-Bank das asbestverseuchte Iduna-Hochhaus plus 5500 Quadratmeter Grundstück und zwei Jahre später von der Stadt 2800 Quadratmeter angrenzende Freiflächen dazu. Nach dem angesetzten Preis von 2000 Mark pro Quadratmeter Bruttogeschoßfläche hätte Investor Rahe demnach für das Grundstück mehr als 25 Millionen Mark an die Stadt überweisen müssen. Doch die findigen Investoren mit den guten Kontakten rechneten einen anderen Preis aus: Danach setzte die ABG als Substanzwertentschädigung für die vergiftete Ruine 41,4 Millionen Mark an, Entmietungskosten (!) für das Hochhaus in Höhe von 13,3 Millionen Mark und Abrisskosten von 4,3 Millionen. Wohlgemerkt: Alles Kosten, die auf dem von der DG-Bank gekauften Grundstück entstanden – also Nachfolgekosten, die aus einem Privatverkauf stammen. An den insgesamt etwa 60 Millionen Mark für den Investor solle sich die Stadt mit dem Flächenanteil ihres erstandenen Grundstücks beteiligen: etwa 20 Millionen Mark. Wo jeder private Investor einen Vogel gezeigt hätte, drückte die SPD-geführte Finanzbehörde unter der Leitung des heutigen Bürgermeisters **Ortwin Runde,** in deren Liegenschaftsabteilung der Vertrag ausgehandelt worden war, großzügig ein Auge zu und „schenkte" dem Baulöwen Rahe „20 Millionen Mark".[49] Kommentar des damaligen wirtschaftspolitischen Sprechers der Hamburger Grünen und späteren Stadtentwicklungssenatoren **Wilfried Maier** in einer grünen Mitgliederpublikation: „Der Landesvorstand der SPD hat in seinem kürzlich stark diskutierten Reformpapier die Forderung erhoben: ‚Der Mythos von der Arbeiterpartei muss fallen!' Dazu trägt dieser Mann entscheidend bei, wenn er als Unternehmens- und Grundstücksberater operiert in dem Bezirk, in dem er Kreisvorsitzender ist, und in der Stadt, in der er Bausenator war. Vom Mythos der Arbeiterpartei zur Wahrheit der Spekulantenpartei?"[50]

In der Liegenschaftsverwaltung der Finanzbehörde war bis zu seinem Ruhestand auch der Sachbearbeiter **Radatz** beschäftigt. Dort erwarb er sich hohes und geheimes Wissen um einige der teuersten und begehrtesten Grundstücke der Stadt. Denn Herr Radatz war zuständig für den Ankauf und Verkauf von städtischen Immobilien in der Innenstadt: „Darunter waren auch Grundstücke von Investoren, die Volker Lange beraten hat"[51], sagte Radatz. Kein Wunder, dass der ehemalige Liegenschafts-Angestellte ein gern gesehener neuer Kollege im Consulting Büro an der Bleichenbrücke war, strategisch günstig gelegen in Minuten-Entfernung zwischen Baubehörde (Eugen Wagner, SPD) und Stadtentwicklungsbehörde (**Thomas Mirow**, SPD). Dort bezog der ehemalige städtische Angestellte seinen neuen Arbeitsplatz als Ruhestands-Consulter mit vielen goldenen Kontakten in die Liegenschaftsabteilung der Finanzbehörde Hamburg.

Beispiel 3 & 4: Kinos 1 & 2

Mitte der 90er erfährt die Hansestadt einen Kino-Boom, der die Betreiber der vorhandenen kleinen Filmtheater angst und bange werden lässt: Ende 1995 eröffnet die Ufa das Multiplexkino am Grindel mit 1800 Plätzen, 1996 folgte das Cinemaxx am Dammtor mit 2700 und 1997 der UFA-Palast am Gänsemarkt mit 3200 Plätzen. So entstehen innerhalb von drei Jahren 7700 neue Kinosessel in Hamburg.

Doch damit ist noch lange nicht genug mit Mainstream für die Masse: Die Stadtentwicklungsbehörde unter der Leitung von Thomas Mirow (SPD) genehmigt munter weitere Kinos. Alleine die United Cinemas International (UCI) baut 1998 mehr als 5000 zusätzliche Plätze in Wandsbek und Othmarschen, weitere mehrere tausend Kinoplätze verschiedener Betreiber sind in Planung. Ein Geschäft also, das munter boomt und bei dem sich so manche Consulting-Mark verdienen lässt. Heute hat der Wahnsinn längst die ersten Opfer gekostet: Die UFA ist inzwischen an einen Mitkonkurrenten verkauft worden. „Over-Screening" nennt die Branche das Phänomen – einfach zu viele Bildschirme auf dem Markt. Die Konsequenz: „Das kann mir keiner erzählen, dass er mit einem Multiplex-Betrieb in Hamburg schwarze Zahlen schreibt", sagt ein Management-Mitarbeiter, der lieber ungenannt bleiben möchte. Verfehlte Standortpolitk nennt der Wirtschaftsfachmann den kreisenden Pleitegeier über den Giga-Kinos.

Für den so genannten Othmarschen-Park bedient sich Investor **Bernhard Garbe,** der mit seinen Geschäftspartnern auf dem Gelände einer stillgelegten Margarinefabrik des Unilever-Konzerns eine Milliarde (!) Mark in Kinos und Wohnungen investieren will, des begehrten Consulting-Büros an der Bleichenbrücke, namentlich Wolfgang Rosebrock. Der ehemalige Regierungsrat ist ein ebenfalls intimer Kenner der hamburgischen Verwaltung mit Erfahrungen in der Innen-, Finanz- und Wirtschaftsbehörde. Einen Namen hat der Mann sich gemacht, als er im Auftrage seines damaligen Senators und jetzigen Consulting Partners Volker Lange einen wahrlich bedeutungsvollen und kräftezehrenden Auftrag ausführte: Wolfgang Rosebrock organisierte den 800. Hafengeburtstag der Hansestadt Hamburg. Der Rechnungshof kritisierte im Nachhinein diverse Unregelmäßigkeiten, die er bei Stichproben gefunden hatte, beispielsweise Bewirtungsrechnungen in Höhe von mehreren hunderttausend Mark, die oft nur unzureichend begründet seien. Die Schelte dafür bekam allerdings Langes Nachfolger als Wirtschaftssenator, Wilhelm Rahlffs (FDP). Mit 800.000 bis 900.000 Kinozuschauern aus Hamburgs Westen und den

Hamburger Randgemeinden rechnet UCI-Vizepräsident **Raymond Smith** pro Jahr und findet damit in den zuständigen Behörden ein offenes Ohr. Heute läuft auch dieser Laden nicht so, wie es mal kalkuliert war: Gerademal 590.000 Besucher fanden 2000 den Weg in die neuen Kinosessel direkt an der Autobahn.

Und auch ein zweites Kino-Projekt, bei dem das Consulting-Büro für UCI und den Autohändler Raffay im Sinne der politischen Durchsetzungsfähigkeit tätig wurde, ist weitgehend gefloppt. Von den „großartigen Versprechungen" sei nichts übrig geblieben, rügte die Sprecherin der Bürgerschaftsgruppe „Regenbogen – für eine neue Linke", **Heike Sudmann,** die augenscheinlich verfehlte Standortpolitik am Friedrich-Ebert-Damm in Wandsbek: „Das Kino schreibt nach Aussagen des Betreibers rote Zahlen, mehr BesucherInnen und vor allem KäuferInnen für die Automeile hat es nicht gebracht. Dafür sind jedoch unwiderruflich wichtige Gewerbe- und Industrieflächen in Hamburg verloren gegangen. Die Konsequenz heißt, dass jetzt in Landschaftsschutzgebieten auf der grünen Wiese in Bergstedt neue Gewerbeflächen entstehen sollen. Das ist kein nachhaltiger Umgang mit den Ressourcen dieser Stadt, sondern eine katastrophale Flächen- und Umweltpolitik!"[52] So dürfen die Firmen UCI und Raffay und wieder einmal der damalige Stadtentwicklungssenator **Thomas Mirow** (SPD) die Scherben des verkorksten Projektes zusammenkehren. CDU und Regenbogen warfen dem Unternehmen in der Bürgerschaft vor, Senat und Wirtschaftsverbände bewusst getäuscht zu haben. Mirow, heute Wirtschaftssenator der Stadt, musste sich den Vorwurf gefallen lassen, das Zentrum genehmigt zu haben, obwohl seine eigenen Stadtplaner ein klares Nein ausgesprochen hatten. Die Bedingungen, die Mirow der Firma Raffay ins Stammbuch schrieb, seien nicht eingehalten worden: Weder wurden 200 Vollzeitarbeitsplätze geschaffen noch 100 Millionen Mark investiert, sondern gerade mal 40 Millionen, so die Kritik der Oppositonsparteien. Und die haben nicht wie versprochen Hamburger Firmen verbaut – die Ausschreibung sollte sich ausschließlich auf Hamburger Firmen beziehen – sondern die ostdeutsche Dependance der Firma Strabag in Güstrow als Generalunternehmer, die Firmen aus Berlin und Hannover beauftragte. Ein unfeiner Deal, so gar nicht nach dem vermeintlichen Ehrenwort eines hanseatischen Kaufmanns, nach dem ein Handschlag ein Vertrag und damit Ehrensache ist. „Am Friedrich-Ebert-Damm lässt sich wunderbar nachvollziehen, wie Wirtschaftspolitk in dieser Stadt läuft", sagte Heike Sudmann vom Regenbogen in der Bürgerschaft. „Investoren, die dem Senat viel versprechen, bekommen viel. Die Gefahr, Versprechen einhalten zu müssen, ist absolut gering. Raten Sie doch mal, wer den Investor beraten hat", so Sudmann an die SPD-Fraktion. „Ihr Ex-Senator Volker Lange!"[53] Der weiß eben, wie man in Hamburg Projekte fingert. Sicherlich ist dabei nicht von Schaden gewesen, dass in diesem Fall auch die Wandbek-Connection stimmte: Wolfgang Rosebrock ist Ex-Abgeordneter der Wandsbeker SPD.

Beispiel 5 & 6: Altenwohnungen 1 & 2

„Die exklusive Wohnung in der Stadtvilla: Mit weißen Fassaden, Gesimsen, Holzfenstern, Kupferdächern und großzügigen Balkonen verfügen die Stadtvillen über ein sehr ansprechendes Äußeres. Innen verbreiten Natursteinbeläge, Parkett und Marmor eine vornehme Aura. Höchste Ansprüche in allen Bereichen sind für uns eine Selbstverständlichkeit. Die Wohnungen sind mit 2-5 Zimmern zwischen 67 m² und 270 m² groß, und haben eine großzügige Raumhöhe von bis zu 2,75 m. Sehr hell, sehr ruhig, absolut komfortabel bieten sie alle Annehmlichkeiten mit einem durchdachten Sicherheitskonzept, Tiefgarage, Fahrstuhl und das gern auch mit Blick auf die Elbe. Um die Sicherheit Ihrer Wohnung müssen Sie sich nicht kümmern, denn das haben wir bereits für Sie getan. Videoüberwachte Hauseingänge und Tiefgaragen sind nur ein Teil eines intelligenten Sicherheitskonzepts."[54]Etwa 150 Millionen Mark sind hier verbaut worden, auf dem ehemaligen Gelände der Elbschloss-Brauerei in Nienstedten gegenüber dem UN-Seegerichtshof. 170 Seniorenwohnungen mit Pflegestation für betuchte Reiche, beziehbar für jeden, der für eine 1,5 Zimmerwohnung mit 45 Quadratmetern des einfachsten Standards 4816 Mark auf den Tisch legen kann. Die eben zitierten „exklusiven Wohnungen in der Stadtvilla" sind käuflich zu erwerben: Eine

Fünfzimmerwohnung mit knapp 270 Quadratmetern gibt es da schon für 3,5 Millionen Mark. Es ist eine der teuersten Adressen Hamburgs. Wer den Blick auf die Elbe haben will, zahlt für einen Quadratmeter Wohnfläche mehr als 13.000 Mark. Dafür gehört er ihm dann auch. Das entspricht dem Monats-Regelsatz eines Sozialhilfeempfängers, der damit allerdings zwei Jahre auskommen muss. Gefingert, wir ahnen es schon, hat auch hier wieder das Consulting-Büro Bleichenbrücke aus der Hamburger Innenstadt, das seinen Mann vom 800. Hafengeburtstag, Wolfgang Rosebrock, ins Rennen schickte. Der durfte dann als stellvertretender Preisrichter mit Investor Horst Rahe, dem damaligen geschäftsführenden Gesellschafter der Deutschen Schiffsreederei in Rostock, über die Architekturentwürfe mitentscheiden und den Politikern das Projekt andienen.

Ein anderes Altenprojekt wurde allerdings nie realisiert: die Seniorenwohnanlage Rothenbaum. Als der HSV sein Trainingsgelände an der Ecke Rothenbaumchaussee / Hallerstraße in bester Hamburger Innenstadtlage verließ und zum Abriss freigab, sollte hier so genanntes quartiersnahes Wohnen und Arbeiten realisiert werden: ein neues nachbarschaftliches Viertel für den Stadtteil. Auch die Alten, so wollte es die Anfangsplanung, sollten dabei nicht vergessen werden. Und da nicht alle Senioren über so viel Geld verfügen wie die neuen Mieter an der Elbchaussee, wollte die Stadt als Eigentümerin des Geländes dort sogar öffentlich geförderte Seniorenwohnungen. Das hörte sich zunächst auch prima an. Aber wie so oft sind die ersten Pläne die, die den Lokalpolitikern vorgestellt werden, um sie ins Boot zu holen. Ganz langsam kocht man das Gulasch dann ein, irgendwann kommt Feuer drauf, und am Ende ist alles ganz anders als vorher.

Heute steht dort ein schickes Medienzentrum mit demnächst genau so schicken Wohnungen und noch schickeren Namen: zum Beispiel das „Atelier Cinque plus", eine Fünfzimmerwohnung mit 170 Quadratmetern, oder das „Atelier Triple Penthouse", drei Zimmer mit 120 Quadratmetern. Verkäufer der Ausnahmeappartements ist die

„Hanseatica Property GmbH" (HPE), die weiß, wie man in Hamburg Baugeschäfte fingert: Mit „Public Private Partnership: zur Einbindung von Projekten in Stadtentwicklungskonzepte und kommunalpolitische Zielvorstellungen. Das sichert nicht nur die ökonomische Tragfähigkeit der geplanten Projekte, sondern auch deren öffentliche Akzeptanz."[55] Und mit „Behörden-Engineering: zur Beschleunigung der Genehmigungsverfahren durch Unterstützung der involvierter Ämter und Behörden."[56] Von Quartiersnähe redet am Rothenbaum keiner mehr: Wer hier wohnen will, gehört zu den Spitzenverdienern, die sich Eigentumswohnungen auch für mehr als eine Million Mark leisten können.

Was den Glanz der schicken neuen Welt am Rothenbaum ein wenig ankratzt, ist die Pleite des ehemaligen Bauherren – und mal wieder das Consultingbüro des Ex-Senators Volker Lange. Zitat aus dem Hamburger Abendblatt: „Der baupolitische Sprecher der Eimsbütteler CDU, **Michael Westenberger,** sieht den größten Fehler bei der Finanzbehörde: ,Die haben das ehemalige HSV-Gelände an die Firma Hanseatica gegeben und nur aufs Geld geguckt. Die Seriösität der Firma wurde nicht genügend geprüft.' 1999 ging Hanseatica pleite. Pikant an der Sache: Das Beratungsbüro des Ex-Senators Volker Lange war laut Zeitungsartikeln nicht nur Geschäftspartner der Hanseatica, Lange selbst war auch Vize beim HSV, pflegte also gleichzeitig Beziehungen zu allerlei Beteiligten."[57]

Ein Prozent der Bausumme für jeden Deal
Schätzungsweise mehr als zwei Milliarden Mark Bausumme sind in den Neunzigern des vergangenen Jahrhunderts von den Consulting Partnern unter der Führung ihres Ex-Senators Volker Lange allein in Hamburg gefingert worden. Kaum ein dreistelliger Millionen-Coup, der ohne einen Besuch in der Bleichenbrücke 11 angebahnt worden wäre. Wenn es stimmt, was die „taz" schreibt, prahlt der altgediente Genosse in SPD-Kreisen gerne damit, für jeden Deal ein Prozent der Bausumme in seine Taschen wandern zu lassen.[58] Da kommt ein hüb-

sches Sümmchen zusammen – zuzüglich der etwa 12.000 Mark Pension pro Monat für seine wenig glorreiche Tätigkeit als Senator, die ihm die Stadt Hamburg auszahlt. Dabei kann sich der gewiefte Politmakler auf ein engmaschiges Geflecht verlassen, das in keiner anderen Stadt der Bundesrepublik so dicht gewebt ist wie in Hamburg: Jeder Bauauschuss, jede Bezirksversammlung, nahezu alle Baudirektoren in den Bezirken, selbst die Landesbank, die Wohnungsbaukreditanstalt, die Bürgerschaft, der Haushaltsausschuss in der Bürgerschaft und die Kommission für Bodenordnung: Alle sind, leben von oder sind letztendlich dominiert von seinen Parteigenossen aus der SPD. Es ist die hanseatische Variante des oligarchischen Machtapparates, der viel zu intelligent ist, sich in die Karten gucken oder gar in die Suppe spukken zu lassen. Der die Macht permanent absichert und jeden, der nicht dazugehört, gnadenlos abblitzen lässt. Und der durch diese Machtfülle eben genauso undemokratisch ist.

Wer es versteht, diesen Machtapparat zu benutzen, schnappt sich jedes Projekt: Egal, ob die Verfilzung so offensichtlich ist wie in Sachen HSV, Scandinavian Trade Center oder Millerntorhochhaus. Dazu bedarf es nicht der Mitgliedschaft in der Partei – es reicht, den Türöffner Lange zu betätigen. Dabei hat Volker Lange mit der Sozialdemokratie nicht viel am Hut. Seine Amtsführung als Senator mit diversen Giftskandalen und Bestechungsaffären, seine ruinöse Rolle im HSV, die den Traditionsverein und **Uwe Seeler** fast zugrunde gerichtet haben, sein anrüchiges Gebaren als Polit-Consulter, der fast alles durchsetzt, solange Geld fließt – das ist alles andere als sozial, sondern zutiefst asozial. Und mit Demokratie hat der Mann so viel zu tun wie eine erloschene Kerze mit Licht. Volker Lange ist lediglich Mitglied der SPD Hamburg. Das allerdings immer noch.

Auf die SPD Hamburg wirft dieser Millionenjongleur allerdings ein bezeichnendes Licht: Lange ist einer ihrer hervorragendsten Vertreter der vergangenen 20 Jahre und signifikant dafür, wie reibungslos geschmiert die Dinge hier an der Elbe, in Europas reichster Stadt, laufen. Die Verantwortlichen in der Politik müssen sich allerdings zwei Fragen gefallen lassen: Warum macht Ihr dabei eigentlich alle mit? Und was bekommt Ihr dafür?

Nach den Krabbenschüsseln

Werner Nielsen ist heute längst kein Ölentsorger mehr. Nachdem er versuchte hatte, die Banken mit frisierten Ölständen in seinen Rotterdamer Lagern zu täuschen, musste er dafür ein Jahr im Gefängnis absitzen. Einen Auftrag hat ihm Volker Lange nicht vermittelt. Auch wenn der Polit-Consulter bei ihm ein vergleichsweise bescheidenes Honorar angesetzt hatte. Für den Ölentsorger war das schlicht zwei Nummern zu groß: „Volker Lange hat mir von Firmen erzählt, bei denen er 150.000 Mark im Monat verdient. Von mir wollte er 20.000 im Monat haben, zwei Jahre lang. Ich habe ihm erst mal 10.000 ein halbes Jahr lang bezahlt."

Nachdem das halbe Jahr vorbei war, hat Werner Nielsen Volker Lange nie wieder gesehen. Ein Sozialdemokrat wie Volker Lange gibt sich mit Peanuts eben nicht ab.

Erläuterungen zu den Fußnoten ab Seite 285

Goldener Giftberg, kriminelle Energie und abgezockte Hamburger

Wie den Hamburgern jahrelang zu hohe Müllgebühren aus den Taschen gezogen werden – und sich andere eine goldene Nase verdienen

Am 27. Februar 1980 verkündet Bausenator **Volker Lange** (SPD) ein „nicht gerade freudiges Ereignis".[1] Die Müllabfuhr sei ein durchaus rationaler und gut arbeitender Betrieb, aber da Hamburgs Müllaufkommen gestiegen sei, müsse der Bürger für diese Leistung bezahlen. Deswegen erhöhe er jetzt die Müllgebühren um 16 Prozent. Sprichts und spielt das dreiste Spiel zwei Jahre später gleich noch einmal. „Trotz aller Umweltschutzbemühungen haben wir steigende Hausmüllmengen zu verzeichnen", so der Herr Senator diesmal in der Bürgerschaft. Ab jetzt koste die Hamburger die Beseitigung ihres Mülls 18 Prozent mehr.

Alles gelogen: Die Hamburger Stadtreinigung ist damals kein „gut arbeitender Betrieb" gewesen, sondern ein „Apparat", in dem „ein Zustand des fortgesetzten Verfassungsbruchs"[2] geherrscht habe, wie **Henning Voscherau** bei der Debatte des Abschlussberichtes des eingesetzten Parlamentarischen Untersuchungsausschusses Stadtreinigung feststellt. Auch ist der Hamburger Müll nicht mehr geworden, sondern sogar weniger: Seit Mitte der 70er Jahre verringerte sich das Müllaufkommen der Hamburger jährlich um drei Prozent.

„Herr Lange bescheißt die Hamburger und zwar ziemlich gründlich", würde der Volksmund sagen, und vier Jahre später steht fest, um wieviel: Zwischen 1982 und 1986 hat die Hamburger Stadtreinigung unter der Ägide ihres Bausenators den Hamburgern nach vorsichtigen Schätzungen 80 Millionen[3] zuviel aus der Tasche gezogen, andere sprechen sogar von 104 (!) Millionen.[4] Herausgekommen war der Staatsbetrug durch den Wandsbeker Betriebswirt **Hans-Joachim Goldbach**. Der hatte seinem Parteikollegen Henning Voscherau hochbrisantes

Material über die Machenschaften seiner Chefs in der Stadtreinigung Hamburg übergeben. Voscherau, damals noch SPD-Fraktionschef in der Bürgerschaft, ahnte, welcher Sprengstoff in den Aufzeichnungen Goldbachs steckte, und behandelte die Angelegenheit hoch vertraulich. Die Parteigenossen, die mit ihm den Skandal recherchieren sollten, wählte er sorgfältig aus und achtete dabei vor allem darauf, ja nicht den Falschen einzuweihen. Schließlich ging es auch um die Größen der Hamburger SPD: Den mächtigen Haushaltsausschuss-Vorsitzenden der Bürgerschaft **Gerd Weiland,** den Ex-Senator **Frank Dahrendorf** und den amtierenden Wirtschaftssenator Volker Lange. Und so recherchierte er mit dem Trio **Fritz Duden, Peter Kämmerer** und **Hans-Joachim Meissner** aus der SPD-Fraktion den Machenschaften von Stadtreinigung, Parteikollegen und Baubehördenmitarbeitern hinterher.

Geheim ist die Sache trotzdem nicht geblieben. Die Gegenseite setzte viel Energie ein, um an das Wissen der Aufklärer zu gelangen. Zum Beispiel Einbrüche. Erstes Opfer wurde Fritz Duden. Als die Einbrecher im Herbst 1984 in sein Privathaus einstiegen und einhundert Blatt gesammeltes Material zum Müllskandal mitnahmen, konnten sie sicher sein, dass Duden nicht zu Hause ist: Der schwang nämlich gerade das Tanzbein auf dem jährlichen Mitgliederball der SPD. Anderthalb Jahre später traf es den Fraktionschef der SPD. „Opfer des dritten Einbruchs wurde gar Henning Voscherau selbst: Unbekannte inspizierten im Februar 1986 sein Notariatsbüro an der Schauenburger Straße. Er ist sich sicher, dass die böse Tat keinen Zusammenhang zur Affäre um die Stadtreinigung hat. Wir nicht,"[5] schrieben die Buchautoren **Ute Scheub** und **Rainer Link** in ihrer „Skandalchronik Hamburg." Vorher war schon der SPD-Abgeordnete **Michael Sachs,** Mitglied im Parlamentarischen Untersuchungsausschuss (PUA) Stadtreinigung, Ziel einer Einbruchsattacke geworden. Sachs hatte gerade einen streng geheimen Zwischenbericht über die Missstände in der Stadtreinigung erhalten, den er allerdings mit nach Hause genommen hatte, so dass der Einbruch in seinem Büro erfolglos blieb.

Was der am 11. Juli 1985 auf Antrag der CDU eingesetzte Untersuchungsausschuss zutage förderte, spottet jeglicher engagierter Arbeit, wie sie viele Angestellte der Stadt tagtäglich tun: Die Hamburger Stadtreinigung war ein Chaoshaufen und „eine Rallye der Misswirtschaft, überhöhte Gebühren, Datenchaos", wie es der Ausschussvorsitzende **Herrmann Scheunemann** (SPD) in seinem Resumee formulierte. Als Zeugen wurde neben den schon Genannten fast die gesamte Nomenklatura der damaligen Hamburger SPD geladen: Umweltsenator **Jörg Kuhbier**, Bausenator **Eugen Wagner**, Innensenator **Alfons Pawelczyk**, sein Staatsrat **Werner Hackmann** und der ehemalige Bürgermeister **Klaus von Dohnanyi**. Auch dabei: der Leiter der Mercedes Benz-Niederlassung Hamburg, **Joachim Dege**. Die hatte es nämlich verstanden, der Stadtreinigung dreiachsige LKWs anzudrehen, obwohl die in den engen Hamburger Wohnstrassen manövrierunfähig waren und nicht in die alten Garagen passten. Dafür durfte Stadtreinigungs-Chef **Herbert Oppermann** bei der Benz-Niederlassung besonders günstig einkaufen. Zum Beispiel, als er im März 1978 einen Vorführwagen des Typs 230 um 2.635 Mark billiger kaufte. „Daimler-Benz hat den an sich nicht üblichen hohen Rabatt von 12,8 Prozent an Herrn Oppermann nur deshalb gewährt, um sicherzustellen, dass auch in Zukunft der Nutzfahrzeuganteil von Daimler-Benz im Fuhrpark der Stadtreinigung sich nicht verschlechterte, sondern nach Möglichkeit eher noch verbesserte", stellte der PUA in seinem Abschlussbericht fest. Zwei Jahre später erhielt Herbert Oppermann weitere Vergünstigungen beim Kauf eines Mercedes 230 E. Das daraufhin gegen ihn eingeleitete Disziplinarverfahren wurde von Senator Lange eingestellt. So machte der Chef der Stadtreinigung mit dem Begünstigungsspiel ungestraft weiter und ließ sich am 2. Mai 1983 seinen alten Mercedes gegen einen neueren eintauschen, 1985 kaufte er dann gleich einen neuen Mercedes. Gesamtersparnis: etwa 12.000 Mark. Benz-Niederlassungsleiter Joachim Dege hatte gut investiert: „Nach der Rabattzusage von Herrn Dege hat Herr Oppermann bis zu seiner Pensionierung noch am 20.2.1985 mehrere VOL-Bestellscheine über Nutzfahrzeugbestellungen der Stadtreinigung bei Daimler-Benz unterschrieben."[6] Auch der

Leiter des Fuhrparks in der Stadtreinigung und der Chef der Abteilung Müllabfuhr standen auf der Vorzugsliste des Herrn Dege.

Doch das sind Petitessen im Gegensatz zu dem Betrug an den Bürgern der Stadt. Mit falschen und völlig überzogenen Phantasie-Müllbilanzen zog die Stadtreinigung den Hamburgern das Hemd aus und verbreitete die Lüge von der Stadt, die im Müll ertrinkt. Tatsächlich hätte Hamburg nach einem Gutachten des Instituts für Energie und Umweltforschung Heidelberg sein Müllaufkommen sogar um knapp die Hälfte reduzieren können, wenn die Politik die Parole Müll vermeiden ausgegeben hätte.[7] Aber dann wäre der Mülltourismus in die DDR zur berüchtigten Deponie Schönberg vielleicht nicht zustande gekommen und der unter Zuhilfenahme des Rechtsanwaltbüros Weiland (SPD) und Dahrendorf (SPD) zustande gekommene Vertrag hätte seinen Sinn verfehlt: Darin vereinbarte die Hansestadt mit der DDR, in zehn Jahren 1,5 Millionen Tonnen Müll gen Osten zu schaffen. Nutznießer dieses Vertrages sind die Firma Hanseatisches Baukontor, die vom Büro Weiland vertreten wird, als Makler und die Hamburger Privatfirma CAT: Ihr garantierte die Stadt eine jährliche Müllmenge von mindestens 118.000 Tonnen, die sie im Auftrag der Hamburger Stadtreinigung zehn Jahre lang nach Schönberg verbringen sollte. Die eigenen Mülldeponien standen dabei zusehends vor der Arbeitslosigkeit: „Händeringend habe ich um Müll gebeten", sagt **Karl Heinz Arndt**, damaliger Leiter der städtischen Müllverbrennungsanlage Stellinger Moor.[8] Also musste der städtische Angestellte Arndt den Müll, den er benötigte, um das Feuer in seiner Anlage nicht ausgehen zu lassen, von der Privatfirma CAT wieder zurückkaufen: Das kostete die Stadtreinigung dann schon mal 10.000 Mark am Tag. Und CAT kassierte doppelt. Denn die Müllbeseitigungsfirma wurde auch bezahlt, wenn sie den Weg nach Schönberg gar nicht antreten musste. Dabei hätte CAT den Auftrag eigentlich gar nicht bekommen dürfen, da sie eigenmächtig von den Ausschreibungsbedingungen abgewichen war: „Die Ausschreibung hätte aufgehoben und wiederholt werden müssen", gab Regierungsdirektor **Hans Joachim Bohnsack**, Leiter der Ausschreibungsstelle bei der Finanzbehörde, vor dem Untersuchungsausschuss zu. Er habe in diesem Sinne auch einen Brief an Volker Langes Baubehörde geschrieben, aber nichts sei geschehen."[9]

Der Aufgabenkatalog des Parlamentarischen Untersuchungsausschusses liest sich wie ein Who is who des fortgesetzten Verfassungsbruches und Verstoßes gegen diverse Gesetze. Ausgerechnet das städtische Unternehmen Stadtreinigung unterlief permanent das Bundes-Immissionsschutzgesetz, sogar noch, als der Skandal längst publik war: So lagen in den Müllverbrennungsanlagen 1 und 2 die Werte für Chloremissionen um bis zu 400 Prozent über dem Erlaubten. Die Stadtreinigung mißachtete ihre Überwachungspflicht nach dem Abfallbeseitigungsgesetz, leitete Schlackenwasser ohne Genehmigung in das öffentliche Siel ein und ließ mit Dioxinen versetzte Flugasche transportieren, ohne dass eine Genehmigung vorlag. Die Stadtreinigung Hamburg: damals ein Umweltvergifter der schlimmen Sorte. Außerdem herrschte in der Chefetage der Hamburger Müllwerker ein betriebswirtschaftliches Chaos mit diversen Verstößen gegen die Landeshaushaltsordnung, Nicht-Berücksichtigung von Tarifabschlüssen, falschen Preisen und überhöhten Mitteleinwerbungen.

Kein Wunder also, dass der Untersuchungsausschuss sogar mit den Stimmen der SPD harsche Kritik, auch an Entsorgungssenator Jörg Kuhbier, dem späteren Landeschef der SPD, formulierte. „Lügen. Nicht nur innerhalb der Stadtreinigung, auch nach außen wurde bewußt Falsches gesagt. Senator Jörg Kuhbier wurde vom Untersuchungsausschuss mehrfach erwischt. Besonders bezüglich des Schönberg-Deals: Behauptungen, es sei kein Vertrag geschlossen, als einer schon geschlossen war; die Behauptung in Schönberg werde kein Sondermüll gelagert; eine Presseerklärung von Staatsrat **Reimers** vom 11.4.86, die nochmals den Abschluss des Schönberg-Vertrages zeitlich falsch einordnet."[10] Auch bei der Leitung der Baubehörde, namentlich Volker Lange, hielt sich der Untersuchungsausschuss, dem unter der Leitung des Sozialdemokraten **Herrmann Scheunemann** vom linken Parteiflügel parteiübergreifend eine hervorragende Leistung zugesprochen wurde, mit eindeutiger Kritk nicht zurück. Die CDU attestierte Lange, der jetzt der Wirtschaftsbehörde vorstand, „komplettes Nichtwissen über die Grundlagen des Handelns des 270-Millionen-DM-Betriebes Stadtreinigung."[11] Nichtsdestotrotz trage er die politische Verantwortung für „die Vorbereitung und Durchführung der rechtswidrigen Gebührenerhöhung von 1982", „die jahrelang geduldete Misswirtschaft und völlig ungenügende betriebswirtschaftliche Ausstattung der Stadtreinigung" und „den Abschluss des Müll-Liefervertrages nach Schönberg/ DDR ohne entsprechenden Senatsbeschluss."[12] Herrmann Scheunemann bewertete den städtischen Müllbetrieb so: „Die Stadtreinigung hat die Behörden, den Senat und die Bürgerschaft jahrelang angelogen. Teilweise herrschte dort kriminelles Verhalten, es verschwanden auch Akten."[13] Doch die Rücktrittsforderungen der Oppositionsparteien an die Adresse der politisch verantwortlichen Senatoren verhallten im Wind: Sowohl Lange als auch Kuhbier konnten zwar angekratzt, aber unbeschädigt aus dem Skandal hervorgehen. Lediglich innerhalb der Stadtreinigung wurden einige Angestellte strafversetzt.

Nur einer zog Konsequenzen aus dem Skandal Stadtreinigung: der Kronzeuge Hans-Joachim Goldbach. Er gab nach 22 jähriger Mitgliedschaft sein Parteibuch mit der Mitgliedsnummer 05/ 132/ 04792 ab. 600 Mark Beiträge zahlte der Familienvater jährlich in seinem Distrikt Poppenbüttel. Goldbach war tief verbittert, als er austrat: „Im Grunde meines Herzens bleibe ich Sozi. Doch mein Glaube an die Weltverbesserer ist weg, ich bin auch für den Wechsel."[14] Aus dem Untersuchungsausschuss seien keine konkreten Konsequenzen gezogen worden. Und er selber musste sein couragiertes Rechtsbewusstsein mit Mobbing bezahlen: „Finanziell habe ich keine Einbußen erlitten. Aber früher hatte ich neun Untergebene in der betriebswirtschaftlichen Abteilung, sieben davon sind abgezogen worden. Ich bin gegen Informationen abgeschottet, die ich für meine Arbeit brauche."[15] Der mutige Betriebswirt, der den Skandal überhaupt erst ins Rollen brachte und damit den fortgesetzten Betrug mit den Müllgebühren, die

Umweltverschmutzung im Namen der Stadtreinigung und die skanda-
löse Vertragsverflechtung zwischen SPD-Funktionsträgern, DDR und
Hamburger Senat zur Aufdeckung brachte, brachte seine persönlichen
Erfahrungen so auf den Punkt: „Apparat und Partei waren, beziehungsweise sind dabei, mich zu zerstören – mehr subtil als konkret,
aber doch sehr gezielt."[16]

Erläuterungen zu den Fußnoten ab Seite 285

HSV = Hamburger Sozialdemokraten Verein

Oder: Wie man Deutschlands Fußballidol Nummer 1 ruiniert

„Junge, lass die Finger davon. Das gibt hinterher nur auf den Kopf."[1] Hätte **Uwe Seeler** doch auf seinen Vater gehört und nicht auf seine Saunaclique. Mit der es allerdings, so hört man, freitagsabends in der Sauna immer sehr männlich zuging. Die dann nachher zu ihm in den Vorstand gekommen ist und dem Hamburger Sport Verein gezeigt hat, was eine Krise ist. Vorher die Klappe scheunentorweit auf (Ex-HSV-Vize **Volker Lange**: „Bis zum Jahr 2000 wollen wir die Bayern erreicht haben."[2]) und am Ende den einzigen Fußballbundesligisten, der seit Anfang der Liga dabei war, in die tiefste Krise gestürzt, die er je gesehen hat: So weit unten war der HSV noch nie. Erst nachdem Uwe Seeler und sein Vorstand zurückgetreten sind, kann sich der HSV wieder berappeln. Uwe Seeler war Präsident einer Amateur- und Mauscheltruppe: Der eine ein Hotelier, den ein Hamburger Gericht wegen eines 19 Millionen-Immobiliendeals im Osten der Republik zu einem Jahr Haft auf Bewährung verurteilte. Sein Stellvertreter der Politiker mit den meisten Skandalen der Hansestadt, heute ein windiger Politmakler, das SPD-Mitglied und der damalige Vizepräsident Volker Lange. Angeblich soll er der Kopf des Ganzen gewesen sein und Seeler nur sein Wasserträger.

Als Uwe Seeler am 5. Oktober 1995 zum Präsidenten des Hamburger Sportvereines gewählt wird, schaut der 58-jährige Jahrhundertfußballer auf ein Leben zurück, das für viele Leben gereicht hätte: „Als 18-Jähriger Torschützenkönig in der Nord-Staffel der Oberliga, der damals höchsten Spielklasse. Von 1954 bis 1963 schoss er in dieser Liga in 237 Spielen 267 Tore – eine heute übermenschlich anmutende Bilanz."[3] Neben Pelé, dem anderen großen Fußballspieler des vergangenen Jahrhunderts, der einzige Spieler, der bei vier Weltmeisterschaften Tore erzielt hat. „Bei zwei Weltmeisterschaften trug Seeler die Kapitänsbinde der deutschen Nationalmannschaft. Zwischen 1963 und 1972 erzielte er in 239 Bundesliga-Einsätzen 137 Tore. Von 1956 bis 1964 war er fünfmal bester Torschütze. Dreimal war er Deutschlands Fußballer des Jahres (1960, 1964 und 1970)."[4] Uwe Seeler war seinem Verein so treu, wie er seiner Gattin nicht treuer gewesen sein kann: Er hat schließlich nie woanders als beim HSV gespielt und Uwe Seeler war ein Hamburger, wie er mehr Hamburger nicht sein kann: Er ist in Hamburg geboren, er ist hier getauft worden, er hat hier geheiratet.

Seine Amtszeit als HSV-Präsident beginnt mit einem Markenzeichen der Ära Seeler: Erpressung der Mitglieder und Gremien des HSV, um die eigenen Ziele knallhart durchzusetzen. „Damit zog das Fussball-Idol zugleich die Konsequenzen aus der Weigerung von Vizepräsident **Hans Schümann** und Schatzmeister **Gerhard Flomm**, Seeler mit ihrem Rücktritt den Weg für eine Erneuerung frei zu machen. ‚Mit dem Thema HSV bin ich vorerst durch. Ich bin überhaupt nicht mehr bereit, ein Gespräch mit diesen Herren, mit diesem aktuellen HSV-Präsidium zu führen'", erklärte Seeler.[5] Sechs Tage später ist Uns Uwe, ein bisschen Diktator schon vor Amtsantritt, HSV-Präsident. Als Gastgeschenk legt er dem verduzten Vereinsvorstand mit **Jürgen Engel** und Volker Lange gleich zwei Kuckuckseier ins Nest. Bis zu ihrer demokratischen Legitimierung durch die Jahreshauptversammlung dürfen Seelers Freunde schon mal als Berater des Präsidenten Platz nehmen. Volker Lange, der mit dem HSV bisher so gar nichts im Sinn hatte, hatte gerade eben die kleinste formelle Hürde für sein Vizepräsidentenamt gemeistert: Am 1. August 1995 war er überhaupt erst in den Hamburger Sportverein eingetreten. Seine Gründe für das Engagement, so will er der Presse immer wieder weis machen, seien zutiefst ehrenhafte, es gehe um den Fußball der Stadt, um das Wohl Hamburgs und um eine Männerfreundschaft: „Seine Motivation für den HSV zu arbeiten, sei von der Bitte Seelers mitzumachen geleitet, von der Lust als HSV-Fan wieder guten Fußball sehen zu wollen und von der Erkenntnis, dass ein Werbeträger wie der HSV für Hamburg einen hohen Nutzen habe."[6] Die mit den Freundschaftsdiensten des Polit-Maklers Beschenkten mögen das heute anders sehen. Sie könnten denken, Lange sei nur in den HSV eingetreten, um das Arena-Projekt im Wert von 500 Millionen Mark durchzusetzen und dann eine Provision in Millionenhöhe zu kassieren. Die Seeler-Lange-Clique will dem HSV ein neues, zukunftsweisendes Image verpassen. Raus aus den alten Vereinsstrukturen, rein in ein Wirtschaftsunternehmen lautet das Motto, mit dem die Freunde an der Umstrukturierung des HSV arbeiten. Peter Krohn, Präsident des HSV von 1973-77, ist die neue Satzung zu undemokratisch. „Zu wenig Mitwirkungsmöglichkeiten der Mitglieder"[7] mahnt der 64-jährige Ex-Präsident auf einer außerordentlichen Mitgliederversammlung im Juni 1996, auf der gerade mal 365 von mehr als 5000 Mitgliedern die Auflösung der Vereinsstrukturen beschließen. Krohn warnt unverhohlen vor dem neuen Führungsteam mit dem Seeler-Bonus: „Schlimmer sei jedoch zuvor die Drohung der amtierenden Führungscrew gewesen, bei Nichterreichen der notwendigen Drei-Viertel-Mehrheit zurückzutreten: ‚Dies ist keine Basis, um in eine Aussprache zu gehen', protestierte Krohn, zog zehn Änderungsanträge zurück und erklärte seinen Austritt aus dem Verein."[8]

Der Krug geht dreimal zum Brunnen, bevor er bricht. Der Aufsichtsrat, das Kontrollgremium des Sportvereins, steht ein paar Monate später zur Wahl. Also droht die neue Männerriege wieder im voraus. Volker Lange: „Wir werden geschlossen zurücktreten, wenn in den Aufsichtsrat nur eine Person gewählt wird, die wir nicht vorgeschlagen haben."[9] Da müssen die Vereinsmitglieder, die geglaubt haben, mit ihren Mitgliedsbeiträgen und Sorgen um den HSV ernst genommen zu werden, mit ihren sechs Kandidatenvorschlägen eben zurückstehen – und die elf Wunschkandidaten des Dreamteams um Uns Uwe werden zu den Chefkontrolleuren derselben. Kommentar der „Welt am Sonntag": „HSV-Präsidium sucht seine Kontrolleure selbst und erpresst die Mitglieder".[10]

Zum HSV-Geschäftsführer wird der nächste stadtbekannte Sozialdemokrat bestellt – Langes Nachfolger als Innensenator, **Werner Hackmann.** Als Hackmann im Zuge des Polizeiskandals am 12. September 1994 vom Senatorenamt zurückgetreten war, dauerte es nicht lange, und die zwei ehemaligen Senatoren dienten sich der Wirtschaft gemeinsam als Berater an: „Werner Hackmann (...) steigt in die Unternehmensberatung von Volker Lange ein, ebenfalls Senator a.D. Die Gefahr einer Verquickung von wirtschaftlicher Tätigkeit und politischen Kontakten sieht er nicht.“[11]

Nun sitzen die beiden Parteigenossen der SPD und Geschäftspartner also gemeinsam an der Spitze des HSV und ein weiterer Parteigenosse, Geschäftspartner und guter Freund aus dem Consulting-Büro Lange betritt die Bühne: **Wolfgang Rosebrock.** Der ist zwar nicht für den HSV tätig, aber für die Projektentwicklungsgesellschaft Deuteron, die er gemeinsam mit Volker Lange beraten hat. Deuteron bewirbt sich mit der Philipp Holzmann AG als einer von zehn Anbietern um den Neubau des HSV-Stadions. Und wir ahnen es schon: Neun Bewerber werden das Stadion nicht bauen dürfen, weil die von dem Sozialdemokraten und Vizepräsidenten Volker Lange beratenen Firmen den Zuschlag bekommen. Denn auch die Philipp Holzmann AG, so lassen jedenfalls Langes Bemerkungen in der Öffentlichkeit vermuten, hat sich durch den Ex-Senator beraten lassen: „Zwar kontert Volker Lange, dem schon in seiner politischen Karriere des öfteren ‚Verfilzung‘ vorgeworfen worden war, Anwürfe, er habe besonders gute Kontakte zum Unternehmen Philipp Holzmann, das den Senatszuschlag für den Neubau eines Stadions und einer Großhalle anstelle des maroden Volksparkstadions bekommen hatte, mit der flapsigen Bemerkung: ‚Ich wüsste nicht, dass ehemalige Senatoren mit einem Berufsverbot belegt werden können.‘ Aber ein energisches Dementi ist das nicht.“[12]

Über besonders gute Kontakte verfügt der Mann im Mittelpunkt des Geschehens in Sachen Hamburger Behörden und Senatoren. Mit dem amtierenden Bürgermeister, – und es besteht kein Zweifel, dass **Henning Voscherau** (SPD) eine Jahrhundertentscheidung wie den Neubau des Volksparkstadions mit Arena entscheidend bestimmt hat –, hat Autoliebhaber Lange, der heute Präsident des Verbandes der Kraftfahrzeugimporteure ist, ein Jahrzehnt lang Seite an Seite als Senator Hamburgs Politik bestimmt. Mitte August 1995 soll Lange für seinen

Auftraggeber Deuteron in Sachen Stadion beim Bürgermeister höchst-persönlich als Political Consultant vorstellig geworden sein: „Mitte August 1995: Vertrauliches Gespräch von Deuteron-Berater Volker Lange mit Bürgermeister Voscherau."[13] Der Consultant war erfolgreich: Deuteron erhält den Zuschlag. Voscherau selbst ist an den Geschäften des Stadions und des HSV allerdings auch nicht ganz unbeteiligt. Sein Notariatsbüro am Alstertor 14 ist es, das dem HSV bei Gründung und Verwaltung seiner Firmen die notarielle Beurkundungen fertigt. Beispiel 1: Die HSV-Stadion HSV-Vermögensverwaltungs GmbH & Co. mit einer Kommanditeinlage von vier Millionen Mark. Kommanditi-sten sind am 21.7.1999 die HSV Sport Aktiengesellschaft mit 3.160.000 Mark, der Deuteron-Chef **Andreas C. Wankum** mit 800.000 Mark und die UFA Sports GmbH mit 40.0000. Notar: **Dr. Wolfgang Engelhardt** aus dem Voscherau-Notariat. Beispiel 2: Die HSV-UFA Stadionmanagement und Verwaltungs GmbH. Zitat aus der Handelsregister-Akte über den Arbeitsbereich des Unternehmens: „Geschäftsführung und Vertretung der HSV-UFA Stadionmanagement GmbH & Co. KG. Gegenstand der KG ist die Anmietung und der Betrieb des Fußballstadions ‚Volkspark' in Hamburg-Bahrenfeld zum anschließenden Betrieb des Stadions für Fußball- und Drittveran-staltungen unter Verwertung sämtlicher stadion- und veranstaltungs-bezogener Rechte, die Vermietung und Verpachtung an Veranstalter, insbesondere die Lizenzspielerabteilung des HSV e.V., der Erwerb und die Verwertung von veranstalter- und stadionbezogenen Rechten aller Art sowie der Abschluss entprechender Vermarktungsverträge." Notar: **Dr. Klaas Hinrich Pflüger,** Kanzleipartner Voscheraus im Notariat am Alstertor 14. Beispiel 3: die HSV Vermögensverwaltungs GmbH mit dem Aufgabengebiet „Verwaltung des Vermögens der Gesellschaft, ins-besondere durch den Erwerb sowie die Bebauung des Grund-stückanteils ‚Volksparkstadion' und die anschließende Vermietung eines Fußballstadions." Notar hier: Dr. Wolfgang Engelhardt aus dem Bürgermeister-Notariat Alstertor 14. Und Henning Voscherau ist heute selbst beim HSV tätig: als Mitglied des Aufsichtsrates. So ist das in Hamburg.

In der Stadtentwicklungsbehörde, wo die Pläne für das HSV-Stadion im Sinne der Stadt und seiner Bewohner von Senatsseite aus bearbeitet werden, ist sich der ehemalige Senator ebenfalls guter Kontakte sicher. Hamburgs oberster Stadtplaner, Oberbaubaudirektor **Egbert Kossak**, wurde schließlich 1981 unter Bausenator Volker Lange zum Oberbaudirektor der Stadt ernannt. Seinem Ex-Chef stand er später bei der Durchsetzung mehrerer Großprojekte auf städtischem Grund und Boden nicht gerade im Weg. Auch der Leiter der Stadtentwicklungsbehörde, Senator **Thomas Mirow** (SPD), kennt Volker Lange aus seiner Zeit als Senator noch gut: Mirow war es, der bei den Skandalen, die Lange entfachte, als Direktor der Staatlichen Pressestelle dessen verfehlte Politik der Öffentlichkeit verkaufen musste. In Mirows Zeit als Stadtentwicklungssenator hat Lange für Investoren beachtliche Grundstücks- und Investitionsvorhaben realisieren können – mit tatkräftiger Unterstützung des Stadtentwicklungssenators, der dafür teilweise sogar die Empfehlungen seiner eigenen Stadtplaner schlicht nicht beachtete und sich statt dessen die Hand von den Investoren führen ließ – mit fatalem Ausgang, wie sich heute beispielsweise am Friedrich-Ebert-Damm in Wandsbek besichtigen lässt. Auch beim Stadion habe Mirow nicht unabhängig entschieden, wird behauptet: „Kurz vor der abschließenden Senatsentscheidung traf sich Stadtentwicklungssenator Mirow mit Bürgerschaftsabgeordneten. Dort, so berichtet ein Teilnehmer, habe Thomas Mirow erklärt, der Senat werde ‚Arena AG/ Deuteron' das Projekt an die Hand geben, weil der HSV die Investorengemeinschaft favorisiere."[14] Diese Aussage, die bedeuten würde, dass sich der Stadtentwicklungssenator bei der Stadionentscheidung auch hier die Hand von Volker Lange führen ließ, dementierte Thomas Mirow später. „Die Welt" weiß jedenfalls zu berichten, dass der Stadtentwicklungssenator in einer Sitzung einer Senatskommission auf die Frage des Bürgermeisters, was denn gegen das Hallenkonzept des Mitbewerbers Jebens spreche, mit hochrotem Kopf geantwortet habe: ‚'Du Thomas, was spricht eigentlich gegen das Hallenkonzept von dem Jebens?' Der Kopf des Senators, so erzählen später Teilnehmer der Runde, lief purpurrot an. ‚Aber Henning, darüber haben wir doch gesprochen.' Der Bürgermeister nickte."[15]

Was die beiden Senatsmitglieder besprochen und entschieden haben, mag ihr Geheimnis bleiben. Sicher ist jedoch, dass die Bewerber unter ungleichen und unfairen Bedingungen angetreten sind. Denn während Bürgermeister Voscherau angesichts knapper Haushaltslage von „keiner Mark Staatsgeld"[16] für den Umbau von Stadion und Volkspark sprach, erhielt letztendlich der den Zuschlag, der am meisten öffentliche Subventionen zugestanden bekam: Deuteron und die Philipp Holzmann AG. Sie erhielten 40 Millionen Mark Staatssubvention aus dem Hamburger Stadtetat für das Stadion, bekamen Baugenehmigungskosten in siebenstelliger Höhe erlassen und 284.000 (!) Quadratmeter Grundstück zum symbolischen Preis von einer Mark geschenkt. Mitbewerber wie beispielsweise **Frank Richter,** der das Projekt (statt wie Deuteron und Holzmann für über eine halbe Milliarde Mark) für 363 Millionen Mark bauen wollte, fühlten sich von der Stadt hintergangen: „Uns hat man radikal andere Rahmenbedingungen genannt. Die Stadt wollte nicht nur keine Mark subventionieren, sondern hat von uns sogar 80 Millionen für das Grundstück gefordert. Ich verstehe nicht, dass den anderen Bewerbern die Zuwendungen für Holzmann vorenthalten worden sind."[17] Laut „Hamburger Morgenpost" hatte Langes Ex-Mitarbeiter, Oberbaudirektor Kossak, anderen Mitbewerbern zu verstehen gegeben, dass sie für Zusatzflächen den marktüblichen Preis zu zahlen hätten. Klaus-Peter Jebens, der eine rein privat finanzierte Superhalle am Höltigbaum eingereicht hatte: „Aus null Mark Staatsknete, wie von Voscherau gefordert, sind plötzlich mehr als 100 Millionen Mark an Subventionen geworden. In der Ausschreibung war nie die Rede davon, den Bewerbern 28 Hektar Bauland für eine Mark nachzuwerfen."[18] Diese wundersamen Gegensätze in der Interpretation der Ausschreibung von „keiner Mark Staatsgeld" bis zu hundert Millionen Mark Subvention durch die Stadt stehen bis heute unbeantwortet im Raum. Denn aufgeklärt worden sind diese Ungereimtheiten nie. Es hatte anscheinend niemand, dem es möglich gewesen wäre, ein Interesse daran. Die Forderung der Mitbewerber, den Wettbewerb neu und diesmal fair auszuschreiben, verhallte ebenso ungehört. Wen kümmert es im SPD-Staat Hamburg?

Dabei hatte der Senat versucht, der Arena-Entscheidung ein demokratisches und sauberes Antlitz zu verpassen. Bevor sich der Senat selbst entscheiden wollte, sollte eine Bankenarbeitsgemeinschaft aus Hamburgischer Landesbank und Bankhaus Warburg als neutrale und unabhängige Instanz die Bewerber auf ihre Seriösität und ihre Bonität prüfen. Doch auch die Banken müssen sich den Vorwurf gefallen lassen, in diesem Fall nicht unabhängig entschieden zu haben. Für das 20-Seiten-Gutachten, so die „Welt", hätten die Kreditinstitute 1,75 Prozent der Auftragssumme als Honorar erhalten. Warburg und Landesbank entschieden sich für das mit Abstand teuerste Projekt – Deuteron und Holzmann: „Der Anwalt eines abgeschmetterten Deuteron-Konkurrenten voller Ironie: ‚Ein Schelm, wer glaubt, dass die Banken Arena AG / Deuteron empfohlen hätten, weil sie bei einem Zuschlag für diesen Bewerber das höchste Honorar erhielten.'"[19]

Ein Gesellschafter der Warburg-Bank, **Rainer Behne,** war vorher sechs Jahre lang gemeinsam mit Deuteron-Chef Andreas Wankum Geschäftsführer bei Deuteron. Eine Verquickung, die ein trübes Licht auf das Bank-Gutachten wirft: Die Bank urteilte also über die Ex-Firma ihres eigenen Gesellschafters, die im Wettbewerb um ein dreistelliges Millionenprojekt stand. Das wirft die Frage auf, ob die vom SPD-Senat beauftragte Warburg-Bank tatsächlich eine neutrale und unabhängige Position eingenommen hat – zumal Andreas Wankum, Chef von Deuteron, zu diesem Zeitpunkt als CDU-Deputierter in der Finanzbehörde die Hamburgische Landesbank hätte kontrollieren und damit über seinen eigenen Deal mit der Stadt hätte wachen müssen. So ist das Ergebnis des Gutachtens das Papier nicht wert, auf dem es geschrieben worden ist. Denn beide Firmen sind de facto pleite: Holzmann löste mit seinem befürchteten Konkurs drei Jahre später einen Sanierungsfall in der Baubranche aus, der bis in die Spitzen der Europäischen Union für Gesprächsstoff sorgt. Gerettet werden können die Arbeitsplätze und das Unternehmen nur, wenn die Brüsseler Wettbewerbsbehörde eine großzügige Finanzspritze für das Unternehmen zulässt. „Dass Holzmann finanziell am Ende ist, wussten wir damals schon", sagt ein

Senatsmitglied, das lieber ungenannt bleiben möchte. Ein Blick an die Börse hätte auch gereicht. Aus der „Welt": „Fast zeitgleich wertete die deutsche Morgan Grenfell, eine Tochter der deutschen Bank, dies anders. Sie wies am 26. November 1996 auf erhebliche Ergebnisprobleme der Holzmann AG hin. Und riet Aktienkäufern: ‚Untergewichtig', Im Klartext: Finger weg."[20] Trotzdem: Die „unabhängigen Bankspezialisten" entschieden anders. Aus heutiger Sicht ist das Landesbank-/Warburg-Gutachten, das Holzmann und Deuteron als „bonitätsmäßig erstklassige und technisch äußerst leistungsfähige Bietergemeinschaft" bezeichnet, eine Beleidigung für das gesamte Bankengewerbe. Während Holzmann noch ums Überleben kämpft, ist Deuteron nämlich längst pleite. Konsequenzen aus dem Pannen-Gutachten, gar haftungsrechtliche, sind bis heute nicht gezogen worden. Und so wird **Alexander Stuhlmann** weiterhin Vorsitzender der zu 51 Prozent der Stadt gehörenden Hamburgischen Landesbank bleiben – und bestimmt auch Mitglied der SPD Hamburg. Schließlich bestimmt die auch, wer Chef der Hamburgischen Landesbank sein darf.

Mit der Entscheidung, das Jahrhundertprojekt HSV-Stadion den von Ex-Senator Lange (SPD) beratenen Firmen anzuvertrauen, haben Wirtschaftssenator Thomas Mirow (SPD) und Bürgermeister Henning Voscherau (SPD) der Stadt einen Bärendienst erwiesen: Viele Hamburger Baufirmen, die dem HSV mit dem Stadionneubau ein Denkmal gesetzt haben, warten noch heute auf ihr Geld, einige sind deswegen selbst am Rand der Pleite. Für das Hamburger Baugewerbe war der Stadionbau des Hamburger Sportvereins ein mittlerer GAU. Das Geschäftsgebaren, das HSV und Deuteron gemeinsam an den Tag legten, hat das ohnehin angekratzte Vertrauen im Baugewerbe noch einmal nachhaltig erschüttert: Wenn man schon mit dem HSV und der Stadt keine sauberen Geschäfte mehr machen kann, mit wem dann noch, fragen sich die kleinen und mittelständischen Betriebe auf dem Bau.

Mit der SPD vielleicht?

Erläuterungen zu den Fußnoten ab Seite 285

Der Fall Kossak

Warum die Staatsanwaltschaft gegen Hamburgs ehemaligen Oberbaudirektor Anklage erhoben hat

Es war Donnerstag, der 18. September 1997. Am späten Nachmittag gegen 16.30 Uhr trafen die Herren Kai W. und Arnold L. in der Behörde ein. Im Büro von Egbert K. sollte ein Bauprojekt erörtert werden. Nicht irgendeins. Es ging um ein Vorhaben der Luxusklasse, wie es nicht jeden Tag gebaut wird. In einer Luxusgegend, direkt an der Alster. Im Koffer des Kai W.: Nicht nur Unterlagen über sein Villenprojekt, das auf einem der teuersten Grundstücke Hamburgs entstehen soll. Sondern auch ein hellbrauner DIN-A4-Umschlag. Gefüllt mit Banknoten – Tausendern. Insgesamt 200.000 Mark. Schon Monate vorher fanden zahlreiche Gespräche mit diesen oder anderen Beteiligten über das Bauprojekt statt. Kai W. möchte sicher stellen, dass auf dem Grundstück mehr als 3000 Quadratmeter Wohnfläche vom Feinsten entstehen können. Sonst rechnet sich der exklusive Aufwand nicht. Egbert K. beruhigt ihn – ein Architekten-Wettbewerb soll das gewünschte Ergebnis bringen. Kai W. ist zufrieden, fingert den Umschlag aus seinem Koffer und übergibt ihn Egbert K.: „Hier sind noch einige vertrauliche Unterlagen."

Ob dieses Gespräch beim damaligen Hamburger Oberbaudirektor Professor **Egbert Erwin Otto Kossak** tatsächlich so stattgefunden hat – es ist bis heute ungeklärt. Der Architekt **Arnold Jakob Lenggenhager** behauptet es jedenfalls. Er war Teilnehmer der Runde und hat ein Gedächtnis-Protokoll über den Ablauf angefertigt, das eineinhalb Jahre später Grundlage für eine Strafanzeige ist. Allerdings bestreiten alle anderen an dem Treffen Beteiligten den Hergang energisch – insbesondere die Übergabe der 200.000 Mark an den Oberbaudirektor. Damit stehen die Herren nicht alleine da. Auch das Landgericht Hamburg glaubte die Lenggenhager-Version nicht und ließ eine von der Staatsanwaltschaft erhobene Anklage gegen Kossak nur teilweise zu – den

Tatvorwurf der Bestechlichkeit jedenfalls lehnen die Richter als nicht begründet ab. Die Staatsanwaltschaft legte dagegen Beschwerde beim Oberlandesgericht ein. Unabhängig vom Ausgang des Verfahrens offenbart der Fall Kossak, auf dessen genauen Verlauf bis zu den staatsanwaltschaftlichen Ermittlungen später noch eingegangen werden soll, zwei Dinge, die für den Oberbaudirektor a.D. gleichermaßen unschön sind. Zum einen gibt es einige Menschen in dieser Stadt, die die Geschichte des Arnold Lenggenhager für möglich halten. Und zum andern gibt es einige Menschen, die Kossak die Probleme, welche die Ermittlungen und das spätere Strafverfahren für ihn mit sich brachten und bringen, gönnen. Und das hat Gründe, die insbesondere in der Person von Egbert Kossak zu suchen sind.

Er wurde 1936 in Hamburg geboren und arbeitete als freier Architekt und Stadtplaner in Berlin, wurde später Professor für Städtebau. 1981 wurde der gelernte Maurer zurück in seine Heimatstadt gerufen, als Oberbaudirektor in der Behörde des damaligen Bausenator **Volker Lange.** Als **Eugen Wagner** die Behörde übernahm, war der Zoff unter den Männern programmiert, da die beiden unterschiedlicher nicht sein können. Wagner, machtbesessen, die Truppen beisammen haltend, in sich gekehrt und verschlossen, außerhalb von Wahlkämpfen ein Gegner öffentlicher Diskussion und der Medien. Kossak, nicht weniger machtbesessen, aber einer, der sich im Rampenlicht sonnt, der die öffentlichen Auftritte liebt wie sein Pfeifchen und seinen Schlapphut, der seine Eitelkeiten im Blitzlichtgewitter auslebt und bei öffentlichen Auftritten immer in der ersten Reihe tanzt – am liebsten alleine. Trotzdem überdauerte diese Männerfeindschaft satte zehn Jahre. Bis Kossak, wieder unter großer öffentlicher Beteiligung, in die neugegründete Stadtentwicklungsbehörde wechselte – und gleichzeitig als B9-Beamter eine Sonderstellung neben der Staatsrätin **Barbara Meier-Reimer** bekam.[1] Fortan durfte er ohne jemanden fragen zu müssen, beim Bürgermeister vorsprechen. Weniger Kritik brachte ihm das nicht ein. Nachdem Kossak, Freund der Fliege statt des Schlipses, im „Hamburger Abendblatt" in einem Rundumschlag die geplante Verwaltungsreform kritisiert hatte, die nur die Bürokratie weiter aufblähe und die Politik des SPD-nahen Dampfers Strom und Hafenbau als unverantwortlich gebrandmarkt hatte, fing er sich einen Senats-Rüffel ein.[2] Nicht das erste Mal, dass der erfolgsverwöhnte Kossak Niederlagen einstecken musste. Im Frühjahr 1991 stand Napoleon, so sein Behörden-Spitzname, am Pranger, weil er in zweieinhalb Jahren 20 Mal den Polizeihubschrauber bestiegen hatte, um sich Hamburg aus der Luft anzusehen und schöne Fotos für sich, seine Bildbände und für städtische Vorträge zu schießen. Während Otto-Normal-Bürger tief in die Tasche hätte greifen müssen, flog Kossak mit dem Hubi zu Dumpingpreisen – zudem zahlte die Baubehörde noch was dazu. Seine Fotos, so rechtfertigte der Senat den fliegerischen Aufwand, „dienten in erheblichen Maße der Außendarstellung der Freien und Hansestadt Hamburg".[3] In München stieg zur gleichen Zeit der dortige oberste Bauplaner nur alle zwei Jahre in den Helikopter, um seine Stadt aus der Vogelperspektive zu begutachten.[4] So wundert es wenig, dass die Hamburger Polizei darum gebeten haben soll, dass Kossak etwas seltener in die Luft geht.[5] Noch im selben Jahr trat der Oberbaudirektor erneut ins Fettnäpfchen, weil er ohne politische Rücksichtnahmen auf dem Boden der Nachbarbundesländer den Bau von drei Trabantenstädten für bis zu 150.000 Hamburger in die Diskussion brachte. Kossak, der sich bei seinem Amtsantritt zum Ziel gesetzt hatte, „Stimulant und Provokateur" zu sein, hatte zumindest Letzteres wieder einmal erreicht. Seine Provokationen haben die Stadt möglicherweise noch bereichert, zumindest aber eine kontroverse Diskussion über Architektur und Stadtentwicklung beflügelt. Das, was in der zweiten Häfte der 90er Jahre an Auseinandersetzungen mit und über Egbert Kossak in der Stadt folgte, schadete jedoch nicht nur dem eitlen Planer, sondern auch Hamburg.

Im Juni 1998 platzte offensichtlich einem der renommiertesten Architekten der Stadt, **Professor Meinhard von Gerkan,** Chef des Büros gmp (von Gerkan, Marg und Partner), der Kragen. In einem zweiseitigen Brief[6], der auch an Stadtentwicklungs-Senator **Willfried**

Maier (GAL) ging, wirft er Kossak „Amtsanmaßung", „Missbrauch der Ihnen anvertrauten öffentlichen Funktionen", „Voreingenommenheit" und „Begünstigung"[7] vor. Kossak hatte dem Büro gmp die Teilnahme an einem beschränkten Architektenwettbewerb[8] für den Neubau des „Internationen Immobilien Instituts"[9] am Axel-Springer-Platz verweigert. Gerkan sah darin eine „Aussperrung von Architekten" und eine Manipulation der Investoren zugunsten bestimmter Planerbüros. Die Kritik Meinhard von Gerkans war nicht neu. Hinter vorgehaltener Hand bemängelten Architekten seit Jahren, dass Kossak bei der Auswahl der Büros, die an Architekten-Wettbewerben teilnehmen durften, zu viel Einfluss nehme. So kam es, dass zunächst die großen Büros wie **Kleffel & Köhnholdt** (Millerntorhochhaus), aber auch gmp (Flughafen-Terminal, Fleetinsel) immer wieder zu den Gewinnern zählten. Abgelöst wurden sie in der zweiten Hälfte der 90er Jahre von Büros wie **Bothe, Richter, Teherani** (Car & Driver, Doppel X) oder **Alsop & Störmer**[10] (Staatsarchiv). Kossak verglich seine Vorlieben mit denen für einen „Lieblingsschriftsteller. Seit Schumacher[11] hat jeder Oberbaudirektor die Aufgabe, Akzente zu setzen. Acht, zehn Jahre habe ich mehr die konservativen Architekten gefördert, danach die Avantgarde, auch ausländische. Ich hatte Vorlieben, aber weit gestreut."[12] Das sahen andere Experten damals differenzierter. Das hervorragende Potenzial unter den gut 1000 Hamburger Architekten „wird zu wenig genutzt", bemängelte etwa der Geschäftsführer der Hamburgischen Architektenkammer, **Ullrich Schwarz.**[13] Das Hauptproblem brachte der Architekt **Michael Dittmer** (Hanseatische Krankenkasse) auf den Punkt: Kossak nehme nicht nur „ganz stark Einfluss auf die Auswahl der Architekten"[14], er sitze meist auch noch in den Preisgerichten. Genau dies hatte auch Meinhard von Gerkan in seinem Schreiben an Kossak kritisiert: „Eigentlich sollten Sie der Objektivität willen diese Preisrichterämter niederlegen."[15] Kossak aber blieb in den Jurys. Und so soll er dank seiner exponierten fachlichen Stellung immer wieder Projekte durchgeboxt haben, die in der Stadt kritisch gesehen wurden. Dazu zählte unter anderem auch das Millerntorhochhaus. Zu massig, zu monoton, zu wenig an den Stadtteil angepasst, lautete die Kritik. Und es wurden keine Wohnungen mitgeplant und gebaut. Doch Kossak und im Hintergrund das Beraterbüro des ehemaligen SPD-Senators Volker Lange setzten den umstrittenen Bau durch, für den die Investoren sogar noch städtischen Boden zu Sonderpreisen erhielten.

Nicht weniger merkwürdig verlief das Planverfahren des „Scandinavian Trade Center", das Anfang der 90er Jahre an der Ecke Adenauer-allee/Lindenstraße in St. Georg geplant war. Obwohl Kossak Hoch-häuser für die City eigentlich ausgeschlossen hatte, machte er sich in diesem Fall zum vehementen Fürsprecher. Mehr noch: Zu einer Zeit, in der sich im Bezirk Mitte noch gar kein politisches Gremium abschlie-ßend mit dem Bauprojekt beschäftigt hatte, teilte er dem Investoren **Joachim Krech** schon mal mit, dass „die Entscheidungsträger Ihrem Projekt positiv zugewandt"[16] sind. Nicht die einzige überlieferte Unge-reimtheit. Nach dem alten, damals gültigen Bebauungsplan hätten auf dem Gelände viergeschossige[17] Bauten errichtet werden können. Dank Kossaks vehementer Parteinahme, die im Stadtteil von Architekten und Bürgerverein scharf kritisiert wurde, und der Beratung des Büros des schon bekannten ehemaligen Bau- und Wirtschaftssenators Lange[18] wurden es in der Planung zwischen 14 und 17 Stockwerke. Auch der dafür notwendige neue Bebauungsplan ging in Rekordgeschwindigkeit in den bezirklichen Gremien auf Reisen. Geblieben ist nichts: Das „Scandinavian Trade Center" steht bis heute nicht. Ohnehin sollen, anders als der Name suggerierte, kaum skandinavische Firmen an dem neuen Bürohaus interessiert gewesen sein. Dafür aber steigt der Wert eines Grundstückes erheblich, wenn man statt vier deutlich mehr Stockwerke auf ihm errichten darf.

Die Monotonie der City-Süd, die fast vollständig fehlenden Wohnun-gen dort, die riesigen Büro-Klötze, die derzeit am Holzhafen entstehen, die geplanten gigantischen Neubauten am Hafenrand, die sich zu Kossaks „Perlenkette" am Elbufer aufreihen sollen, waren es, die dem obersten Architekten der Stadt die Kritik einbrachten, die sozialen

Auswirkungen der von ihm betreuten Projekte nicht sehen zu wollen.[19] Und während Kossak über Glaspaläste, Klinkerbauten und Flugdächer philosophierte, ging der Blick fürs Große, fürs Wesentliche des öfteren verloren, sagen Kossaks Kritiker. Andere, wie der Geschäftsführer der Architektenkammer, Ullrich Schwarz, halten Kossak immerhin zu Gute, dass er „Architektur und Städtebau temperamentvoll wieder thematisiert"[20] habe.

Temperamentvoll bestreitet Kossak auch die gegen ihn erhobenen Vorwürfe der Bestechlichkeit. Der Staatsanwaltschaft warf er vor, „Hysterie" zu inszenieren und „Rufmord" zu betreiben. Aus Kossaks Sicht verständlich. Während seiner fast zwanzigjährigen Amtszeit als Oberbaudirektor gab es immer Gerüchte um Vorteilsnahmen und Begünstigungen – Kossak überstand alle Anfeindungen ohne nenneswerte Blessuren. Bis im April 1999 Fahnder der Dienststelle Interne Ermittlungen (DIE) die Wohnung Kossaks, die seiner Ex-Frau, Büros sowie das Penthouse und das Ferienhaus von **Kai Wünsche** durchsuchten. Die Aktion ging auf eine Strafanzeige des Staranwalts **Gerhard Strate** zurück. Der hatte darin moniert, dass der Bauherr, die Hamburger Immobilien Kontor GmbH & Co, dessen Alleingesellschafter Kai Wünsche ist, mit Kossaks Einsatz eine Baugenehmigung für zwei Gebäude auf dem Gelände An der schönen Aussicht 29/30 erhalten hatte, die ihm erhebliche Befreiungen einbrachten: So durfte Wünsche drei statt zwei Vollgeschosse bauen, die westliche Baugrenze um einen Meter überschreiten und einen rückwärtigen Teil des Grundstücks, der nach dem Bebauungsplan unbebaut bleiben sollte, ebenfalls für ein Gebäude nutzen. Ernsthafte Begründungen für die Befreiungen, so kritisiert Strate, fänden sich in der Bauakte nicht. Ungewöhnliches passierte indes schon viel früher. Kossak hatte mit Bauherr Wünsche einen Architektenwettbewerb beschlossen. Sieben namhafte Büros aus Hamburg, Berlin, München und London – wobei Kossak die vier Hamburger Büros in einem seiner Bücher[21] gelobt hatte – nahmen an diesem Wettbewerb teil. Das Büro der Ex-Frau Kossaks, **Antje Kossak** und **Ursula Erler**, organisierte den Wettbewerb. Jedes teilnehmende Architektenbüro, auch die Organisatoren, bekamen vom Immobilien Kontor 70.000 Mark. Ein ungewöhnlich hohes Honorar für einen derartigen privaten Auftrag. Kossak soll die Höhe mit dem kurzen Zeitplan bis zur Abgabe der Entwürfe und den Weihnachtsfeiertagen, die in der Frist lagen, gerechtfertigt haben. Erstaunlicher ist anderes: Alle Architektenbüros legten Entwürfe vor, in denen die Quadratmeterflächen der beiden Gebäude, die auf dem Alster-Gelände entstehen sollten, um 760 bis 1170 Quadratmeter überschritten waren – ohne Einrechnung des Untergeschosses. Vorgegeben waren 3500 Quadratmeter. Für den Investor, so hatte Strate errechnet, würden 1000 Quadratmeter Grundfläche rund zehn Millionen Mark mehr Umsatz beim Verkauf der Wohnungen bedeuten. Selbst wenn man die erhöhten Baukosten eines größeren Gebäudes dagegen rechnet, bleibt ein satter Gewinn. Doch offenbar, so führt Jurist Strate im Mai 1999 gegenüber der Staatsanwaltschaft aus, waren die erhöhten Quadratmeter notwendig, um das Luxus-Bauprojekt überhaupt wirtschaftlich abwickeln zu können. Die Überschreitung der Quadratmeterzahlen durch alle am Wettbewerb teilnehmenden Architekten mache Sinn, so Strate, wenn sie von vornherein unverzichtbar war.

Dabei soll es nach einem Gedächtnisprotokoll von Arnold Lenggenhager ein Gespräch im zuständigen Bezirksamt gegeben haben, in dem ein Mitarbeiter des Bauamtes 2300 Quadratmeter Wohnfläche für realistisch erachtet hatte. Lenggenhager sollte es wissen. Er hat als Geschäftsführer des Immobilien Kontors an dem Gespräch teilgenommen. Allerdings stand er nicht lange in Lohn und Brot bei der Wünsche-Gesellschaft, da er fristlos gekündigt wurde. In einem Arbeitsgerichtsprozess einigten sich Immobilien Kontor und Lenggenhager in einem Vergleich auf eine Zahlung von 100.000 Mark an den gekündigten Geschäftsführer.[22] Wäre da noch das Gebäude An der Schönen Aussicht 20. Ein Monsterbau, über den es in der Akte des Bezirksamtes Nord heißt: „Bleibt im Ergebnis ein sicher zu klotziges Gebäude, für das der Architekt alle Möglichkeiten der Hamburgischen Bauordnung ausnutzte und unsere Einwände gegen die Architektur beim Oberbaudirektor leider nicht geteilt wurden."

Egbert Kossak hat in den Medien – gegenüber der Staatsanwaltschaft auch über seinen Anwalt **Dr. Jörg Soering** – erklärt, dass er weder für sich noch für einen Dritten einen Vorteil gefordert, sich versprechen lassen oder angenommen habe. „Ich lebe noch 20 Jahre", sagte Kossak. „Ließe ich mich bestechen, setzte ich mich dem absurden Risiko aus, den 20- bis 30-fachen Betrag an Pension und Gehalt total aufs Spiel zu setzen, meinen Ruf und mein Gewissen sowieso."[23] Soering benannte zudem mehrere sachliche Fehler in dem Gedächtnisprotokoll von Lenggenhager. Kossak, der 1999 seinen Hut als Oberbaudirektor nehmen musste, weil sein Vertrag nicht verlängert wurde, eröffnete zwischenzeitlich ein eigenes Architektur- und Planungs-Büro.[24] Es liegt an der Poststraße – unweit also von Rathaus, Bau- und Stadtentwicklunsbehörde. Wie Wünsche auch, erstattete Kossak Strafanzeige gegen Lenggenhager wegen übler Nachrede. Trotzdem: Nach einem juristischen Tauziehen vor dem Oberlandesgerichts über die Zulassung der Anklage gegen Kossak und Wünsche war Anfang Mai 2001 der Weg frei für die Eröffnung des Hauptverfahrens. Die Große Strafkammer 18 am Landgericht hatte zuvor den Vorwurf, Kossak habe 200.000 Mark von Wünsche angenommen, nicht zur Anklage zugelassen. Das Gericht hielt den Kronzeugen der Staatsanwaltschaft, Leggenhager, für nicht glaubwürdig[25] Wegen des Verdachts der Bestechung und Bestechlichkeit im Zusammenhang mit den gezahlten 70.000 Mark an das Büro von Antje Kossak wurde die Anklage dagegen zugelassen. Das von der Staatsanwaltschaft angerufene Oberlandesgericht (OLG) stellte dagegen Anfang Mai 2001 klar, dass es sich bei beiden Vorwürfen, also den angeblich an Egbert Kossak übergebenen 200.000 Mark und den gezahlten 70.000 Mark an das Architektenbüro Antje Kossak, um „eine einheitliche Tat"[26] handele. Die von der Wirtschaftsstrafkammer am Landgericht vorgenommene Teilablehnung der Anklage sei darum wirkungslos. Ausgang des Prozesses[27] – ungewiss.

Erläuterungen zu den Fußnoten ab Seite 285

Das Juristen-Einerlei

Wie auch das Rechtswesen zur Parteiarbeit wird

Seine Arbeit ist Vertrauenssache, sagt zumindest die Standesvertretung. Von seiner Tätigkeit bekommt die Öffentlichkeit meist nicht so viel mit. Denn Notare haben in der Regel nur mit ihren Mandanten und ein paar Rechtspflegern zu tun. Während eines Großteils der Recherche zu diesem Buch schenkten wir den Notaren, wir bitten hier um Nachsicht, zunächst auch keine weitere Beachtung. Andererseits mussten wir uns immer wieder mit Firmen, Gesellschaften und Vereinen beschäftigen, die in den Berichten von Parlamentarischen Untersuchungsausschüssen eine Rolle spielten oder denen eine gewisse Nähe zur SPD nachgesagt wurde. So gingen wir im Hamburger Vereins- und Handelsregister ein und aus. Je mehr Akten wir einsahen, durchblätterten und querlasen, desto auffälliger wurde es: Immer wieder, nein immer öfter stießen wir auf die Namen zweier Notariatsbüros – das des ehemaligen Bürgermeisters **Dr. Henning Voscherau** und das von **Dr. Ekkard Nümann**, dem Ehemann der Finanzsenatorin **Dr. Ingrid Nümann-Seidewinkel** (SPD). In der Hansestadt gibt es 86 Notare. Da mag es vorkommen, dass man in zehn Akten auch schon mal denselben Namen zweimal liest. Wir haben keine repräsentative Untersuchung der tausenden von Akten im Handels- und Vereinsregister gemacht. Und doch fällt auf, dass man an diesen zwei Notariatsbüros in dieser Stadt nicht vorbei kommt, wenn man sich mit Politik und Wirtschaft beschäftigt.

Die heutige Behörde für Arbeit, Gesundheit und Soziales (BAGS) hat in den vergangenen Jahren so manchen Verein oder Beschäftigungsträger aus der Taufe gehoben. Der Hausnotar der Behörde an der Hamburger Straße scheint Dr. Ekkard Nümann zu sein. Beispiel Zebra e.V. – Zentrum zur beruflichen Reintegration von Arbeitslosen. Der Verein, der am 26. Juli 1987 ins Vereinsregister[1] eingetragen und von sieben zum Teil sehr SPD-nahen Mitarbeitern gegründet wurde, wird von dem Notar aus der Spitalerstraße betreut. Der erst kürzlich in Verruf geratene Verein zur Selbsthilfe e.V. Mook-wat[2] auch. Die Gründung, damals noch als Verein Tu was, wurde Anfang 1983 von Dr. Nümann notariell begleitet. Auch Anfang 2001 betreute Dr. Nümann den Verein. Der ebenfalls wegen des Verdachts des Subventionsbetruges in die Schlagzeilen geratenene Verein Ökologische Technik e.V.[3], der auch im Bericht des Parlamentarischen Untersuchungsausschusses „Filz" eine Rolle spielt, wurde von Dr. Nümann im März 1988 beim Vereinsregister angemeldet. Dieser Verein (gegründet als Ökotech e.V.) wurde damals in den Räumen der Behörde, die sich zu der Zeit noch um Arbeit, Jugend und Soziales kümmerte, von sieben Behördenmitarbeitern gegründet. Der skandalumwobene Senatsdirektor **Uwe Riez** (seit 1974 in der SPD) war von Februar 1996 bis Januar 1999 im Vorstand des Vereins. Von Sommer 1997 bis Anfang 1999 ebenso **Joachim Meyer** (SPD), ebenfalls BAGS-Mitarbeiter und gleichfalls im PUA-Bericht[4] kritisiert. Wäre da noch die Hamburger Arbeit Beschäftigungsgesellschaft mbH (HAB)[5], eine hundertprozentige Tochter der Stadt mit einem Gesellschafterkapital von 71.000 Mark. Eingetragen wurde sie ins Handelsregister am 26. Oktober 1983. Der Notar war der Ehemann der heutigen Finanzsenatorin – Dr. Ekkard Nümann. Das erste Vorstandsmitglied war der ehemalige Bezirksamtsleiter aus Nord, **Jochen von Maydell** (SPD). Ihm folgte im November 1990 der schon bekannte Uwe Riez (SPD). Und nun ist es Detlef Scheele, ebenfalls ein strammer Parteisoldat und ehemaliger SPD-Chef im Bezirk Nord. Warum immer wieder Dr. Ekkard Nümann und kein anderer Notar für die BAGS oder ihr nahestehende Vereine und Gesellschaften tätig wird, hätten wir gerne von der Behörde gewusst. Doch die BAGS verweigert jegliche Auskunft, obwohl sie nach dem Hamburgischen Pressegesetz dazu verpflichtet wäre.

Kurz eingeworfen sei hier, wenn es auch keine Behörde betrifft, dass Notar Dr. Ekkard Nümann auch für den Landesverband vom Deutschen Roten Kreuz e.V. (DRK)[6] tätig ist. Deren Präsident war von 1988 bis 1992 **Frank Dahrendorf** – SPD-Senator außer Dienst. Heute ist es **Werner Weidemann**, Ex-Bezirksamtsleiter und Ex-Senatsbeauftragter für den Wohnungsbau. Aber immer noch SPD. Auch für die Elbe-Werkstätten GmbH[7], die sich um die Beschäftigung und Ausbildung von Behinderten verdient machen, ist Dr. Nümann tätig. Dessen Geschäftsführer ist der ehemalige SPD-Bürgerschaftsabgeordnete **Bodo Schümann.** Einer der beiden Hauptgesellschafter der Elbe-Werkstätten ist das Berufsförderungswerk Hamburg GmbH[8] – eine hundertprozentige Tochter der Stadt, die die berufliche Rehabilitation von Behinderten im Sinne des Sozialgesetzes fördert. Im Aufsichtsrat sitzt der Präses der Arbeits- und Sozialbehörde. In der Akte des Handelsregisters finden sich Schreiben eines bekannten Notariatsbüros, die bis ins Jahr 1979 zurückreichen. Es ist das Büro von **Siegfried Krön** und Dr. Henning Voscherau.

Mit seinen Kollegen residiert der Bürgermeister a.D. heute im Notariat am Alstertor. Damals wie heute konnten er und seine Kollegen sich nicht über mangelnde Aufträge von Genossen beschweren. So wurde der im Dezember 1994 im Gewerkschaftshaus am Besenbinderhof gegründete Verein zur Betreuung von Arbeitslosen und Arbeitslosenselbsthilfegruppen e.V.[9] von Dr. Henning Voscherau zur Registereintragung gebracht. Unter den Gründungsmitgliedern waren Sozialdemokraten wie der Bürgerschaftsabgeordnete **Ingo Kleist** oder **Percy Lüth.** Der erste Vorsitzende war der DGB-Chef und SPDler **Hans Saalfeld.** Seit 1989 ist es der SPD-Bürgerschaftsabgeordnete und Gewerkschaftsboss **Erhard Pumm.** Seit Juni 2001 steht der Verein am Pranger, weil die Staatsanwaltschaft gegen ihn wegen des Verdachts des Subventionsbetruges ermittelt. Auch der Verein zur Förderung der beruflichen Bildung e.V.[10] wurde 1979 von Notar Voscherau betreut. Heute wird der Verein, der „modellhaft neue Weiterbildungsangebote entwickelt und erprobt" von Voscheraus Notariats-Kollegen **Dr. Rolf-Hermann Henniges** beraten, wie ein Schreiben in der Akte vom 23. August 1999 belegt. Auch die Drogenambulanzen Hamburg GmbH[11] haben mit dem Büro Voscherau zu tun. Gesellschafter der Drogenambulanzen ist der Landesbetrieb Krankenhäuser, eine Tochter der Stadt. Zweck des Unternehmens ist der Betrieb von Drogenambulanzen, „insbesondere die medizinische und psychosoziale Beratung, Behandlung, Betreuung und Substitutionsbehandlung drogenabhängiger Patienten." Notar ist **Dr. Klaus Rollin** – aus dem Notariat am Alstertor. Auch der SPD-nahe Verein Hamburgische Arbeitsgemeinschaft für Gesundheitsförderung e.V.[12] griff 1992 auf den Notar Dr. Rolf-Hermann Henniges zurück, damals noch mit Dr. Voscherau an der Schauenburgstraße sesshaft. Dem Verein, der schon 1970 gegründet wurde, stand 1977 die Gesundheits-Senatorin und Zweite Bürgermeisterin **Helga Elstner** (SPD) vor. In dieser Tradition ist es bis heute geblieben. Heute ist der ehemalige Wissenschaftssenator **Professor Leonhard Hajen** (SPD) Vorsitzender des Vereins, der sich unter anderem für ein „flächendkckendes Gesundheitsprogramm in Kinderbetreuungs-Einrichtungen" kümmert. Auch der Hamburgischen Landesstelle gegen die Suchtgefahren e.V.[13] stand Dr. Henning Voscherau zur Seite. Sein Büro hilft bis heute. Logisch, dass der Förderverein der Hamburgischen Landesstelle gegen die Suchtgefahren e.V.[14] von Dr. Voscherau betreut wird. Auch in die Betreuung der CCH Gastronomie GmbH[15] stieg das Büro Voscherau ein. Schon 1990 finden sich Schreiben aus dem Notariat in der Registerakte. Zuletzt wurde Dr. Henniges im September 2000 tätig. Geschäftsführer der CCH Gastronomie ist der ehemalige SPD-Bürgerschafts-Abgeordnete und Ex-Fraktionschef **Paul Busse.** Auch die 1974 gegründete Nordwest Lotto und Toto GmbH[16], wo der geschasste Polizeipräsident **Dieter Heering** (SPD) unterkam, nimmt die Dienste des Notariats am Alstertor in Anspruch.

Die Gebühren für Notare hängen von der Bedeutung und dem Wert des zu Beurkundenden ab. So kostet die Gründung einer GmbH mit einer Kapitaleinlage von 50.000 Mark rund 900 Mark Honorar für den Notar. Bei Vereinsneugründungen, die über kein großes Vermögen verfügen, wird in der Regel ein Geschäftswert von 5000 Mark angesetzt – macht etwa 60 Mark Honorar.

In Hamburg gibt es mehr als 6000 niedergelassene Rechtsanwälte. Aber wenn die Stadt juristische Probleme hat, sind es ausgerechnet die sozialdemokratischen Advokaten, die weiterhelfen müssen. So war es damals, als die Opfer des Bernbeck-Skandals entschädigt werden sollten. Für die Behörde war Rechtsanwalt **Peter Schulz** tätig – SPD-Bürgerschaftsmitglied zwischen 1961 und 1986, Senator verschiedener Behörden und zwischen 1971 und 1974 Erster Bürgermeister. Erst als es Proteste wegen des Genossenfilzes gab, legte Schulz das Mandat nieder. Nicht so das Büro von **Wolfgang Curilla**, dem ehemaligen SPD-Justizsenator. Als es im Hamburger Strahlenskandal darum geht, für die Stadt Schadensverhandlungen mit mehr als 600 betroffenen Patienten zu führen, beauftragt die Behörde für Wissenschaft und Forschung unter der Leitung ihres Senators Leonhard Hajen (SPD) ausgerechnet **Hans Jürgen Grambow** im Büro seines ehemaligen Senatskollegen Wolfgang Curilla (SPD), der mit Hajen in der vorangegangenen Legislaturperiode die Senatsbank gedrückt hat, mit der Klärung der Schadensregulierungen. Weit mehr als 40 Millionen Mark für Patientenentschädigung, Krankenkassen, Gutachten und Gerichts- und Anwaltskosten sind in dem Komplex bis heute aufgelaufen – ein äußerst lukrativer und zudem noch sicherer Job für einen Anwalt, der sein Honorar direkt von der Stadt bekommt. Curilla ist zu diesem Zeitpunkt Mitglied des Wissenschaftsausssschusses der Bürgerschaft, was den CDU-Abgeordneten **Johannes Mertens** veranlasst, in einer schriftlichen Kleinen Anfrage nach der Inkompatibilität von Abgeordnetentätigkeit und Anwaltstätigkeit für die Freie und Hansestadt Hamburg zu fragen.[17] Ob denn die Rechtsanwaltskanzlei Dr. Grambow, Greite und Curilla zur Wahrnehmung der Interessen der Exekutive der Stadt geeignet sei, „deren Sozietätsmitglied, Herr Curilla, als Abgeordneter die Exekutive kontrollieren soll"[18], will Mertens wissen. Klar, antwortet der Senat: „Der Abgeordnete Curilla ist innerhalb der Anwaltssoziatät Dr. Grambow, Greite, Curilla in keiner Weise mit der juristischen Vertretung der Freien und Hansestadt Hamburg bezüglich der medizinischen Schadensfälle in der Strahlentherapie des Universitätskrankenhauses Eppendorf befasst."[19]

Und über Parteiinteressen haben der ehemalige SPD-Senator Curilla und sein Kompagnon Grambow sicherlich auch noch nie geredet. Der Wandsbeker Jurist Hans Jürgen Grambow ist zwar auch schon Mitglied des Landesvorstandes der SPD gewesen, war für den Landesvorsitz der Partei im Gespräch und wollte für die SPD in den Bundestag ziehen. Da kann man doch nun wirklich nicht vermuten, dass Wissenschaftssenator Leo Hajen (SPD) seinem Parteigenossen Grambow einen lukrativen Job zugeschanzt hat.

Erläuterungen zu den Fußnoten ab Seite 285

Der starke Mann von morgen

Interview mit Olaf Scholz, Landesvorsitzender der SPD in Hamburg

Olaf Scholz repräsentiert den modernen Typus des Sozialdemokraten – jung und innovativ statt staatstragend und wertkonservativ. Der Rechtsanwalt mit Schwerpunkt Arbeitsrecht ist Sozialdemokrat durch und durch. Mehr als zwei Drittel seines Lebens hat er in der Sozialdemokratischen Partei Deutschlands, genauer im Landesverband Hamburg, verbracht. Im Oktober 2000 verlieh die Partei dem damals gerade 42-Jährigen die Ehrennadel für 25-jährige Mitgliedschaft.

In jungen Jahren war Olaf Scholz Mitglied des Stamokaps, des marxistisch-theoretisch ausgerichteten Flügel der SPD. Den gibt es heute zwar schon lange nicht mehr. Trotzdem ist es die Lektüre und die Besinnung auf den theoretischen Unterbau, wo er Argumente für die politische Auseinandersetzung sucht. Zum Beispiel, wenn er sich mit den Thesen Professor Deckers aus Hamburg auseinandersetzt, der populistische Politikphänomene á la Ronald Schill untersucht. Seine Parteikarriere: Von 1982 bis 1988 stellvertretender Bundesvorsitzender der Jusos, von 1987 bis 1989 Vizepräsident der International Union of Socialist Youth, von 1993 bis 2000 Vorsitzender des SPD-Kreises Altona und von 1997 bis 2001 als Altonaer Direktkandidat im Berliner Bundestag. Seit April 2000 ist er Landesvorsitzender der Hamburger SPD, der Stadt, in der die Sozialdemokraten schon immer mehr zu sagen hatten als in jeder anderen der Bundesrepublik. Im Mai 2001 wurde Scholz überraschend neuer Innensenator in Hamburg, nachdem sein Vorgänger Hartmuth Wrocklage über merkwürdige Personalentscheidungen gestolpert war Seine Kandidatur als Landesvorsitzender war in der SPD-Spitze nicht umstritten. Aber es war ein einsamer Entschluss der Parteispitze ohne die Mitglieder. Im Landesvorstand mit 23 von 25 Stimmen gewählt, präsentierten ihn die Parteioberen auf dem Landesparteitag als einzigen Kandidaten: Den 350 Mitgliedern auf dem

Landesparteitag, die ihren Landesvorsitzenden laut Satzung selbst bestimmen, blieb nicht viel anderes übrig, als die Wahl ihres Vorsitzenden in einem formalen Akt abzunicken. Kein guter Start für einen Parteichef, der das schaffen will, was sein Vorgänger Jörg Kuhbier als sein „größtes Versäumnis"[1] bezeichnet hatte: „innerhalb der Partei gute Kommunikationsstrukturen zu etablieren." Olaf Scholz geht sogar einen Schritt weiter. Die SPD müsse sich öffnen, auch für Nicht-Mitglieder. Kritik für den von der Parteispitze diktierten Vorsitzenden kam ausgerechnet aus seinem eigenen Kreisverband. Die Altonaer Ex-Bürgerschaftsabgeordnete Ursula Caberta hielt ihrer Partei Demokratie-defizite vor: „Es hätte der Hamburger SPD gut getan, offen über die Kandidatur Scholz' zu diskutieren, anstatt sie ‚in einer Kungelrunde ohne Diskussion zu bestimmen'"[2], so die Hamburger Scientology-Beauftragte im Vorfelde. Schließlich sei es der Kreis Altona gewesen, der Anfang der 90er beschlossen habe, dass das Amt eines Landesvorsitzenden mit dem Mandat eines Abgeordneten nicht vereinbar sei.

Die Zeiten ändern sich und mit ihnen die Menschen und ihre Ziele, die sie gestern noch vertraten. Die Trennung von Amt und Mandat ist in der jüngst begonnenen Ära Scholz Schnee von gestern: Und so war der Bundestagsabgeordnete Scholz, den Gerhard Schröder schon mal zusammen mit einigen anderen Landespolitikern als einen seiner potentiellen Nachfolger als Bundeskanzler nennt, eben gleichzeitig auch Landesvorsitzender der Hamburger SPD mit Sitz im Kurt-Schumacher-Haus in der Kurt-Schumacher Allee 10. Jetzt ist er Parteivorsitzender und Innensenator in einer Person.

Herr Scholz: Seit einem Jahr sind sie Landesvorsitzender der Hamburger SPD. Was hat sich seitdem in der Hamburger SPD bewegt?

Einiges. Ich will die Partei offener machen, sowohl innerhalb der Partei die Hierarchien verflachen und die Kommunikation intensivieren, aber auch nach außen. Ich will die SPD öffnen. Längst nicht jeder, der politische Themen diskutieren oder Politik gestalten möchte, will sofort in eine Partei eintreten. Da muss sich die Partei den gesellschaftlichen Realitäten stellen und auch auf die Diskussion über die Rolle der Parteien in unserer Demokratie einlassen. Für mich ist das kein kurzfristig für Wahlkämpfe wichtiges Thema, sondern eine komplizierte Aufgabe, die langfristig gelöst werden muss. Wir haben inzwischen einen relativ großen Verteiler interessierter Menschen aufgebaut, eine Menge hochkarätiger Referenten angesprochen und zu Diskussionen einladen können. Wir wollen auf dieser Basis drei Themeninitiativen herausbilden, zu den Themen Kinder und Familie, Arbeitswelten und Gerechtigkeit. In einer Großstadt wie Hamburg kann man offene Diskussionen gut führen. Innerhalb der Partei beziehen wir zum Beispiel aktuell jetzt im Wahlkampf mit unseren Regionalkonferenzen die Mitglieder stark in die Diskussion ein. Auf den fünf Regionalkonferenzen sind fast 3000 SPD-Mitglieder gewesen.

Die Regionalkonferenzen erinnern stark an die amerikanische Variante des Wahlkampfs. Schön bunt, schön modern.

Es ist richtig, dass wir sehr moderne Kommunikationsmittel eingesetzt haben, zum Teil auch richtig teure. Aber das ist nicht das Entscheidende gewesen. Die Mitglieder konnten während der Regionalkonferenzen mit allen Senatorinnen und Senatoren und fachlich kompetenten Abgeordneten diskutieren, und das ist neu. Auf Parteitagen ist gerade unter den hektischen Bedingungen der Mediengesellschaft nur wenig Raum für Diskussionen, auf unseren Regionalkonferenzen schon. Und wenn am Ende von den Mitgliedern 1200 Vorschläge für das Wahlkampfprogramm kommen, dann ist das doch geradezu phänomenal. Diese Anregungen haben wir in das Wahlprogramm, das Bürgermeister Ortwin Runde und ich gemeinsam vorgeschlagen haben, eingearbeitet. Wir haben ein von den Parteimitgliedern mit den Senatoren, dem Landesvorsitzenden und dem Bürgermeister gemeinsam entwickeltes und diskutiertes Wahlkampfprogramm geschaffen. Im Foyer unserer Parteizentrale haben wir das think up-Projekt gestartet. Hier können Studenten und Jugendliche Projektanträge bis zu zweitausend Mark stellen – beispielsweise für eine Ausstellung gegen Rechts, eine Schulparty oder eine Veranstaltung. Wir nennen das Risikokapital. Zusätzlich können sie ein komplettes Büro mit Infrastruktur wie Computern, Fax und Kopierer nutzen.

Klar: Mit Speck fängt man Mäuse.

Natürlich hoffen wir auf neue Mitglieder, aber das ist keine Bedingung dafür, dass ein Projektantrag positiv entschieden wird. Und Wahlen gewinnt man natürlich auch nicht mit solchen Projekten. Uns kommt es darauf an, neue Netzwerke zu schaffen. Wir erwarten keine große Eintrittsbewegung in die SPD, aber das ist auch gar nicht unser vorrangiges Ziel. Wir wollen Bewegung in die politische Diskussion der Stadt bringen und zeigen, dass etwas Neues passiert. Und es kommt gut an.

Ist das aus der Erkenntnis geboren, dass man die Menschen in der Stadt in die politischen Diskussionen einbinden muss oder aus der Notwendigkeit, neue Mitglieder zu gewinnen, weil die Ihnen weglaufen?

Beides. Wir haben heute 15.000 Mitglieder in Hamburg und der Trend der vergangenen zehn Jahre hat sich noch nicht umgedreht. Das heißt, wir verlieren in kleiner Anzahl stetig Mitglieder. Aber die SPD, gerade hier in Hamburg, ist eine mitgliederstarke Partei. Da sind wir Sozialdemokratinnen und Sozialdemokraten Vorbild für ganz Europa. Die SPD ist eine Volkspartei.

15.000 Mitglieder in Hamburg, das heißt, dass etwa jeder 120. Hamburger SPD-Mitglied ist. Gucken wir uns einen mitgliederstarken SPD-Distrikt an, zum Beispiel Horn: In Horn wohnen 37.000 Menschen, 300 davon sind in der SPD. Und von denen machen vielleicht 15 aktiv mit. Da kann man doch wahrlich nicht von Volkspartei reden.

In Horn sind nicht nur fünfzehn aktiv. Aktives Mitglied ist übrigens nicht nur, wer regelmäßig zu Distriktsversammlungen geht. In einer Umfrage der Bundespartei haben sich 50 Prozent der Mitglieder selbst als aktiv eingestuft. Das halte ich auch für richtig. Wer im Betrieb, in der Familie, im Verein für die SPD spricht, ist ein aktives Mitglied. Alles andere ist eine Sicht von Politfunktionären. Ein SPD-Distrikt ist ein einzigartiger Ort, den Sie sonst so nirgendwo anders finden, da kommen Leute zusammen, die sich sonst nicht mehr treffen. Hier sitzen Akademikerinnen mit Arbeitern zusammen an einem Tisch und diskutieren, Männer, Frauen, Alte, Junge und Ausländerinnen und Ausländer. Gerade unter jungen Ausländern finden wir viele, die bei uns mitmachen. Die Abschottung der Milieus, die immer beklagt wird, gibt es in der SPD nicht. Wir bringen unterschiedliche Milieus an einen Tisch. Deshalb darf man die traditionellen Distrikte und ihre Arbeit auch nicht in Frage stellen. Wir haben in allen Distrikten einen Querschnitt durch die Gesellschaft.

Das hört sich gut an. Aber die SPD hat in Hamburg ein großes Problem: Sie stellt seit Jahrzehnten die Regierungsmannschaft und ist in Hamburg geradezu Synonym für „Filz" zwischen Regierung, Verwaltung und öffentlichen Firmen. Das wirkt nicht gerade einladend.

Das stimmt nicht. Meinungsumfragen bestätigen uns immer wieder, dass der vorgebliche „Filz" für die Hamburger kein wichtiges Problem ist, es bewegt die Menschen nur ganz gering. Außerdem ist es auch nicht typisch hamburgisch. Das gibt es schließlich auch woanders. Mancherorts gilt sogar die Justiz als „verfilzt". Wir müssen uns da immer wieder selbst überprüfen und müssen damit kritisch umgehen.

Den Vorwurf können wir an die Hamburger Justiz gern weitergeben: Der Oberlandesgerichtspräsident und Verfassungsgerichtspräsident Wilhelm Rapp ist SPD-Mitglied. Der Amtsgerichtspräsident Heiko Raabe ist SPD-Mitglied. Der Finanzgerichtspräsident Jan Grotheer ist SPD-Mitglied. Die Generalstaatsanwältin Angela Uhlig van Buren ist SPD-Mitglied. Der Oberverwaltungsgerichtspräsident Rolf Gestefeld ist SPD-Mitglied. Der

Leiter der allgemeinen Abteilung, Johannes Düwel, und der Leiter des Strafvollzugsamtes in der Justizbehörde, Willi Rickert, sind SPD-Mitglieder. Muss man erst SPD-Mitglied werden, wenn man in Hamburgs Justizwesen Karriere machen will oder umgekehrt?

Nach Artikel 63 der Hamburgischen Verfassung werden alle Richter – dazu gehören auch die Vorsitzenden Richter, die Präsidenten und Vizepräsidenten der Gerichte – auf Vorschlag des Richterwahlausschusses ernannt. Dieses Gremium besteht aus drei Senatorinnen, Senatoren oder Staatsräten, sechs aus der Bürgerschaft gewählten Mitgliedern, drei von der Richterschaft gewählten richterlichen Mitgliedern und zwei von der Rechtsanwaltskammer gewählten Mitgliedern. Dieses Verfahren sichert nicht nur die Unabhängigkeit der dritten Gewalt, es sorgt auch für eine zusätzliche demokratische Legitimation und für eine große Transparenz bei der Besetzung von Führungspositionen an den Gerichten. Und bei der Besetzung von Leitungspositionen in der Justizbehörde ist immer die Deputation beteiligt. Sie haben zum Beispiel den neuen Leiter des Strafvollzugsamtes angesprochen – meines Wissens ist er einstimmig, auch mit den Stimmen der CDU-Deputierten gewählt worden. Im Übrigen kann ich zu den einzelnen Personen nichts sagen und weiß auch nicht in jedem Fall von einer Mitgliedschaft in der SPD. Ich kann nur hoffen, dass in jedem Einzelfall der Beste oder die Beste den jeweiligen Job bekommen hat.

Jeder Bezirksamtsleiter und fast jeder Ortsamtsleiter ist SPD-Mitglied. Die SPD stellt bis in die kleinste Einheit die Regierungs- und Verwaltungsmacht.

Über die Besetzung von Beamtenstellen wird hier im Kurt-Schumacher-Haus nicht nachgedacht und ich kann ihren Eindruck deshalb auch nicht bestätigen. Wie gesagt, ich kenne nicht jedes SPD-Mitglied der Stadt und bin selbst immer wieder erstaunt, wer unsere Partei und unsere Inhalte gut und richtig findet. Und entschuldigen Sie, aber: Die Bezirksamtsleiter werden in Hamburg immer noch von den Bezirksversammlungen bestimmt und die sind von den Hamburgern gewählt worden. Da kann ich nichts Undemokratisches dran finden. Eines will ich ganz deutlich sagen: Die SPD ist als stärkste Partei gewählt worden und hat sich die Ämter nicht erschlichen. Und natürlich interessieren sich vermutlich mehr SPD-Mitglieder oder SPD-nahe Menschen dafür, einen Bezirk zu vertreten, in dem die SPD durch Wählervotum die Mehrheit hat. Außerdem gehen wir auf die Vorwürfe ja durchaus ein. In Altona haben wir trotz einer Regierungsmehrheit, die wir gemeinsam mit den Grünen haben, die Stelle des Bezirksamtsleiters bundesweit ausgeschrieben, es war eine offene Wahl. Und mit Uwe Hornauer haben wir einen sehr guten Sozialdemokraten aus Bayern finden können, der eine ausgesprochen erfolgreiche Arbeit macht. Ich selbst habe sogar drei Stellen bei der SPD, zum Beispiel die meines persönlichen Referenten, ausgeschrieben. In einem Falle wurde ein ehemaliger Praktikant, der vorher kein SPD-Mitglied war, eingestellt, bei der SPD. Jetzt ist er es. Die Wahlkampfleiterin der SPD und der Referent des Landesvorsitzenden haben keine lange Parteilaufbahn. Das mögliche Problem von „Filz" wird sich also erkennbar ohnehin verflüchtigen. Wenn wir qualifizierte Leute haben wollen, ist die Frage einer langen Parteizugehörigkeit sogar bei der SPD selbst immer weniger von Bedeutung. Erst recht gilt das für Tätigkeiten außerhalb der SPD. Eines kann ich überhaupt nicht verstehen: Diejenigen, die jahrelang gegen „Filz" wettern, haben auch dann etwas dagegen, wenn man wie die neue Senatorin der BAGS, Karin Roth, mit Ausschreibungen neue Qualitätsstandards setzt.

Die haben etwas dagegen, weil bei den Ausschreibungen sofort wieder der Verdacht aufkeimt, dass die Ausschreibung als Instrumentarium genutzt wird, um Nicht-SPD-Trägern ihre Zuwendungen wegzunehmen und sie stattdessen braven SPD-nahen Trägern zuzuschustern. So war es beispielsweise im Fall der Palette.

Ich kenne nun nicht den Einzelfall. Aber ich habe von der Senatorin auch nicht den Eindruck, dass sie dieses Ziel verfolgt. Es ist doch klar, dass ein transparentes Ausschreibungsverfahren erst einmal entwickelt werden muss. Da passieren am Anfang Fehler, aber die Richtung stimmt doch: Wir brauchen Ausschreibungen, um Qualitätsstandards zu setzen und für staatliche Zuwendungen klar definierte Leistungsstandards zu setzen. In zehn Jahren werden die heutigen Ausschreibungen als erster Versuch bewertet werden, die Vergabe von Zuwendungen zu modernisieren. Ich bin dafür, alles auszuschreiben, alles gehört auf den Prüfstand. Wenn irgendeine Einrichtung 1963 richtig war und Geld bekam, muss das doch heute nicht mehr richtig sein. Wir müssen für Ausschreibungen vernünftige Kriterien entwickeln, da gibt es keine Tabus. Und es ist gut, dass die SPD da ganz vorne dabei ist.

Aber nicht, wenn die Standards heißen, dass sich ein Träger gegenüber der Behörde brav und duckmäuserisch verhalten muss. Im Fall der Palette hat auch der Gesundheitsausschuss in der Bürgerschaft gesagt, dass er Redeverbote nicht akzeptieren kann. Warum wird denn beispielsweise nicht die Drogenhilfe Eimsbüttel ausgeschrieben? Die führt ein SPD-Mitglied und da geht kaum ein Junkie hin. Die Drogenabhängigen mussten mit einem Shuttle-Bus hingefahren werden, damit überhaupt einer die Einrichtung nutzt.

Ich habe über die Drogenhilfe Eimsbüttel anderes gehört. Vor allem: Es gibt verschiedene Ansätze in der Drogentherapie und die muss man auch nebeneinander stehen lassen. Einige sind bei der Klientel beliebter, andere haben einen eher ausstiegsorientierten Charakter. Wir müssen Wege finden, um Stück für Stück zu einer vernünftigen und wirtschaftlichen Lösung bei öffentlichen Zielsetzungen zu finden. Manche Träger meinen, ihnen stünde das öffentliche Geld prinzipiell zu und sie würden alleine entscheiden, wofür es ausgegeben wird.

Vielleicht sehen diese Träger keinen anderen Weg, um das Überleben ihrer Einrichtung zu gewährleisten. Das Ausschreibungsverfahren ist nicht im Kopf der SPD entstanden. Erst auf den öffentlichen Druck des Parlamentarischen Untersuchungsausschusses, in dessen Verlauf deutlich wurde, wie eindeutig Behörde, SPD und Einrichtungen miteinander verbandelt sind, hat die Senatorin gehandelt. Ihr blieb nichts anderes übrig: Sie musste handeln. Sonst hätte sie gleich wieder gehen können.

Die von ihnen geschilderte Beziehung von Ursache und Wirkung teile ich nicht. Ausschreibungsverfahren sind ein bundesweiter Trend, der sich auch in Hamburg durchsetzt. Es ist sehr viel Bewegung, und zwar auf allen Verwaltungsebenen. Sehen Sie: Es geht doch beispielsweise auch darum, betriebswirtschaftlichen Sachverstand einzusetzen. Wer kann denn überhaupt eine Bilanz lesen? Wir müssen Verwaltungsabläufe hinbekommen, dass Zuwendungsbescheide für freie Träger nicht erst nach dem Ende des Geschäftsjahres, also nachträglich, erstellt werden. Und wir müssen die Zuwendungsnachweise des Trägers zeitnah nach einem Geschäftsjahr prüfen. Das Problem liegt in der staatlichen Finanzwirtschaft und in unserer stark beamtengeprägten und staatsorientierten Gesellschaft. Da werden wir noch einige harte Diskussionen um den richtigen Weg führen müssen. Sie wollen doch auch nicht, dass alles privatisiert wird.

Es ist aber bestimmt auch nicht der richtige Weg, wenn der Kuchen hauptsächlich unter Parteifreunden aufgeteilt wird. Das ist doch auch ein Problem, ein sehr menschliches sogar: Da kennt man den Abteilungsleiter aus der Partei und beim Bier stellt man dann fest, dass der eine dem anderen auf dem kleinen Dienstweg helfen kann. So ist es in der BAGS doch oft gelaufen.

Natürlich ist das ein sehr menschliches Problem. Ich kann mich den Feststellungen des Parlamentarischen Untersuchungsausschusses in weiten Teilen sogar anschließen. Man muss Verwaltungswege finden, die solche kleinen Dienstwege ausschließen. Jeder Mitarbeiter einer Behörde sollte klug genug sein, Arbeiten innerhalb der Verwaltung weiterzuleiten, wenn er sich für befangen hält.

Der Fall des Uwe Riez hat doch auf tragische Weise gezeigt, wie es nicht laufen kann. Als Chef der Hamburger Arbeit hat er mehrere Jahresabschlüsse nicht fertig bekommen, um dann später als zuständiger Regierungsdirektor in der BAGS ein Millionen-Finanzloch bei der Hamburger Arbeit auszufüllen.

Man muss feststellen, dass der Parlamentarische Untersuchungsausschuss die Meinung vertritt, dass das Vorgehen vom Ergebnis richtig war, aber die Art und Weise, wie das gelaufen ist, falsch. Die einzige konstruktive Lösung ist doch auch hier der Wettbewerb, um fehlerhafte Entscheidungen in der Verwaltung zu vermeiden. Das ist eine Ansicht, die nicht jedem gefallen wird.

Hätte die SPD nicht auch selbst drauf kommen können, dass vieles ziemlich eigennützig und ungerecht läuft und nicht erst von einem Parlamentarischen Untersuchungsausschuss mit der Nase drauf gestoßen werden?

Das, was Sie da formulieren, hat der Parlamentarische Untersuchungsausschuss gar nicht festgestellt. Wir werden aus den erkannten Fehlern Schlüsse ziehen und eine wettbewerbliche und transparente Struktur schaffen.

Gilt das auch für den Öffentlichen Dienst und die staatlichen Firmen? Die Hamburger Hochbahn leitet ihr ehemaliger Bürgerschaftsfraktionsvorsitzender Günter Elste, die Gaswerke ein anderer ehemaliger Bürgerschaftsfraktionsvorsitzender, Ulrich Hartmann. Die Hamburgische Landesbank wird von ihrem Parteigenossen Alexander Stuhlmann geleitet, dessen zwei Vorgänger übrigens auch SPD-Mitglied waren, Paul Busse, ehemaliger Fraktionsgeschäftsführer der SPD, ist Chef der Hamburger Messe. Das ist persönliche Bereicherung von hochrangigen SPD-Funktionären. Schließlich gibt es da immer viel Geld zu verdienen.

Ich gehe hier davon aus, dass die genannten Personen in den Bewerbungsverfahren immer die Besten waren. Es sind immer Fachentscheidungen gewesen, nicht Parteibuch-Entscheidungen, von Einzelfällen vielleicht abgesehen, die ich aber nicht kenne. Von Günter Elste und Ulrich Hartmann höre ich beispielsweise, dass sie exzellente Manager sind. Aber auch in den Bewerbungsverfahren gehen wir mit den Assessment-Centern neue Wege. Da werden die Bewerber auf Herz und Nieren überprüft.

Wir verstehen aber trotzdem nicht, warum immer Sozialdemokraten die Besten sind. Jan Ehlers[3], einer der prominentesten Vertreter der SPD, hat in einer Studie vor einigen Jahren herausgefunden, dass 30 Prozent der SPD-Bürgerschaftsfraktion so genannte Vollzeit-Jobs im politiknahen Umfeld inne haben. Und auch heute ist das noch so: Fast vierzig Prozent der Mitglieder ihrer Bürgerschaftsfraktion haben Jobs als Schuldirektor, Abteilungsleiter in einer Behörde, Sachbearbeiterin in der BAGS oder ähnliches. In Hamburg ist immer noch keine Trennung zwischen Politik und Verwaltung erkennbar.

Wir haben in Hamburg ein Problem. Wir haben mit der CDU eine Opposition, die nicht daran glaubt, jemals die Regierungsverantwortung zu übernehmen und sich deshalb einer Verfassungsreform verweigert. An der SPD liegt es nicht. Wir würden gern das Hamburger Feierabendparlament abschaffen, das heißt, das Parlament professionalisieren und verkleinern. Also weniger Abgeordnete, die aber von dem Gehalt als Bürgerschaftsabgeordneter leben können. Dann geht nicht nur die von ihnen genannte Gruppe in die Bürgerschaft, weil sie es sich leisten kann, sondern auch Menschen anderer Berufsgruppen. Dafür brauchen wir die Stimmen der CDU. Hamburg braucht kein Feierabendparlament, sondern ein qualifiziertes Berufsparlament. Wem ist es in einer privatwirtschaftlichen Tätigkeit denn möglich, einen Halbtagsjob als Politiker anzunehmen? Ich wünsche mir, dass nicht nur Rechtsanwälte und Mitarbeiter des Öffentlichen Dienstes sich den Job des Abgeordneten leisten können. Heute ist das leider oftmals so. Und es muss auch bei Wirtschaftsunternehmen ein Qualifikations-Argument sein, wenn jemand acht Jahre Politik gemacht hat, und nicht so wie heute, dass die Abgeordneten sich dafür noch rechtfertigen müssen.

Einer, der offenbar immer dabei ist, wenn große Investitionen getätigt werden sollen, ist Ihr Genosse Volker Lange. Zum Beispiel der Kino-Komplex am Friedrich-Ebert-Damm, der Othmarschen-Park, das HSV-Stadion ...

Das Ergebnis der einzelnen Entscheidungen hat nichts mit der Beratung durch Herrn Lange zu tun gehabt. Es sind Unterstellungen, wenn gesagt wird, Entscheidungen sind nur gefällt worden, weil Herr Lange einen Investor beraten hat. In Wahrheit sind ganz rationale Entscheidungen gefällt worden, auf die Hamburg stolz sein kann.

Aber Volker Lange wirbt doch damit, gute Kontakte in die Hamburger Politik zu haben. Finden Sie das in Ordnung?

Wenn jemand damit Werbung macht, dass er gute Kontakte in die SPD habe, werde ich ihm das gerichtlich untersagen.

Was ist denn beispielsweise mit der Stadion-Arena-Entscheidung?

Die halte ich nach wie vor für richtig. Es sollten so gut wie keine staatlichen Mittel ausgegeben werden. Da muss man erst einmal einen Investor finden, der das mitmacht. Am Ende, glaube ich, war es eine richtige Entscheidung. Wir werden neben Helsinki die einzige Arena Europas haben, die keine steuerverschlingende Arena ist. Was jetzt realisiert wird, ist hoch rentabel. Und wenn es sich nicht rechnet, ist es nicht der Schaden der Stadt.

Was würden Sie denn Menschen sagen, die nur in die SPD eintreten, weil sie meinen, dass sie das müssten, um Karriere zu machen?

Ich glaube nicht, dass ein Land davon profitiert, wenn einer nur deswegen in die Partei eintritt, um die eigene Karriere zu befördern. Und die Partei auch nicht. Ich habe in 25 Jahren nie die Ansicht vertreten, dass man unbedingt SPD-Mitglied sein muss. Ohnehin organisiert sich nur eine Minderheit der Bürgerinnen und Bürger in einer Partei. Aber wenn man es tut, dann sollte man auch voll dahinter stehen.

Wir danken Ihnen für das Gespräch.

Erläuterungen zu den Fußnoten ab Seite 285

Was tun?

Wege aus der Günstlings- und „Filz"-Wirtschaft

„Hamburg braucht einen „Filz"-Beauftragten." Jener, der das fordert, ist ein intimer Kenner der Hamburger Polit-Verhältnisse: **Norbert Hackbusch,** Bürgerschaftsabgeordneter der Gruppe Regenbogen – für eine neue Linke, gebürtiger Hamburger und seit fast dreißig Jahren in Hamburg politisch tätig (siehe auch Interview auf Seite 83). Neben den diversen Beauftragten der Hansestadt von Design bis Fahrrädern wäre der „Filz"-Beauftragte sicherlich einer der sinnvolleren. Die Opposition hätte die Möglichkeit, jederzeit ihre Vorwürfe prüfen zu lassen, und die SPD wäre fein raus: „Wir kümmern uns sogar um unseren eigenen ‚Filz'", könnte sie sagen, mehr noch: „In Hamburg bleibt kein Problem ungelöst. Wir sind die erste Stadt, die einen Filzbeauftragten eingerichtet hat. Hamburg ist eben die innovativste und modernste Stadt Europas, nein: weltweit sogar! Wer außer uns Hamburgern hat neben dieser wundervollen Stadt mit all ihrer Wirtschaftskraft denn auch noch einen Filzbeauftragten zu bieten? Seht ihr: Keiner!"

Das wäre wohl die einfachste Lösung. Eine Behörde soll etwa einem Genossen einen Auftrag zugeschanzt haben, ohne Angebote einzuholen – ein Fall für den „Filz"-Beauftragten. All die Vorwürfe um nicht ausgeschriebene Stellen in Behörden und städtischen Firmen – der „Filz"-Beauftragte prüft und kommt vielleicht zu dem Schluss, das alles korrekt war. Hamburg wäre „filzfrei", ein paradiesischer Zustand, ganz besonders für die SPD, denn die Opposition wäre eines ihrer Lieblingsthemen los.

Doch bis es soweit ist, dürfen die Parteien, Behörden und Parlamente gern über andere Vorschläge nachdenken und sie vielleicht sogar umsetzen. Schließlich sind es Vorschläge, die schon seit Jahren auf dem Tisch liegen und teilweise aus den eigenen Reihen stammen.

1. Schluss mit der Funktionärswirtschaft in den Parteien

Wer, wenn nicht die Parteien selbst, sollte in einer Gesellschaft direkte Demokratie, Offenheit und Transparenz vorleben? „Die innerparteiliche Willensbildung muss demokratischer und transparenter werden", sagt der Politologe **Dr. Martin Thunert**. „Sie ist für eine Demokratisierung politischer Strukturen in der Bundesrepublik entscheidend." Der an der Universität Mannheim tätige ehemalige wissenschaftliche Mitarbeiter an der Hamburger Universität beschäftigt sich mit Demokratisierungsfragen und Politikberatung. Ein wenn auch nicht immer unproblematisches Mittel gegen parteiinterne Verkrustungen seien Urwahlen und Mitgliederbefragungen. Die Urwahl **Rudolf Scharpings** zum SPD-Parteivorsitzenden 1993 sei einerseits ein leuchtendes Beispiel für innerparteiliche Willensbildung gewesen, bloß: „Aufgrund der Wahlschlappe Scharpings gegen **Helmut Kohl** 1994 und seiner Entthronung durch **Oskar Lafontaine** 1995 geriet das Urwahlverfahren in Misskredit und blieb daher das nahezu einzige Beispiel, wo die Mitglieder einer Partei tatsächlich ihren Vorsitzenden selbst bestimmt haben. Allerdings verdankt **Angelika Merkel** ihre Wahl zur CDU-Vorsitzenden zu einem guten Teil der Stimmung, die in den Regionalkonferenzen der CDU 'an der Basis' zu ihren Gunsten zum Ausdruck kam." Die bisher gängige Praxis, Vorstandsfunktionen im kleinen Kreis auszukungeln und die Mitglieder dann nur noch abnicken zu lassen, schließe die Mitglieder von ihrer ureigensten Funktion aus: Schließlich seien sie per Satzung das entscheidende Gremium jeder Partei, die Basis eben. Eine Praxis, der sich die Hamburger Parteien bisher weitgehend verweigern. Jüngstes Beispiel: die Wahl des Rechtsanwalts **Olaf Scholz** zum SPD-Landesvorsitzenden im April 2000.

Die Urwahl ist ein demokratisches Element, das an die Pfründe der in jeder Partei entscheidenden mittleren Funktionärsebene herangeht. Sie ist es, die in den Parteien zwischen den verschiedenen regionalen und politischen Färbungen im Vorfeld einer Wahl heimlich ein Check and Balance-System aushandelt, mit der Zielrichtung, möglichst wenig

Macht an die Mitglieder zurückzugeben. „Aus den USA, wo Ur- und Vorwahlen zur Kandidatenselektion am weitesten verbreitet sind, wissen wir, dass sie Parteistrukturen schwächen und die Personalisierung von Politik noch weiter stärken", sagt Politologe Thunert. „**Gerhard Schröder** hat dies verstanden und sich seinerzeit durch eine Quasi-Urwahl, die niedersächsische Landtagswahl vom März 1998, indirekt zum Kanzlerkandidaten bestellen lassen. Der Wunschkandidat der SPD-Funktionäre war er damals eher nicht." Von ihren eigenen Pfründen müssten die Funktionäre allerdings auch lassen, wenn sie einen weiteren Vorschlag des Politikwissenschaftlers Thunert zulassen würden: „Die Parteien müssen sich sowohl nach außen öffnen als auch innen professioneller arbeiten. Diskussionsprozesse nach außen zu tragen und Sachverstand von Nicht-Parteimitgliedern einzuholen ist ein Anfang, dem weitere Schritte folgen müssen." Thunert fordert daher eine Öffnung der Kandidatenlisten für die Parlamente. Nicht nur, wer Mitglied einer Partei ist, soll für die Hamburger Bürgerschaft kandidieren dürfen: „Viele Bürger mit sehr viel Sachverstand gehen deshalb nicht in die Parlamente, weil sie keine Lust dazu haben, sondern weil es sie abschreckt, Mitglied einer Partei zu werden. Gerade die Fraktionen in Landtagen, die über wenig eigene Beratungsressourcen verfügen, können es sich nicht leisten, auf die zeitlich begrenzte Mitarbeit von Bürgern mit Sachverstand zu verzichten."

In Hamburg ist es bis heute gängige Praxis, diesen Sachverstand nicht zu nutzen. So wird dann beispielsweise der Lehrer aus Eimsbüttel-Nord in die Bürgerschaft gewählt, nur weil er eben Vorsitzender in Eimsbüttel-Nord ist und sein Distrikt auf einem eigenen Bürgerschaftsabgeordneten besteht. Mit Sachverstand hat das rein gar nichts zu tun. „Die Fraktionen müssen pluralistischer und transparenter werden", sagt Thunert. „Auch Experten und parteilose Bürger müssen in die Parlamente, nicht nur die Funktionäre." Die Parteien könnten beispielsweise einen Teil ihrer Sitze öffentlich ausschreiben und nicht an Parteimitglieder vergeben, sondern an der Partei nahestehende Personen mit speziellem Fachwissen oder hoher moralischer Integrität.

Kungelrunden und Geheimabsprachen in Hinterzimmern und Polit-Zirkeln verschrecken nicht nur die eigenen Mitglieder. Sie sind wesentlicher Bestandteil des Politikfrustes. Ein Beispiel: die undemokratische Kandidatenaufstellung der Hamburger CDU bei der Bürgerschaftswahl 1993. Dafür wurde sie nicht nur juristisch abgestraft, sondern musste mit der Gründung der Statt Partei eine neue Gruppierung im bürgerlichen Lager hinnehmen, die sie später erhebliche Stimmen gekostet hat. Gleich sieben Bürgerschaftsmandate konnte die Statt-Partei 1993 erzielen und bildete mit der SPD die neue Regierung. Heute ist die Statt-Partei nicht mehr in der Bürgerschaft vertreten, aber zum damaligen Zeitpunkt war sie ein Genickschlag für die CDU, sagt Martin Thunert: „Wir haben das Phänomen Statt Partei seinerzeit mit Studierenden an der Hamburger Universität untersucht. Die Statt Partei hat ganz überwiegend Stimmen aus dem bürgerlichen Lager gewinnen können, hauptsächlich zu Lasten der CDU und der FDP."

Ein Problem, das aber auch im Wahlsystem begründet liegt. „Da es sich im Stadtstaat um eine Landtagswahl handelt, werden in Hamburg alle Parlamentarier über Listen gewählt werden, die von Funktionären bestimmt werden. In süddeutschen Bundesländern wie Baden-Württemberg und Bayern, jüngst auch in Hessen haben wir immerhin bei Kommunalwahlen die Möglichkeit der Listenbeeinflussung." Kumulieren (Stimmen häufen) und Panaschieren (die Stimme für Kandidaten verschiedener Parteien abgeben) heißen die Zauberworte, mit denen die Wähler ihre Stimme splitten und auf verschiedene Personen übertragen können: Die funktionärsdominierte Liste verliert damit zumindest ein wenig an Bedeutung, denn die Wähler haben die Option, die Kandidaten direkt zu wählen, und können so die Rangordnung einer Parteiliste verändern. Doch im Gegensatz zu den Flächenstaaten gibt es in Hamburg bisher kein kommunales Wahlrecht und damit auch kein Kumulieren und Panaschieren. Ein Problem, das übrigens auch auf viele der 280.000 Ausländer dieser Stadt zutrifft: Die meisten dürfen sowieso nicht wählen, und da es in Hamburg kein kommunales Wahlrecht gibt, bleiben auch Nichtdeutsche aus EU-

Ländern mit ihrer politischen Mitbestimmung vor der Tür der Wahl-
lokale sitzen. Schade eigentlich.

2. Trennung von Amt und Mandat, Partei und Verwaltung, Entparteipolitisierung

Eine SPD-Bürgerschaftsabgeordnete arbeitet als Referentin für Frauen-
fragen in einer Hamburger Behörde. Ein Parteikollege leitet eine
Grundsatzabteilung in der Wirtschaftsbehörde. Eine Hamburger
Ortsamtsleiterin ist SPD-Abgeordnete in der Bürgerschaft. Ein CDU-
Mitglied leitet eine große Grundstücks- und Hausverwaltung, die der
Stadt gehört, und sitzt gleichzeitig an prominenter Stelle für die CDU
in der Bürgerschaft.

Diese Abgeordneten stellen ein Problem dar: Sie sind in der Hamburger
Verwaltung tätig und sollen als Bürgerschaftsabgeordnete das
Regierungs- und Verwaltungshandeln der Stadt kontrollieren. Die
Mengenverhältnisse entsprechen ungefähr der Realität: Während von
der jetzigen Bürgerschaftsfraktion der SPD zwischen 30 und 40 Prozent im Dienste der Stadt arbeiten – als Schuldirektor, Verwaltungsan-
gestellte oder in städtischen Firmen –, sind es bei den Oppositionsparteien nicht annähernd so viele. Bürgermeister **Ortwin Runde** kennt
natürlich Leute, „die wegen der Chancen im Öffentlichen Dienst in die
Partei eingetreten sind"[1], und macht damit auf ein Problem aufmerksam, das zu den gravierendsten bei der Diskussion um Filz und Ämterpatronage gehört: Die Versorgung von Genossen mit gut bezahlten Jobs
in Hamburgs Staatsfirmen und in der Hamburger Verwaltung. Ein fru-
strierender Dauerzustand für den Oppositionsführer von der CDU, **Ole
von Beust**: „Wenn es in Hamburg um die Neubesetzung von
Geschäftsführern in öffentlichen Unternehmen oder lukrative Verwaltungsposten geht und ich CDU-Mitglieder auffordere, sich zu bewerben, winken fast alle ab: Wir haben ja doch keine Chance im sozialde-
mokratisch besetzten Hamburg."

„Die öffentlichen Unternehmen müssen raus aus der Parteipatronage – notfalls durch Privatisierung – und die nicht parteipolitischen Interessen müssen stärker in die Entscheidungsfindung eingebunden werden", sagt Martin Thunert. „Wir brauchen eine Entparteipolitisierung auf vielen Ebenen." Diese Einschätzung teilen viele, wie zum Beispiel ein ehemaliges SPD-Senatsmitglied, das allerdings ungenannt bleiben möchte: „Hamburgs Problem ist die Verquickung von Partei und Verwaltung. Und im Gegensatz zu einem Flächenstaat wie beispielsweise Bayern, wo wenigstens in den Städten und Kommunen noch ab und zu eine andere Partei regiert, haben wir in Hamburg keine Entscheidungsgewalt in der zweiten oder dritten Ebene. Die einzigen, die Kontrolle ausüben, sind die Medien." Alle Macht geht vom Senat aus – die Bezirke sind Anhängsel, die im Ernstfall vom Senat ausgebremst werden. Das nennt sich in Hamburg das Evokationsrecht des Senates. Der Duden beschreibt es so: „Evokation, historisch, das Recht des Königs bzw. des Papstes, eine nicht erledigte Rechtssache unter Umgehung der Instanzen vor sein Hofgericht zu bringen." Alle Macht geht vom König aus, und das ist in Hamburg im Ernstfall der Bürgermeister. Wenn sich beispielsweise die Bezirksversammlung Harburg gegen die Ansiedlung einer Mülldeponie ausspricht, kann der Senat von seinem Evokationsrecht Gebrauch machen, und die gewählten Vertreter der Harburger Bezirksversammlung gucken in die Röhre.

Bei Bewerbungen um hohe Verwaltungsjobs findet in Hamburg über die Deputationen an den Behörden zwar eine gewisse Einbeziehung der Oppositionsparteien statt. Aber wer die Mehrheit hat, gewinnt – und das ist nun mal (fast) immer die SPD. Parteilose haben es da noch schwerer, während sich die Oppositionsparteien ab und zu wenigstens über ein paar Krümel vom Tisch der Mächtigen freuen können. In den städtischen Firmen, die wie die HEW oder die Gaswerke in eigenständige Gesellschaften umgewandelt worden sind, haben Nicht-SPDler erst recht schlechte Karten; zumal wenn die Partei die lukrativen Management-Jobs als Postenbeschaffung für altgediente Parteifunktionäre versteht. Da hilft nur ein konsequentes Betreiben von Ausschreibungen, zum Beispiel so, wie es das Kölner Autorenpaar **Erwin K.** und **Ute Scheuch** versteht: „Vorstands- und Geschäftsführerpositionen in Betrieben der öffentlichen Hand sind öffentlich auszuschreiben. Die Bewerbungen sind von einem unabhängigen Unternehmensberater zu prüfen."[2] Es würde Hamburg nicht schlecht zu Gesicht stehen, wenn dieses Problem in den parlamentarischen Gremien wenigstens einmal diskutiert werden würde, beispielsweise in der Bürgerschaft. Eine konsequente Ausschreibung dieser Jobs auf der Internet-Seite www.hamburg.de ist sicherlich auch nicht allzu schwer zu realisieren. Die Stadt wäre auf einen Schlag um zahlreiche Bewerbungen reicher.

3. Bürger an die Macht

Direkte Demokratie statt einmal in vier Jahren einen Stimmzettel auszufüllen: Ein Ansatz, der in Hamburg bisher nicht ernst genommen wird. Die Politik rekrutiert sich aus den Parteien – wer da nicht hinein passt, hat schlechte Karten. Das sorgt für Politikfrust. Im Gegensatz zu Bayern, das den Ruf einer fortschrittlichen Einbeziehung seiner Bewohner durch Bürgerbegehren genießt, malten die Sozialdemokraten zunächst den Teufel an die Wand, als Ende der 90er die Bürgerbegehren in Hamburg eingeführt werden sollten. Damit löste die SPD eine heftige Regierungskrise mit den Grünen aus, bevor sie der Absenkung der Mindeststimmen für die Beantragung eines Volksentscheides zustimmten.

„Sehr umfassend ausgebaut ist die direkte Bürgerbeteiligung in der Schweiz, allerdings vor dem Hintergrund eines völlig anders aufgebauten politischen Systems, dessen Einzelteile sich nur schwer übertragen lassen", sagt Politologe Thunert. Hier gilt der Grundsatz, dass das Volk die wichtigsten Entscheide, das Parlament die wichtigen und die Regierung die nachgeordneten Entscheidungen trifft. So müssen unter anderem alle Verfassungsänderungen, aber auch der Beitritt zu supranationalen Gemeinschaften wie der Europäischen Union durch ein obligatorisches Referendum entschieden werden. Ferner werden bestimmte Gesetze mit einer Referendumsklausel versehen. Die besagt, dass ein solches Gesetz dann einer Volksabstimmung unterzogen werden muss, wenn dies 50.000 Stimmbürger wollen. Schließlich können 100.000 Bürger auf Bundesebene per Volksinitiative die Abstimmung über die Aufhebung, Veränderung und Neuschaffung von Verfassungsklauseln auch gegen den Willen der Regierenden erzwingen. Allerdings kann das Parlament einen Gegenvorschlag vorlegen. Die Kantone, die Schweizer Bundesländer, gehen noch weiter: Dort gibt es auch die direkte Gesetzesinitiative und selbst wichtige Verwaltungsentscheide können der Volksabstimmung unterzogen werden. Am weitesten ausgebaut sind die Volksrechte in den deutschschweizerischen Gemeinden.

„Natürlich", so der Politologe weiter, „bergen auch Bürgerbegehren und Volksinitiativen die Gefahr, dass sie von gesellschaftlichen Gruppen missbraucht werden: In Kalifornien beispielsweise nutzen häufig vermögende pressure groups die direkte Demokratie, um ihre Interessen durchzusetzen." Diese wie die Schweizer Erfahrungen zeigen, dass man die Wirkungen direkter Demokratie sehr unterschiedlich einschätzen kann. Trotz zum Teil geringer Erfolgsaussichten oder der Gefahr der egoistischen Vereinnahmung erweisen sich Bürgerbegehren und Volksinitiativen in der Regel aber als innovatives Element. Sie ermöglichen es unterschiedlichsten Gruppierungen, die sich in der repräsentativen Parteiendemokratie, insbesondere in deren verfilzter Form, schlecht vertreten sehen, neue Themen zumindest aufzubringen und darüber sogar eine Volksentscheidung herbeizuführen, vorausgesetzt, man schraubt das Mindestquorum nicht zu hoch. Selbst gescheiterte Volksinitiativen würden später aufgegriffen und flössen in die parlamentarische Arbeit ein, so Thunert. Und: Die Schweizer Erfahrung zeige auch, dass die Androhung eines Gesetzesreferendums allein häufig ausreicht, um die Einbeziehung eines breiten Interessenspektrums in den Entscheidungsprozess zu fördern. Lobbyentscheidungen werden so deutlich erschwert. Die Tatsache, dass die Schweiz zum Beispiel über ein zukunftssichereres und gerechteres System der Alterssicherung verfüge – alle Bürger und Einkommensklassen müssen in den gesetzlichen Teil der Rentenversicherung einzahlen – als die Bundesrepublik, sei ein Zeichen eines gerechteren Staatsgefüges.

Eine Schwächung der repräsentativen Organe der Demokratie bringt die Einführung direktdemokratischer Elemente aller Wahrscheinlichkeit nach mit sich, doch solle man nicht vergessen, dass ein Großteil der Hauptverantwortlichen für das schlechte öffentliche Ansehen der repräsentativen Organe bei den Funktionsträgern und den Parteien selbst zu suchen sei. Thunert sieht den öffentlichen Druck für mehr direkte Demokratie nur dann schwächer werden, wenn es dem Parteienstaat von innen heraus gelingen sollte, sich in der oben genannten Richtung zu öffnen.

Die direkte Demokratie sei kein Allheilmittel, sie lässt insbesondere in den USA die Frage nach der Verantwortung für die so getroffenen Entscheidungen offen, sie kann zum Instrument der Regierenden werden wie in Frankreich, sie diene gerade in der Schweiz nicht selten zum Erhalt des Status Quo, meint Martin Thunert. Dennoch öffne sie Spielräume für neue Akteure – das Internet eröffne hier interessante Perspektiven, die derzeit erforscht würden – und stärke die gesellschaftliche Debatte jenseits der Parteien. Kein geringer Reiz der direkten Entscheidung über Sachfragen liege auch in der Herausbildung neuer und wechselnder Politikkonstellationen: „Zum Beispiel die Entscheidung in Hamburg um den Super-Airbus und das Mühlenberger Loch. Hier haben sich linke Umweltschutzgruppen mit dem Bürgertum an der Elbe zusammengetan. Vielleicht wäre die Entscheidung anders ausgefallen, wenn die Bürger hätten mitbestimmen dürfen. Bürgerbegehren bieten eine völlig neue Chance, alte bisher entgegengesetzte Politiklager im Dialog zu gemeinsamer Auseinandersetzung und gemeinsamen Zielen zu bringen. Das sind ganz neue Perspektiven." Vielleicht nicht gerade für eine Partei, die gern alles allein entscheidet. Aber immerhin: Nach massivem Druck des grünen Koalitionspartners hat sich die Bürgerschaft inzwischen auf eine abgesenkte Mindeststimmenanzahl einigen können. 10.000 Stimmen von Wahlberechtigten müssen Antragsteller jetzt in Hamburg sammeln, um das Verfahren des Volksentscheides auf Landesebene in Gang zu setzen. Die Hürden für einen positiven Entscheid sind allerdings immer noch sehr hoch: 20 Prozent der Wahlberechtigten, also etwa 240.000 Hamburger, müssen im Mehrheitsverfahren für das Volksbegehren stimmen.

Es gibt viele Möglichkeiten, die Bürger einzubinden, in den Wohngebieten beispielsweise über Runde Tische oder Sanierungsbeiräte. Die Mitbestimmung ist hier allerdings jüngst zu Lasten der Anwohner eingeschränkt worden, als die Sanierungsbeiräte im Bezirk Mitte durch die große Koalition aus SPD und CDU auf Kosten der einfachen Mitglieder, die nicht einem Interessensverband angehören, verkleinert wurden. Zwei Sanierungsbeiräte in St. Pauli, in der Wohlwillstraße und im Schulterblatt, wurden von der großen Koalition SPD und CDU kurzerhand aufgelöst. Und um die gerade noch drei von fünfzehn Plätzen für einfache Bürger sollen die sich in Zukunft bewerben – bei den Politikern. Welcher Bürger in dem Beirat mitarbeiten darf und wer nicht, wollen die Vertreter der Parteien also selbst entscheiden. Kein Wunder, dass die St. Paulianer sauer sind. Zitat aus der Morgenpost: „In der Vergangenheit hatten SPD und CDU katastrophale Wahlergebnisse in St. Pauli eingefahren. Angesichts derart ‚willkürlicher Entscheidungen von oben‘, so Pastor Friedrich Brandi (Friedenskirche) müsse man sich nicht wundern, wenn viele sagen, es mache keinen Sinn, sich zu engagieren.‘ Die SPD müsse lernen, so Egbert Waschulewski (Apotheke am Paulinenplatz), dass sich Politik so nicht machen lasse: ‚Das Vorgehen zeigt, welchen Respekt man vor Leuten hat, die sich nach ihrer Arbeit noch für die Allgemeinheit engagieren.‘" [3]

Bis Mitte der Achtziger testete der Senat alle drei Monate mittels eines Meinungsforschungsinstituts die politischen Themen, die für die Hamburger wichtig sind. Da die SPD die Ergebnisse regierungsintern für sich behielt und so die Ergebnisse nur für die eigene Partei nutzte, sorgte die CDU dafür, dass die Umfrage wieder abgeschafft wurde. Wenn, dann haben alle Parteien und insbesondere natürlich die Hamburger ein Recht darauf zu erfahren, was den Bürgern der Stadt am Herzen liegt. Es ist ein Instrument, das die Regierung zum permanenten Diskurs mit der Bevölkerung auffordert. Und da liegt ja eigentlich der Sinn von Politik und Verwaltungshandeln: das Ohr bei denen zu haben, die regiert werden.

Und warum sollen die Hamburger an den wichtigen Entscheidungen nicht permanent beteiligt werden? In Zeiten moderner Kommunikationsmittel – und für Hamburg, das sich immer gern als Europas modernste Metropole und Zentrum der New Economy verkauft, dürfte es technisch kein Problem sein – könnte man, wenn man denn wollte, per Internet und E-mail die Hamburger an den wichtigsten Fragen beteiligen. Beispielsweise so: „Soll Hamburg weiterhin Atomstrom beziehen? Stimmen Sie mit ja oder nein ab." Das Ergebnis der Volksabstimmung wird zur Abstimmung in der Bürgerschaft dazu addiert, vielleicht in folgendem Verhältnis: 80 Prozent Bürgerschaft plus 20 Prozent Bürgerentscheid per E-Mail. Die Bürger wären bei knappen Entscheidungen dann das Zünglein an der Waage. Sie müssten sich nicht wie die Parlamentarier, die sich nahezu immer dem Fraktionszwang unterwerfen, der Parteimeinung anschließen, sondern könnten von Sachfrage zu Sachfrage entscheiden. Dann wäre Politik endlich mal wieder spannend – und ein Stück gerechter.

Erläuterungen zu den Fußnoten ab Seite 285

Von Polizei bis Stadtreinigung

Hamburg und seine Parlamentarischen Untersuchungsausschüsse

Insgesamt 45 Anträge auf die Einrichtung eines Parlamentarischen Untersuchungsausschusses (PUA) wurden zwischen 1946 und Anfang 2001 in der Hamburgischen Bürgerschaft gestellt. Die meisten davon wurden auch eingesetzt – in der Regel unter dem Vorsitz eines Sozialdemokraten. Außer in den Wahlperioden 1982-1983 und 1986-1987 hatten die Abgeordneten der PUAs immer alle Hände voll zu tun.

Ernannte Bürgerschaft 1946
1. (Untersuchungs-) Ausschuss „Ermittlung der Nazikorruption" (Korruptionsfälle)
Anträge der SPD- und KPD-Fraktion vom 8.3.1946, 15 Mitglieder, Vorsitzender: Senator Heinrich Eisenbarth (SPD), Fortsetzungsbeschluss

Wahlperiode 1946-1949
2. (Untersuchungs-) Ausschuss „Ermittlungen der Nazikorruption" (Korruptionsfälle), Wiedereinsetzung auf Vorschlag des Ältestenrates, 15 Mitglieder (8 SPD, 3 CDU, 2 FDP, 2 KPD), Vorsitzender: Präsident Adolph Schönfelder (SPD)

3. Bürgerschaftlicher Ausschuss für die Brennstoffversorgung in seiner Eigenschaft als Untersuchungsausschuss zur Untersuchung der Hamburger Kohlenkrise des Winters 1946/47, Antrag CDU-Fraktion vom 8.1.1947, 9 Mitglieder (5 SPD, 2 CDU, 1 KPD, 1 FDP), auf Antrag des Ältestenrates erweitert auf 15 Mitglieder (8 SPD, 3 CDU, 2 FDP, 2 KPD), Vorsitzender: Gustav Dahrendorf / Nikolaus Jürgensen (SPD)

4. (Untersuchungs-) Ausschuss zur Überprüfung der Notstände in den Notstandssiedlungen Rüschkanal, Ostfrieslandstraße und Nordmeerstraße in Finkenwerder, der aufgelaufenen Stromschulden und der Mieten, Antrag FDP-Fraktion vom 2.4.1947, 9 Mitglieder (5 SPD, 2 CDU, 1 FDP, 1 KPD), Vorsitzender: Louis Sellmer (SPD)

5. (Untersuchungs-) Ausschuss zur Überprüfung der Vorgänge im Zusammenhang mit dem Todesfall des Strafgefangenen Kleinow im Strafgefängnis Fuhlsbüttel, Antrag SPD-Fraktion vom 1.12.1948, 9 Mitglieder (5 SPD, 2 CDU, 1 FDP, 1 KPD), Vorsitzender: Carl Gehrmann (SPD)

Wahlperiode 1949-1953

6. (Untersuchungs-) Ausschuss zur Untersuchung der von dem Abgeordneten Werner Luckow gegen die Personalpolitik des Senats erhobenen (schweren) Beschuldigungen, Antrag Senat vom 14.3.1950, 15 Mitglieder (8 SPD, 3 CDU, 2 FDP, 1 DP, 1 KPD), Vorsitzender: Dr. Johannes Reinhard (CDU)

7. (Untersuchungs-) Ausschuss zur Klärung der Angelegenheit Operettenhaus, Antrag der FDP-Fraktion vom 6.9.1950, 11 Mitglieder (6 SPD, 2 CDU, 1 DP, 1 FDP, 1 KPD), Vorsitzender: Heinrich Wichelmann (SPD)

8. Untersuchungsausschuss zur Prüfung des Antrages, den Abgeordneten Willi Plautz aus der Bürgerschaft auszuschließen, Antrag der FDP-Fraktion vom 17.9.1952, 7 Mitglieder (3 SPD, 2 CDU, 1 FDP, 1 DP), Vorsitzender: Erwin Jacobi (DP)

Wahlperiode 1953-1957

9. Parlamentarischer Untersuchungsausschuss zur Prüfung der Vorgänge und Maßnahmen in Sachen des Kriminaldirektors Carl Breuer vor Eröffnung der gerichtlichen Voruntersuchung, Antrag Fraktion des Hamburg-Blocks vom 29.3.1956, 10 Mitglieder (5 Hamburg-Block, 5 SPD), Vorsitzender: Dr. Paul Nevermann (SPD)

10. Parlamentarischer Untersuchungsausschuss in der Angelegenheit des Waffenhändlers Schlüter, Antrag SPD-Fraktion vom 19.6.1957, 10 Mitglieder (5 Hamburg-Block, 5 SPD), Vorsitzender: Gustaf C. Hernmarck (Hamburg-Block)

Wahlperiode 1957-1961

11. Parlamentarischer Untersuchungsausschuss in Sachen Hamburger Hochbahn AG, Antrag der CDU-Fraktion vom 11.10.1961, 11 Mitglieder (6 SPD, 4 CDU, 1 FDP), Vorsitz: SPD, wegen Ablauf der Wahlperiode nicht abgeschlossen

Wahlperiode 1961-1966

12. Parlamentarischer Untersuchungsausschuss in Sachen Hamburger Hochbahn AG, Antrag der CDU-Fraktion vom 13.12.1961, 13 Mitglieder (8 SPD, 4 CDU, 1 FDP), Vorsitzender: Max Finck (SPD)

13. Parlamentarischer Untersuchungsausschuss (Fall Haase – UG), Antrag der CDU-Fraktion vom 9.2.1966, 11 Mitglieder (6 SPD, 3 CDU, 2 FDP), Vorsitzender: Peter Schulz (SPD)

Wahlperiode 1966-1970

14. Parlamentarischer Untersuchungsausschuss (Vollzugswesen), Antrag CDU Drucksache VI/9 vom 27.4.1966, 11 Mitglieder (6 SPD, 4 CDU, 1 FDP), Vorsitzender: Dr. Hans-Joachim Seeler / Dr. Eberhard Beermann (SPD)

15. Parlamentarischer Untersuchungsausshuss zur Überprüfung von Krankenhausneubauten, Antrag CDU Drucksache VI/1021 vom 8.12.1967, 15 Mitglieder (9 SPD, 5 CDU, 1 FDP), Vorsitzender: Hellmut Kalbitzer (SPD)

Wahlperiode 1970-1974

16. Parlamentarischer Untersuchungsausschuss zur Überprüfung des Verhaltens des Abgeordneten Friedrich Dethlefs, Antrag CDU Drucksache VII/1025 vom 17.3.1971, 15 Mitglieder (8 SPD, 5 CDU, 2 FDP), Vorsitzender: Dr. Wilhelm Drexelius (SPD)

17. Parlamentarischer Untersuchungsausschuss zur Überprüfung der Ablagerung von Haus- und Industriemüll, Antrag CDU Drucksache

VII/1026 vom 3.3.1971, 15 Mitglieder (8 SPD, 5 CDU, 2 FDP), Vorsitzender: Dr. Winfried Döbertin (SPD)

18. Parlamentarischer Untersuchungsausschuss zur Überprüfung der Vorfälle im Zusammenhang mit postoperativen Todesfällen in der Universitäts-Frauenklinik Eppendorf, Antrag SPD, CDU und FDP Drucksache VII/1388 vom 24.8.1971, 15 Mitglieder (8 SPD, 5 CDU, 2 FDP), Vorsitzender: Dr. Jürgen Westphal / Eduard Prosch (CDU)

19. Parlamentarischer Untersuchungsausschuss zur Überprüfung der Verwendung der Haushaltsmittel für sozialwissenschaftliche Erhebungen seit 1966, Antrag CDU Drucksache VII/1557 vom 9.11.1971, Antrag SPD Drucksache VII/1620 vom 24.11.1991, überwiesen an den Ausschuss für Verfassung, Geschäftsordnung und Wahlprüfung, zurückgezogen

20. Parlamentarischer Untersuchungsausschuss zur Überprüfung des Verfahrens bei der Erhebung und Verteilung von Geldbußen, Antrag SPD Drucksache VII/1780 vom 9.2.1972, 7 Mitglieder (4 SPD, 2 CDU, 1 FDP), Vorsitzender: Wilhelm Rahlfs (FDP)

21. Parlamentarischer Untersuchungsausschuss zur Überprüfung der Strahlenschäden im Allgemeinen Krankenhaus St. Georg, Antrag CDU Drucksache VII/2450 vom 15.11.1972, Antrag SPD Drucksache VII/2475 vom 28.11.1972, 7 Mitglieder (4 SPD, 2 CDU, 1 FDP), Vorsitzender: Dr. Wilhelm Drexelius (SPD)

Wahlperiode 1974-1978
22. Parlamentarischer Untersuchungsausschuss betreffend Ansiedlungsfall Reynolds, Antrag FDP Drucksache 8/949 vom 10.9.1975, abgelehnt, dafür: Einsetzung eines Sonderausschusses

23. Parlamentarischer Untersuchungsausschuss zur Überprüfung der Einwirkungsmöglichkeiten des Senats auf die unabhängige Presse in

Hamburg, Antrag CDU Drucksache 8/3065 vom 23.11.1977, Antrag SPD Drucksache 8/3231 vom 6.12.1977, 7 Mitglieder (3 SPD, 3 CDU, 1 FDP), Vorsitzender: Wolfgang Curilla (SPD)

24. Parlamentarischer Untersuchungsausschuss zur Untersuchung der Gründe für das Scheitern der Sanierung Blohm, Antrag CDU Drucksache 8/3529 vom 29.3.1978, Antrag SPD und FDP Drucksache 8/3587 vom 12.4.1978, 7 Mitglieder (3 SPD, 3 CDU, 1 FDP), Vorsitzender: Max Reimer (SPD), wegen Ablauf der Wahlperiode nicht abgeschlossen

Wahlperiode 1978-1982
25. Parlamentarischer Untersuchungsausschuss zur Untersuchung der Gründe für das Scheitern der Sanierung Blohm, Antrag CDU Drucksache 9/114 vom 13.9.1978, Antrag SPD Drucksache 9/136 vom 27.9.1978, 7 Mitglieder (4 SPD, 3 CDU), Vorsitzender: Max Reimer (SPD)

26. Parlamentarischer Untersuchungsausschuss zur Überprüfung der Ursachen und Konsequenzen des Giftgas- und Munitionsskandals in Hamburg (Stoltzenberg), Antrag CDU Drucksache 9/1201 vom 18.9.1979, Antrag CDU Drucksache 9/1214 vom 19.9.1979 zu Drucksache 9/1201, Antrag SPD Drucksache 9/1215, 19.9.1979 zu Drucksache 9/1201, Antrag SPD Drucksache 9/1221 vom 25.9.1979 zu Drucksache 9/1201, 7 Mitglieder (4 SPD, 3 CDU), Vorsitzender: Dr. Gerd Weiland (SPD)

27. Parlamentarischer Untersuchungsausschuss zum Persien-Engagement der Hamburger Stadtentwicklungsgesellschaft mbH (HStG), Antrag CDU Drucksache 9/3411 vom 19.5.1981, 7 Mitglieder (4 SPD, 3 CDU), Vorsitzender: Holger Kues (SPD)

Wahlperiode 1983-1986
28. Parlamentarischer Untersuchungsausschuss zur möglichen Ver-

flechtung zwischen Hamburger Polizei und organisiertem Verbrechen, Antrag GAL Drucksache 11/14 vom 5.1.1983, abgelehnt

29. Parlamentarischer Untersuchungsausschuss zur Überprüfung der Aufsichtstätigkeit der Behörden gegenüber der Geschäftstätigkeit der Unternehmensgruppe Neue Heimat (Neue Heimat Gemeinnützige Wohnungs- und Siedlungsgesellschaft mbH, Neue Heimat Städtebau GmbH, ihre direkten und indirekten Schwester-, Tochter- und Beteiligungsunternehmen) sowie der Geschäftsbeziehungen zwischen der Freien und Hansestadt Hamburg und der Unternehmensgruppe Neue Heimat, Antrag CDU Drucksache 11/153 vom 9.2.1983, Antrag SPD Drucksache 11/188 vom 23.2.1983 zu Drucksache 11/153, Antrag GAL Drucksache 11/203 vom 23.2.1983 zu Drucksache 11/153, 9 Mitglieder (5 SPD, 3 CDU, 1 GAL), Vorsitzender: Ulrich Hartmann (SPD)

30. Parlamentarischer Untersuchungsausschuss zur Überprüfung der Abfallbeseitigung in Hamburg und der Tätigkeit der in diesem Bereich zuständigen Behörden, Antrag GAL Drucksache 11/1235 vom 19.10.1983, abgelehnt

31. Parlamentarischer Untersuchungsausschuss zur Überprüfung der Ablagerung von Industriemüll auf der Deponie Georgswerder und anderen Hamburger Deponien und zur Überprüfung der Frage, inwieweit der Senat der FHH dem Ersuchen des PUA vom 4.6.1973 nachgekommen ist, Antrag CDU Drucksache 11/1898 vom 18.1.1984, Antrag GAL Drucksache 11/1952 01.02., 9 Mitglieder (5 SPD, 3 CDU, 1 GAL), Vorsitzender: Dr. Wulf Damkowski (SPD)

32. Parlamentarischer Untersuchungsausschuss zur Klärung der Frage, auf welche Weise Kopien von vertraulichen Unterlagen, die dem Untersuchungsausschuss Georgswerder zur Verfügung stehen und bis dahin nicht Gegenstand der öffentlichen Beweisaufnahme waren, an die Öffentlichkeit gelangt sind, Antrag CDU Drucksache 11/2994 vom 31.10.1984, 8 Mitglieder (4 SPD, 3 CDU, 1 GAL), Vorsitzender: Peter Schulz (SPD)

33. Parlamentarischer Untersuchungsausschuss zur Aufklärung des Ausmaßes, der Verursacher, der Verantwortlichen und der Tätigkeit der zuständigen Behörden bei der menschengefährdenden Arsen-Verseuchung in Hamburgs Osten, Antrag GAL Drucksache 11/3675 vom 8.2.1985, abgelehnt

34. Parlamentarischer Untersuchungsausschuss zur Aufklärung des Ausmaßes, der Verursacher, der Verantwortlichen und der Tätigkeit der zuständigen Behörden bei den Vorgängen in der von Prof. Bernbeck von 1963 – 1981 geleiteten orthopädischen Abteilung des AK Barmbek, Antrag GAL Drucksache 11/3677 vom 9.2.1985 (abgelehnt), Antrag SPD Drucksache 11/3704 vom 26.3.1985, 8 Mitglieder (4 SPD, 3 CDU, 1 GAL), Vorsitzender: Dr. Sieghard-Carsten Kampf (CDU)

35. Parlamentarischer Untersuchungsausschuss zur Untersuchung von Vorwürfen gegen die Stadtreinigung, Antrag GAL Drucksache 11/4448 vom 10.6.1985 (abgelehnt), Antrag CDU Drucksache 11/4554 vom 9.7.1985, Antrag GAL Drucksache 11/4619 vom 10.7.1985 (abgelehnt), 13 Mitglieder (7 SPD, 5 CDU, 1 GAL), Vorsitzender: Herrmann Scheunemann (SPD)

36. Parlamentarischer Untersuchungsausschuss zum Strafvollzug in Hamburg, Antrag CDU Drucksache 11/4948 vom 18.9.1985, Antrag GAL Drucksache 11/5001 vom 30.9.1985 zu Drucksache 11/4948 (abgelehnt), Antrag SPD Drucksache 11/5004 vom 1.10.1985 zu Drucksache 11/4948, 15 Mitglieder (8 SPD, 6 CDU, 1 GAl), Vorsitzender: Hans-Jürgen Grambow (SPD)

Wahlperiode 1987 – 1991

37. Parlamentarischer Untersuchungsausschuss Hafenstraße, Antrag CDU Drucksache 13/569 vom 22.10.1987, Antrag GRÜNE/GAL Drucksache 13/637 vom 10.11.1987 zu Drucksache 13/569 (abgelehnt), Antrag SPD Drucksache 13/646 vom 11.11.1987 zu Drucksache 13/569, Beschluss: Drucksache 13/569 Teil I Annahme, Teil II geändert durch Drucksache 13/646, 9 Mitglieder (4 SPD, 3 CDU, 1 GRÜNE/GAL, 1 FDP), Vorsitzender: Johann Klarmann (SPD)

38. Parlamentarischer Untersuchungsausschuss Versagen im Hamburger Strafvollzug, Antrag CDU Drucksache 13/6144 vom 13.6.1990, Antrag CDU Drucksache 13/6235 vom 27.6.1990 zu Drucksache 13/6144, 9 Mitglieder (4 SPD, 3 CDU, 1 FDP, 1 Frauenfraktion), Vorsitzender: Johann Klarmann (SPD)

39. Parlamentarischer Untersuchungsausschuss Neue Heimat – Aufklärung der Umstände, die zur Festsetzung eines Abgeltungsbetrages in Höhe von 6 Millionen Mark durch die Baubehörde gegenüber der NHH (Neue Heimat Hamburg GmbH) geführt haben – Zustandekommen des Kaufpreises über die 41.533 Wohungen von NHN, NWDS und BGI (Neue Heimat II), Antrag CDU Drucksache 13/6785 vom 26.9.1990, Antrag CDU Drucksache 13/6846 vom 9.10.19990 zu Drucksache 13/6785, 9 Mitglieder (4 SPD, 3 CDU, 1 FDP, 1 Frauenfraktion), Vorsitzender: Dr. Michael Selk (SPD)

Wahlperiode 1991-1993
40. Parlamentarischer Untersuchungsausschuss Klärung von verfassungsrechtlichen Fragen und politischen Verantwortlichkeiten beim Zustandekommen des Gesetzes zur Änderung des Senatsgesetzes vom 19. März 1987, Antrag FDP und GRÜNE/GAL Drucksache 14/733 vom 27.11.1991, 13 Mitglieder (7 SPD, 4 CDU, 1 FDP, 1 GRÜNE/GAL), Vorsitzender: Dr. Holger Christier (SPD)

41. Parlamentarischer Untersuchungsausschuss nach § 74 der Geschäftsordnung der Hamburgischen Bürgerschaft Klärung von politischen Verantwortlichkeiten und Untersuchung der Geschäftätigkeit städtischer Unternehmen im Zusammenhang mit der Verwaltung und Vermietung von Wohnungen im Eigentum der Freien und Hansestadt Hamburg oder städtischer Unternehmen (PUA SAGA), Antrag FDP, CDU und GRÜNE/GAL Drucksache 14/2558 vom 29.9.1992, 13

Mitglieder (7 SPD, 4 CDU, 1 FDP, 1 GRÜNE/GAL), Vorsitzender: Dr. Andreas Mattner (CDU)

42. Parlamentarischer Untersuchungsauschuss Übergriffe und Fehlverhalte bei der Hamburger Polizei: Staatsschutz beim Landeskriminalamt und E-Schichten der Revierwache 16, Antrag GRÜN/GAL Drucksache 14/3750 vom 23.3.1993, Überweisung: Ausschuss für Inneres und öffentlicher Dienst

Wahlperiode 1993-1997

43. Parlamentarischer Untersuchungsausschuss Vorkommnisse im Universitäts-Krankenhaus Eppendorf, Antrag GAL Drucksache 15/1217 vom 18.5.94, Beschluss: Überweisung Wissenschaftsausschuss

44. Parlamentarischer Untersuchungsausschuss Hamburger Polizei, Antrag GAL Drucksache 15/1827 vom 15.9.1994, Antrag SPD Drucksache 15/1828 vom 21.09.1994, Antrag Statt-Partei 15/1852 vom 21.9.1994, Beschluss: Überweisung Innenausschuss, Beschluss: Annahme mit Änderung, 11 Mitglieder (5 SPD, 3 CDU, 2 GRÜNE/GAL, 1 Statt-Partei), Vorsitzender: Karl-Heinz Ehlers (CDU; bis 31.1.1995), Vorsitzender: Prof. Dr. Ulrich Karpen (CDU; ab 1.2.1995)

Wahlperiode 1997 – 2001

45. Parlamentarischer Untersuchungsausschuss Vergabe und Kontrolle von Aufträgen und Zuwendungen durch die Freie und Hansestadt Hamburg, Antrag CDU Drucksache 16/665 vom 9.4.1998, Antrag GAL Drucksache 16/766 vom 28.4.1998, Antrag SPD Drucksache 16/764 vom 28.4.1998, 11 Mitglieder (5 SPD, 4 CDU, 2 GAL), Vorsitzender: Günter Frank (SPD)

Quelle: Dokumentation der Staatlichen Pressestelle

Anhang: Rechtsbruch in der Sozialbehörde

Wie die BAGS über ihre Sprecher Politik macht und Zensur ausübt

Es ist das tägliche Brot eines Journalisten, der sich mit Themen rund um die Behörde für Arbeit, Gesundheit und Soziales (BAGS) beschäftigt, eine Auskunft der BAGS einzuholen oder Fakten zu erfragen. Sei es in Form von Zahlen, Daten, Hintergründen oder Stellungnahmen. Die Auskunftspflicht von Behörden ergibt sich unter anderem aus dem Paragrafen 4 des Hamburgischen Pressegesetzes vom 29. Januar 1965, das zuletzt am 28. Mai 1997 geändert wurde. Darin heißt es zum Informationsrecht: „Die Behörden sind verpflichtet, den Vertretern der Presse und des Rundfunks die der Erfüllung ihrer öffentlichen Aufgabe dienenden Auskünfte zu erteilen." Verweigert werden können diese Auskünfte nur, wenn es sich um ein schwebendes Gerichtsverfahren oder Ähnliches handelt, die Auskünfte der Amtsverschwiegenheit unterliegen oder ein schutzwürdiges privates Interesse verletzt würde.

Soweit das Recht. Die BAGS schnitzt sich ihr eigenes. Ende März, am 22. und 26. des Monats, nehmen die Autoren unabhängig von einander Kontakt mit dem damaligen Sprecher der BAGS, **Ingo Schädlich,** auf. Sie wollen mit ihm erörtern, wie eine Beantwortung der für die Bearbeitung dieses Buches erforderlichen Fragen erreicht werden könne. Auf Wunsch des Sprechers kommt man überein, dass es sinnvoll wäre, die Fragen zunächst schriftlich zu formulieren, damit die Behörde eine Art Richtschnur bekäme, um klären zu können, ob die Fragen gegebenenfalls in einem mündlichen Gespräch oder schriftlich beantwortet werden können. Insgesamt 44 Fragen betrafen mehrere Kapitel dieses Buches, unter anderem die Altonaer Jugendarbeit, Jugend in Arbeit, Jugend hilft Jugend, die Flüchtlingsunterbringung auf St. Pauli. Es handelte sich ausschließlich um Sachfragen, deren Antworten in uns zugänglichen Unterlagen nicht zu finden waren. Doch in der BAGS passiert trotz anders lautender Absprachen mit Ingo Schädlich Abenteuerliches. Zunächst dürfen die Autoren nach diversen „Erinnerungsgesprächen" am 2. April 2001 feststellen, dass Ingo Schädlich nicht mehr Pressesprecher ist. Die Nachfolgerin in der Pressestelle, **Ute Winkelmann-Bade,** SPD-Mitglied in Altona-Nord, weiß von unseren Anfragen nach eigenen Angaben nichts – will sich aber darum kümmern. Es folgen erneute Anrufe und die Behörden-Erklärung, dass die Fragen nicht auffindbar seien. Am 5. April faxen die Autoren die Fragen-Kataloge ein weiteres Mal in die Behörde. Um am 10. April eine erstaunliche Auskunft der Rechtsabteilung der BAGS zu bekommen: „Wir bitten um Ihr Verständnis, dass wir die zahlreichen an die Behörde gerichteten Fragen nicht beantworten werden." In der Folge führen die Autoren zahlreiche Gespräche mit der BAGS, um sie auf ihr rechtswidriges Verhalten hinzuweisen. Die Pressesprecherin verspricht am 12. April eine erneute Prüfung der Angelegenheit, um die Fragen doch noch zu beantworten. Doch die Rechtsabteilung der BAGS versteift sich in die Aussage, dass das mit „ganz oben" abgesprochen sei. Die angeschlagene Senatorin Karin Roth weilt zu dieser Zeit allerdings im Urlaub.

Am 23. April des Jahres 2001 wendet sich der Anwalt des Mikado-Verlages schriftlich an die Senatorin, um auf diesem Wege eine Beantwortung zu erreichen und weist auf das rechtswidrige Verhalten der Behörde hin. Die Antwort erfolgt am 4. Mai 2001 durch den Leiter des Amtes für Verwaltung, **Joachim Mose**. Sein Schreiben stellt nichts anderes als eine empörende Hinhaltetaktik dar, die nur einen Zweck haben dürfte: die Autoren als Teil der Hamburger Presse an ihrer Arbeit zu hindern. Trotz der gegenteiligen Aussage der BAGS-Rechstabteilung vom 26. März behauptet die Behörde nun, dass es „unter den 44 Fragen auch solche" gebe, „auf deren Beantwortung die Herren Breiholz und Wieding Anspruch haben. Und selbstverständlich sollen sie die Antworten auch bekommen."

Allerdings würden 44 Fragen zu zwölf unterschiedlichen Themen den „Rahmen des Üblichen sprengen" (!). Ein Blick auf den Taschenrechner zeigt, dass dies nichts anderes als eine Ausrede und ein Herauszögern der Antworten seitens der Behörde ist: Pro Themen-Komplex baten die Autoren rechnerisch um die Beantwortung von 3,6 Fragen. Die Mehrzahl der telefonisch gestellten Auskunftsersuchen unserer Kolleginnen und Kollegen im Medienalltag dürften umfangreicher sein – zudem bei solch komplexen Themenzusammenhängen, die in diesem Buch bearbeitet wurden. Unabhängig davon ist im Hamburgischen Pressegesetz keine Beschränkung der Anzahl von Fragen an eine Behörde festgelegt. Und drittens befanden sich unter den Fragen der Autoren eine Reihe solcher, die mit einer Zahl oder einem Satz hätten beantwortet werden können und müssen.

Das Vorgehen der BAGS belegt eines: Eine Behörde, die regelmäßig für Skandale in der Hansestadt sorgt, die nicht nur die Opposition für die Keimzelle des Filzes hält, die der Grund für die Einsetzung des Parlamentarischen Untersuchungsausschusses „Filz" ist und deren Senatorin die Menschen nach zwei Vergewaltigungen auf dem Klinikgelände Ochsenzoll erst jüngst mit der Aussage schockiert, sie könne sich nicht jede Vergewaltigung auf einem Krankenhausgelände melden lassen, schränkt die Pressefreiheit in arroganter und rechtswidriger Art und Weise ein. Und Senatorin **Karin Roth,** immerhin ein SPD-Mitglied aus dem Gewerkschaftslager, lässt diese Beugung des Rechts durch ihre Mitarbeiter zu. Die Autoren befinden sich allerdings in guter Gesellschaft: Auch der Parlamentarische Untersuchungsausschuss Filz musste erst rechtliche Hilfe in Anspruch nehmen, um alle für die Arbeit notwendigen Akten von der BAGS zu erhalten. Die Behörde für Arbeit, Gesundheit und Soziales hat also aus dem Parlamentarischen Untersuchungsausschuss und den dort erhobenen Vorwürfen nichts gelernt. Im Gegenteil. Nun versucht die Behörde auch noch die Pressefreiheit einzuschränken.

Quellenverzeichnis, Fußnoten

Liebe Leserin, lieber Leser, S. 14 ff.

1 Nach Brockhaus
2 „Die Zeit", 2. Juli 1998
3 „Die Zeit", 2. Juli 1998
4 2. Juli 1998
5 „Die Zeit", 2. Juli 1998

Eine Reise durch die Zeit S. 23 ff.

1 „taz Hamburg", 10. November 1997
2 Geburts- und Todesdaten größtenteils aus "Bürgermeister, Senatoren und Staatsräte der Freien und Hansestadt Hamburg 1945-1995", Peter Gabrielson, Hrsg. Verein für hamburgische Geschichte
3 „Der Spiegel", 30. Oktober 1957, S. 26
4 „Der Spiegel", 30. Oktober 1957, S. 32
5 „Der Spiegel", 30. Oktober 1957, S. 40
6 „Vom Hamburger Parteitag", Hrsg. SPD-Landesverband Hamburg, S. 19
7 „Vom Hamburger Parteitag", Hrsg. SPD-Landesverband Hamburg, S. 19
8 „Vom Hamburger Parteitag", Hrsg. SPD-Landesverband Hamburg, S. 19
9 „Vom Hamburger Parteitag", Hrsg. SPD-Landesverband Hamburg, S. 19
10 „Zwischen Prunk und Stunk", Scheub/Link, Verlag Galgenberg, S. 23
11 „Zwischen Prunk und Stunk", Scheub/Link, Verlag Galgenberg, S. 24
12 „Zwischen Prunk und Stunk", Scheub/Link, Verlag Galgenberg, S. 24
13 „Hamburger Morgenpost", 11. Mai 1988
14 „Hamburger Abendbaltt", 6 Januar 1995, S. 16
15 „Hamburger Abendblatt", 9. Januar 1995, S. 16
16 „Die Welt", 25. August 1987
17 „taz Hamburg", 30. November 1990
18 „stern", 13. Dezember 1979
19 „FAZ-Magazin", 6. Dezember 1991
20 „Der Spiegel", 23/1981, S. 29/31
21 „Frankfurter Rundschau", 26. Mai 1981 zitiert aus einem Brief von Klose an den SPD-Vorstand
22 „Frankfurter Rundschau", 26. Mai 1981
23 „Frankfurter Rundschau", 26. Mai 1981
24 „taz Hamburg", 10. Oktober 1988
25 „Zwischen Prunk und Stunk", Scheub/Link, Verlag Galgenberg, S. 45
26 „Zwischen Prunk und Stunk", Scheub/Link, Verlag Galgenberg, S. 45
27 „Zwischen Prunk und Stunk", Scheub/Link, Verlag Galgenberg, S. 45
28 „Frankfurter Allgemeine Zeitung", 3. Dezember 1982
29 „Forsa"-Umfrage für den „stern", 24. November 1987
30 „Zwischen Prunk und Stunk", Scheub/Link, Verlag Galgenberg, S. 142
31 „Hamburger Morgenpost", 11. Mai 1988
32 „Hamburger Morgenpost", 11. Mai 1988
33 „Hamburger Morgenpost", 16. Mai 1988
34 „Hamburger Morgenpost", 16. Mai 1988
35 „taz Hamburg", 13. September 1991
36 „Vom Hamburger Parteitag", Hrsg. SPD-Landesverband Hamburg, S. 65

Das Diäten-Debakel S. 43 ff.

1   „Die Welt", 16. Juni 1988
2   16. Juni 1988
3   „Hamburger Morgenpost", 1. Juli 1988
4   „Der Staat als Beute", Hans Herbert von Arnim, Knaur Verlag, S. 94
5   „Der Staat als Beute", Hans Herbert von Arnim, Knaur Verlag, S. 94
6   „Der Staat als Beute", Hans Herbert von Arnim, Knaur Verlag, S. 94
7   „Der Staat als Beute", Hans Herbert von Arnim, Knaur Verlag, S. 68
8   „Der Staat als Beute", Hans Herbert von Arnim, Knaur Verlag, S. 82
9   „Der Staat als Beute", Hans Herbert von Arnim, Knaur Verlag, S. 81
10 „Hamburger Abendblatt", 9. Oktober 1995
11 „Hamburger Abendblatt", 9. Oktober 1995
12 „Hamburger Abendblatt", 16. Februar 1996

Eine Firma in meiner Stadt S. 49 ff.

1   „Hamburger Rundschau", 1. November 1984
2   „taz Hamburg", 30. August 1993
3   „Hamburger Morgenpost", 5. März 1993
4   „Hamburger Abendblatt", 27. März 1993
5   „Welt am Sonntag", 23. Oktober 1988
6   „Der Spiegel", 15/1998, S. 82
7   „Hamburger Morgenpost", 27. Januar 1996
8   „taz Hamburg", 13. März 1990
9   2. Juli 1998
10 „Hamburger Morgenpost". 11. November 1991
11 „Hamburger Rundschau", 1. November 1984
12 15/1998, S. 82
13 Vergleiche Drucksache 16/5000
Weitere Quellen:
„Die Zeit", Dossier, 2. Juli 1998
„Hamburg Handbuch 2000/2001"
Bürgerschaftsrede von Ole von Beust (CDU) am 11. Dezember 2000 anlässlich der Generaldebatte zum Haushalt

BAGS: Die Hütte des „Filzes" S. 67 ff.

1   „Hamburger Morgenpost", 3. März 1998
2   „taz Hamburg", 10. Dezember 1998
3   „taz Hamburg", 14. September 1998
4   „Hamburger Morgenpost", 3. März 1998
5   Diese und alle weiteren Jahresangaben über Mitgliedschaft im Kreis Nord entstammen einer Rede von Ole von Beust (CDU) in der Bürgerschaft
6   „Hamburger Morgenpost", 2. März 1998
7   „taz Hamburg", 28. Februar 1998
8   PUA-Bericht, Seite 1590
9   PUA-Bericht, Seite 1591
10 Name abgekürzt
11 PUA-Bericht, Seite 1594
12 PUA-Bericht, Seite 1648

13 PUA-Bericht, Seite 1601
14 „taz Hamburg", 28. Februar 1998
15 „taz Hamburg", 28. Februar 1998
16 „taz Hamburg", 28. Februar 1998
17 „Die Zeit", 2. Juli 1998
18 „Stadtmagazin HH19", März 1998
19 § 20 Hamburgisches Verwaltungsverfahrensgesetz, aus PUA-Bericht, Seite 1249
20 PUA-Bericht, Seite 1865
21 PUA-Bericht, Seite 1866
22 PUA-Bericht, Seite 1867
23 PUA-Bericht, Seite 1808
24 „Stadtmagazin HH19", März 1998
25 PUA-Bericht, Seite 1841
26 PUA-Bericht, Seite 1867
27 PUA-Bericht, Seite 1867, 1868
28 PUA-Bericht, Seite 1868
29 PUA-Bericht, Seite 1051

Von Kaffeemaschinen und Kriechern S. 89 ff.

1 Im einzelnen die Betriebsräte von Palette e.V., Freiraum e.V., Jugend hilft Jugend e.V., Therapiehilfe e.V., Jugendhilfe e.V., Drogenambulanzen Hamburg GmbH und die Mitarbeitervertretung der Marthastiftung
2 Resolution, 9. August 1999
3 „taz Hamburg", 30. August 1999
4 Mitglieder-Rundbrief, 1. September 1999
5 „Hamburger Abendblatt", 3. September 1999
6 „taz Hamburg", 6. September 1999
7 „Hinz & Kunzt", August 1999
8 „Hamburger Abendblatt", 4. September 1999
9 Mitglieder-Rundbrief, 1. September 1999
10 Mitglieder-Rundbrief, 1. September 1999
11 „Hamburger Morgenpost", 24. Februar 1998
12 Registernummer VR 7524
13 „Hinz & Kunzt", August 1999
14 Der Eppendorfer – Zeitung für Psychiatrie, Dezember 2000, Leserbrief von Wolfgang Holtz
15 Vorstandserklärung zur Mitgliederversammlung, 20. Mai 1999
16 Statistik der BAGS, 1997-2001
17 Bilanz 2000 der BAGS
18 Im Haushalt 1996, Bürgerschafts-Drucksache 16/1452
19 „Harburger Rundschau", 5. Juli 1996
20 Drucksache 16/1452
21 „Wilhelmsburger Wochenblatt", 12. Juli 1996
22 „Harburger Anzeigen und Nachrichten", 7. August 1996
23 „Harburger Anzeigen und Nachrichten", 3. Juli 1996
24 Anlagen zur Drucksache 15/5846

25 BAGS zum Haushaltsplanentwurf 2000, 12. November 1999
26 Drucksache 16/5071
27 Drucksache 16/5140
28 Drucksache 16/5106
29 Drucksache 16/4900
30 Drucksache 16/4900
31 Drucksache 16/5150
32 Drucksache 16/4440
33 Anfrage des Abgeordneten Peter Zamory (GAL)
34 Anhang H zur Haushaltsdrucksache 16/650
35 Hier ist der Etat Drogen und Sucht gemeint
36 Drucksache 16/2781
37 „Druck im Quartier – Erfahrungen mit Fixerräumen", Hrsg. Norbert Dworsky / Rainer Schmidt, Paranus Verlag, S. 150
38 Drucksache 15/4197
39 Drucksache 15/4197
40 Vergleiche Kleine Anfrage des Abgeordnetetn Markus E. Wegner, Drucksache 15/4680
41 „Druck im Quartier – Erfahrungen mit Fixerräumen", S. 149
42 Informationen für den Haushaltsausschuss, BAGS, 12. November 1999
43 www.spd-hamburg.de/vor Ort
44 „Die Welt", 27. Februar 1999
45 Bei 10 Druckplätzen, die in der Woche an 6 Tagen mit zusammen 48 Stunden geöffnet sind
46 Bei 8 Druckplätzen, die in der Woche an 6 Tagen mit zusammen 45 Stunden geöffnet sind
47 Bei 6 Druckplätzen, die in der Woche an 4 Tagen mit zusammen 36 Stunden geöffnet sind
48 Bei 8 Druckplätzen, die in der Woche an 6 Tagen mit zusammen 30 Stunden geöffnet sind
49 Leserbrief von Marlies Schrader „Die Welt", 10. März 1999
50 „Die Welt", 27. Februar 1999
51 „Die Welt", 27. Februar 1999
52 „Schalthoff Live", Hamburg 1, 7. November 2000

Ein Schiff wird kommen S. 105 ff.
1 Registernummer VR 11803
2 14. bis 16. Wahlperiode
3 Registernummer BVR 7818, gegründet als Elbe-Aktiv Spielplatz e.V.
4 Registernummer VR 8998
5 Parlamentarischer Untersuchungs-Ausschuss „Vergabe und Kontrolle von Aufträgen und Zuwendungen durch die Freie und Hansestadt Hamburg", Bürgerschafts-Drucksache 16/5000, S. 1315
6 Konkursantrag wurde am 23. Februar 1995 gestellt
7 Drucksache 16/5000, S. 1318
8 Drucksache 16/5000, S. 1414
9 genauer Name: Parlamentarischer Untersuchungs-Auschuss „Vergabe und Kontrolle von Aufträgen und Zuwendungen durch die Freie und Hansestadt Hamburg"
10 Drucksache 16/5000, S. 1331
11 Drucksache 16/5000, S. 1414
12 Drucksache 16/5000, S. 1414
13 Drucksache 16/5000, S. 1470

14 Drucksache 16/5000, S. 1474

15 „Hamburger Abendblatt", 10. Dezember 1991

16 Drucksache 16/5000, S. 1459

17 Uwe Riez, Leiter des Amtes für Arbeit- und Sozialordnung in der BAGS, „Hamburger Rundschau",
   15. Mai 1997

18 Registernummer VR 10354

19 Drucksache 15/7729

20 Drucksache 15/7501

21 „Hamburger Morgenpost", 11. März 1997

22 www.spd-hamburg.de/vor Ort

23 Vergleiche Drucksache 16/5000, S. 1424

24 Vergleiche Drucksache 16/5000, S. 1424 und S. 1435

25 Vergleiche Drucksache 16/5000, S. 1327

26 Vergleiche Drucksache 16/5000, S. 1342

27 Drucksache 16/5000, S. 1430

28 Drucksache 16/5000, S. 1341

29 Drucksache 16/5000, S. 1430

30 Drucksache 16/5000, S. 1354

31 Registernummer HRA 83636, bis April 1989 hieß die Firma Michael Pape Altonaer
   Gebäudesanierungs KG

32 Damals noch in der Baubehörde angesiedelt

33 Drucksache 16/5000, S. 1374

34 lt. Schreiben in der Akte des Handelsregisters vom 29. November 1991

35 Drucksache 16/5000, S. 1373

36 lt. Schreiben in der Akte des Handelsregisters vom 29. November 1991

37 Drucksache 16/5000, S. 1376

38 Urteil 618 KL 6/94 vom 28. Juni 1995

39 Drucksache 16/5000, S. 1377

40 AJa-Presseerklärung vom 18. Februar 1993

41 Drucksache 16/5000, S. 1812

42 Drucksache 14/3548

43 „Hamburger Abendblatt", 7. September 1994

44 Drucksache 16/5000, S. 1397

45 Beispielsweise Große Anfrage der FDP, Drucksache 14/3548

46 Vergleiche Drucksache 16/5000, S. 1385 und S. 1388

47 „Hamburger Abendblatt", 6. September 1994

48 „taz Hamburg", 3. August 1994

49 Presseerklärung der Altonaer GAL-Fraktion vom 5. September 1994

50 „Hamburger Abendblatt", 6. September 1994

51 Erklärung des SPD-Kreisvorstandes Altona, 5. September 1999

52 Drucksache 16/5000, S. 1440

53 Vergleiche Drucksache 16/5000, S. 1440

54 „Hamburger Abendblatt", 29. Juni 1995

55 „Hamburger Abendblatt", 29. Juni 1995

56 „Die Welt", 29. Juni 1995

57 „Hamburger Abendblatt", 29. Juni 1995

58 Drucksache 16/2116

59 Drucksache 16/2116
60 Drucksache 15/4185
61 Drucksache 15/4185
62 Drucksache 15/4185
63 Drucksache 15/4185
64 Drucksache 15/4185
65 Drucksache 16/5000, S. 1532-1538
66 Drucksache 16/5000, S. 1542
67 Die Zeichnungen liegen mit der Signatur des Verantwortlichen dem Verlag vor
68 Registernummer VR 10354
69 „Harburger Anzeigen und Nachrichten", 15. März 1997
70 „Harburger Anzeigen und Nachrichten", 15. März 1997
71 „Harburger Anzeigen und Nachrichten", 7. März 1997
72 „Hamburger Rundschau", 15 Mai 1997
73 „Hamburger Rundschau", 15. Mai 1997
74 „Harburger Anzeigen und Nachrichten", 7. März 1997
75 JiA-Produktbeschreibung
76 JiA-Schreiben, 27. September 1996
77 JiA-Schreiben vom 14. Oktober 1996
78 Protokoll der JiA-Dienstbesprechung, 20. Januar 1997
79 JiA-Quartalsbericht 1.7.96-30.9.97
80 JiA-Quartalsbericht 1.7.96-30.9.97
81 „Harburger Anzeigen und Nachrichten", 7. März 1997
82 „Hamburger Morgenpost", 8. März 1997
83 Rechnung von Harro Lüken, 30. September 1996
84 Rechnung von Harro Lüken, 30. September 1996
85 „Hamburger Morgenpost", 8. März 1997
86 „Harburger Anzeigen und Nachrichten", 26. März 1997
87 „Hamburger Rundschau", 15. Mai 1997
88 17. Juni 1997
89 „Hamburger Rundschau", 18. September 1997
90 Schreiben vom 3. Dezember 1996
91 Stand Juni 2001
92 Schreiben vom 21. April 1997
93 Rainer Göbel in einem Offenen Brief an das Landesarbeitsgericht, ohne Datum
94 „Hamburger Rundschau", 15. Mai 1997; Schreiben des Betriesbrates, 21. April 1997
95 Rainer Göbel in einem Offenen Brief an das Landesarbeitsgericht, ohne Datum
96 Schreiben des JiA-Betriebsrates, 21. April 1997

Die Geldmaschine S. 131 ff.
1 Alle folgenden Zitate aus einem Kontrollbericht der Dienststelle St. Pauli vom 5. Mai 1995
2 „Bild", 8. August 1997
3 „taz Hamburg", 17.12.1996
4 Ermittlungsakte Dienststelle für Interne Ermittlungen
5 Ermittlungsakte Dienststelle für Interne Ermittlungen

6 Ermittlungsakte Dienststelle für Interne Ermittlungen
7 M/ SO: Behördenkürzel für Sozialamt Mitte
8 Prüfbericht Hotelunterbringung des Senatsamtes für Bezirksangelegenheiten, 16. Januar 1996
9 Prüfbericht Hotelunterbringung des Senatsamtes für Bezirksangelegenheiten, 16. Januar 1996
10 HE: Behördenkürzel für Hilfeempfänger
11 Aktennotiz Christensen, 11. November 1996
12 Stp: Behördenkürzel für St. Pauli
13 M/SO: Behördenkürzel für Sozialamt Mitte
14 Name von der Redaktion gekürzt
15 IR: Behördenkürzel für Innenrevision
16 Pflegen und Wohnen: Anstalt öffentlichen Rechts, die auch für die Unterbringung zuständig ist
17 Prüfbericht Hotelunterbringung des Senatsamtes für Bezirksangelegenheiten, 16. Januar 1996
18 PUA-Abschlussbericht, Band 1, Seite 651
19 PUA-Abschlussbericht, Band 1, Seite 651
20 PUA-Abschlussbericht, Band 1, Seite 652
21 PUA-Abschlussbericht, Band 1, Seite 720
22 WF 42: Behördenkürzel für eine Abteilung im Amt für Wiedergutmachung und Landesamt für Aussiedler, Flüchtlinge und Lastenausgleich in der BAGS
23 PUA-Abschlussbericht, Band 1, Seite 680
24 PUA-Abschlussbericht, Band 1, Seite 680 und 681
25 PUA-Abschlussbericht, Band 1, Seite 681
26 PUA-Abschlussbericht, Band 1, Seite 684
27 „Der Spiegel", Ausgabe 29, Jahr 1998
28 „taz Hamburg", 16. April 1998
29 „taz Hamburg", 2. Juni 1998
30 „Der Spiegel", Ausgabe 29, Jahr 1998
31 Name von der Redaktion gekürzt
32 Name von der Redaktion gekürzt
33 „Hamburger Abendblatt", 14. Mai 1998
34 „Hamburger Abendblatt", 14. Mai 1998
35 „Hamburger Abendblatt", 14. Mai 1998

Eine Oper mit Misstönen S. 153 ff.
1 „Hamburger Abendblatt", 9. November 1996
2 „Hamburger Abendblatt", 9. November 1996
3 5. März 1996
4 16. Mai 1997
5 „Hamburger Morgenpost", 13. Mai 1997
6 „taz Hamburg", 22. Mai 1997
7 Volker Nienstedt (GAL) in der Bezirksversammlung am 19. November 1996
8 In der Bezirksversammlung am 19. November 1996
9 In der Bezirksversammlung am 19. November 1996
10 Behörden-internes Schreiben vom 13. Mai 1997
11 CDU-Fraktionsvorsitzender Hartwig Kühlhorn
12 Behördeninternes Schreiben vom 11. Juni 1998- nach einer Besichtigung der Schilleroper durch das Gesundheitsamt des Bezirks Mitte

13 Gesundheits- und Umweltamt im Bezirk Mitte, Schreiben vom 11. Juni 1998
14 Behördeninternes Schreiben vom 6. Mai 1997
15 Bezirksamt Hamburg-Mitte, Stand April 2001
16 AZ: 17 VG 823/91
17 Stand April 2001
18 Stand April 2001

Der Distriktsvorsitzende S. 161 ff.
1 Rolf Gössner, Oliver Ness, Christoph Hermani: Polizei im Zwielicht – Gerät der Apparat außer Kontrolle?, Campus Verlag 1996

Das Mitglied S. 169 ff.
1 „Stadtmagazin HH19"
2 „Stadtmagazin HH19", Januar 1997
3 „Hamburger Morgenpost", 19. Dezember 1997
4 „taz Hamburg", 13. November 1996
5 „Hamburger Morgenpost", 4. Januar 1997
6 „Hamburger Morgenpost", 7. Januar 1997
7 „Hamburger Morgenpost", 4. Februar 1997
8 „Hamburger Morgenpost", 8. Februar 1995
9 „Hamburger Morgenpost", 8. Februar 1995
10 AMG: Arzneimittelgesetz
11 Urteil des Landgerichtes Hamburg, AZ 303 0 194/ 94

Das Möchte-gern-Mitglied S. 177 ff.
1 "Hamburger Abendblatt", 16. April 1996
2 "Hamburger Abendblatt", 16. April 1996
3 Schreiben vom 30. März 1993
4 Schreiben vom 1. Juni 1993
5 Schreiben vom 11. März 1994
6 Vergleiche Staatsrechtler Ekkehart Stein, "Das demokratische Prinzip", Tübingen, 1991
7 Vergleiche Staatsrechtler Ingo von Münch
8 Vergleiche Dr. Rüdiger Wolfrum, "Die innerparteiliche demokratische Ordnung nach dem Parteiengesetz", Berlin 1974
9 Rechtsanwaltskanzlei Bruns, Baer, Böhme, Dr. Kluth; hier Fritz Baer, Schreiben vom 16. Mai 1994
10 AZ. 2 VG 528/96
11 Schreiben vom 6. Oktober 1997
12 Schreiben von Senatsdirektor Niels Jonas, 5. Dezember 1989
13 Az. 6001 Js 299/00, das Ermittlungsverfahren war bis zum 10. Mai 2001 noch nicht abgeschlossen
14 Leserbrief von Anwalt Burkhardt Müller-Sönksen ans "Hamburger Abendblatt", 28. August 2000

Frag mal Volker Lange S. 185 ff.

1 Name geändert
2 „Hamburger Morgenpost", 19. Juni1978
3 „Bild", 30. Juni 1978
4 Zahlen aus: Ute Scheub und Rainer Link: Eine kleine Hamburger Skandalchronik, Galgenberg Verlag 1986
5 „Hamburger Morgenpost", 5. Februar 1975
6 Ute Scheub und Rainer Link: Eine kleine Hamburger Skandalchronik, Galgenberg Verlag 1986
7 „Stern", 10.Mai 1982
8 Bericht des Parlamentarischen Untersuchungsausschusses, Drucksache 11/3774, 26. Februar 1985
9 TCDD: Tetrachlor-Dibenzo-Dioxin, bekannt als Seveso-Gift, eine der giftigsten Substanzen überhaupt. TCDD ist auch im sogenannten „Agent Orange" enthalten, mit dem die Amerikaner im Vietnam-Krieg die Bevölkerung bombardierten. TCDD wird auch heute noch in chemischen Kampfmitteln eingesetzt – auch in westlichen Armeeen
10 Ute Scheub und Rainer Link: Eine kleine Hamburger Skandalchronik, Galgenberg Verlag 1986
11 Ute Scheub und Rainer Link: Eine kleine Hamburger Skandalchronik, Galgenberg Verlag 1986
12 CDU in Bericht des Parlamentarischen Untersuchungsausschusses, Drucksache 11/3774, 26. Februar 1985, Seite 139
13 GAL in Bericht des Parlamentarischen Untersuchungsausschusses, Drucksache 11/3774, 26. Februar 1985, Seite 156
14 GAL in Bericht des Parlamentarischen Untersuchungsausschusses, Drucksache 11/3774, 26. Februar 1985, Seite 156
15 GAL in Bericht des Parlamentarischen Untersuchungsausschusses, Drucksache 11/3774, 26. Februar 1985, Seite 145
16 „taz Hamburg", 24.November 1995
17 „Hamburger Abendblatt", 23. April 1987
18 „Bild", 16. März 1984
19 Ute Scheub und Rainer Link: Eine kleine Hamburger Skandalchronik, Galgenberg Verlag 1986
20 HBK = Hanseatisches Baukontor
21 „Harburger Anzeigen und Nachrichten", 11. April 1986
22 „taz Hamburg", 21. Februar 1986
23 „taz Hamburg", 21. Februar 1986
24 „Hamburger Abendblatt", 10. Juni 1985
25 „Der Spiegel", 26. Mai 1997
26 „Wirtschaftswoche", 7. November 1996
27 „Hamburger Morgenpost", 1. April 1999
28 „taz Hamburg", 4. September 1987
29 „Die Welt", 10. August 1988
30 „Die Welt", 25, Mai 1988
31 „Bild Hamburg", 13. November 1987
32 „Der Spiegel", 18. Januar 1988
33 „Der Spiegel", 18. Januar 1988
34 „Bild", 2. Mai 1988

35 „taz Hamburg", 4. September 1987

36 „Hamburger Morgenpost", 4. November 1988

37 „Hamburger Morgenpost", 4. November 1988

38 „Hamburger Morgenpost", 4. November 1988

39 „Die Welt", 23. Januar 1990

40 „Die Welt", 23. Januar 1990

41 „Bild", 20. September 1990

42 „Stadtmagazin" HH19, März 1997

43 „Stadtmagazin" HH19, März 1997

44 „taz Hamburg", 24. November 1995

45 „Hamburger Abendblatt", 6. Februar 1995, B-Planverfahren: Bebaungsplanänderung

46 „Der Spiegel", 19. April 1993

47 „Hamburger Abendblatt", 6. Februar 1995

48 „Hamburger Morgenpost2, 26. Januar 1995

49 „Hamburger Morgenpost", 26. Januar 1995

50 GAL intern, 1. März 1995

51 „Stadtmagazin HH19", März 1997

52 Pressemitteilung Regenbogen – für eine neue Linke

53 „Hamburger Abendblatt", 16. November 2000

54 Internet-Seite der Bavaria Objekt- und Baubetreuung GmbH

55 Internet-Seite hpe-immo.de

56 Internet-Seite hpe-immo.de

57 „Hamburger Abendblatt", 27. November 2000

58 „taz Hamburg", 23. November 1992

Goldener Giftberg, kriminelle Energie und abgezockte Hamburger S. 215 ff.

1 „Hamburger Rundschau", 13. Juni 1985

2 „Hamburger Abendblatt", 3. Oktober 1986

3 „Frankfurter Allgemeine Zeitung", 11. September 1986

4 „taz Hamburg", 3. Oktober 1986

5 Ute Scheub und Rainer Link: Eine kleine Hamburger Skandalchronik, Galgenberg Verlag 1986

6 Bericht des Parlamentarischen Untersuchungsausschusses zur Überprüfung der Hamburger Stadtreinigung, 10. September 1986

7 Eimsbütteler Zeitung, 25. September 1986

8 Ute Scheub und Rainer Link: Eine kleine Hamburger Skandalchronik, Galgenberg Verlag 1986

9 Ute Scheub und Rainer Link: Eine kleine Hamburger Skandalchronik, Galgenberg Verlag 1986

10 „taz Hamburg", 11. September 1986

11 Bericht des Parlamentarischen Untersuchungsausschusses zur Überprüfung der Hamburger Stadtreinigung, 10. September 1986

12 alle drei Zitate aus CDU in Bericht des Parlamentarischen Untersuchungsausschusses zur Überprüfung der Hamburger Stadtreinigung, 10. September 1986

13 „Hamburger Morgenpost", 3. Oktober 1986

14 „Hamburger Abendblatt", 11. Mai 1987

15 „Hamburger Abendblatt", 11. Mai 1987

16 „Hamburger Abendblatt", 11. Mai 1987

HSV = Hamburger Sozialdemokraten Verein S. 225 ff.

1 Vater Uwe Seeler bei Amtsantritt, aus: taz Hamburg, 9. Mai 1998
2 Volker Lange bei Amtsantritt, aus: taz Hamburg, 9. Mai 1998
3 „taz Hamburg", 25. März 1998
4 www.ngk.de
5 www.stud.uni-karlsruhe.de, 26. September 1995
6 „Hamburger Abendblatt", 29. September 1995
7 „taz Hamburg", 5. Juni 1996
8 „taz Hamburg", 5. Juni 1996
9 „Welt am Sonntag", 24. November 1996
10 „Welt am Sonntag", 24. November 1996
11 „Die Welt", 21.November 1994
12 „Welt am Sonntag", 24. November 1996
13 „Hamburger Morgenpost", 15. März 1997
14 „Die Welt", 13. März 1997
15 „Die Welt", 13. März 1997
16 „Hamburger Morgenpost", 13. März 1997
17 „Hamburger Morgenpost", 13. März 1997
18 „Hamburger Morgenpost", 14. März 1997
19 „Die Welt", 13. März 1997
20 „Die Welt", 13. März 1997

Der Fall Kossak S. 233 ff.

1 „Hamburger Abendblatt", 3. Dezember 1991
2 „Hamburger Abendblatt", 19. Juli 1995
3 „Hamburger Morgenpost", 28. März 1991
4 „Hamburger Morgenpost", 28. März 1991
5 „Die Welt", 21. März 1991
6 vom 23. Juni 1998
7 „taz Hamburg", 9. Juli11998
8 Öffentliche Bauprojekte müssen europaweit ausgeschrieben werden. Für private Bauprojekte können offene oder beschränkte Wettbewerbe ausgeschrieben werden. Während an offenen Wettbewerben alle Architekten einer Region, Stadt oder sogar Deutschlands teilnehmen können, werden bei einem beschränkten Wettbewerb in der Regel bis zu zehn Büros ausgesucht – nach den Vorgaben des Investors und den Wünschen der Stadt, in der gebaut werden soll.
9 „die tageszeitung", 9. Juli 1998
10 Heute existiert die Bürogemeinschaft Alsop (London) und Störmer (Hamburg) nicht mehr. Die Architekten arbeiten unabhängig voneinander weiter.
11 gemeint ist Fritz Schumacher, Hamburgs großer Oberbaudirektor (1869-1947)
12 „Hamburger Morgenpost", 14. April 1999
13 „Hamburger Morgenpost", 20. Juli 1998
14 „Hamburger Morgenpost", 20. Juli 1998
15 „taz Hamburg", 9. Juli 1998
16 „Hamburger Morgenpost", 23. Februar 1991

17 „Hamburger Morgenpost", 14. April 1999

18 „Hamburger Morgenpost", 23. Februar 1991

19 Vergleiche Kritik von Heike Sudmann (Regenbogen) und Architekt Michael Dittmer, „Hamburger Morgenpost", 20. Juli 1998

20 „Hamburger Morgenpost", 20. Juli 1998

21 „Hamburg – Stadt im Fluß", Ellert & Richter Verlag

22 AZ. 6 Sa 17/99, vom 10. Oktober 2000

23 „Hamburger Morgenpost", 14. April 1999

24 Kossak + Partner, Entwicklung – Planung – Architektur

25 Vergleiche „Die Welt", 23. April 2001

26 DPA, 7. Mai 2001

27 Das Verfahren war bis zum 25. Juni 2001 nicht eröffnet worden.

Das Juristen-Einerlei S. 241 ff.

1 Registernummer VR 11378

2 Registernummer VR 10074

3 Registernummer VR 11864

4 Bericht der Parlamentarischen Untersuchungsausschusses „Vergabe und Kontrolle von Aufträgen und Zuwendungen durch die Freie und Hansestadt Hamburg", Drucksache 16/5000

5 Registernummer HRB 31603

6 Registernummer VR 4474

7 Registernummer HRB 36799

8 Registernummer HRB 2345

9 Registernummer VR 10567

10 Registernummer VR 9202

11 Registernummer VRB 64967

12 Registernummer VR 5888

13 Registernummer VR 9098

14 Registernummer VR 9645

15 Registernummer HRB 15537

16 Registernummer HRB 16709

17 Drucksache 15/ 7371

18 Drucksache 15/ 7371

19 Drucksache 15/ 7371

Der starke Mann von morgen S. 247 ff.

1 Süddeutsche Zeitung, 13. April 2000

2 Süddeutsche Zeitung, 17. April 2000

3 Jan Ehlers war zehn Jahre lang Senator der Behörde für Arbeit, Gesundheit und Soziales und ist heute Vorsitzender des Haushaltsausschusses in der Bürgerschaft. Er gilt als Stratege des linken Flügels und Ziehvater von Ortwin Runde

Was tun? S. 259 ff.

1 „Die Zeit", 2. Juli 1998

2 Erwin K. und Ute Scheuch: Cliquen, Klüngel und Karrieren, Rowohlt Taschenbuch 1996

3 Hamburger Morgenpost, 14. Juli 2000

Ein ungewöhnlicher Verlag
sucht außergewöhnliche Leser

Unsere Verlagsphilosophie:

Wissen, Wohlfühlen, Wirtschaft sind unverzichtbare Bestandteile unserer Kultur. Der Mikado-Verlag greift Themen und Gedanken auf, die auf verschiedene Weise von gesellschaftlicher Bedeutung sind, aber noch nicht die gebührende Verbreitung gefunden haben. Bücher des Mikado-Verlags beschäftigen sich schwerpunktmäßig mit Themen der Zukunft und allem, was die geistige, körperliche und finanzielle Gesundheit der Menschen fördert.

Wir glauben an die Renaissance des Buches, auch wenn die Welt manchmal voller Schwarzseher im Buchsektor erscheint. Folgerichtig wünschen wir uns Leser, die noch Zeit und Muße finden, ein gutes Buch zur Hand zu nehmen. Leser, die sich zu Denkanstößen motivieren lassen und neues entdecken wollen. Daher freuen wir uns - und auch unsere Autoren - über jede Kritik, jedes Lob oder jede Anregungung, die Sie als Leser beisteuern möchten. Bitte benachrichtigen Sie uns auch, wenn Sie über unser Verlagsprogramm auf dem Laufenden gehalten werden möchten.

Sie erreichen uns unter (Email) **mikado@mikado-verlag.de** oder (per Fax) **040-822272111.** Oder mit der guten alten Post:
Mikado-Verlag, Mittelweg 111, 20149 Hamburg
Internet: **www.mikado-verlag.de**

Neue Bücher aus dem Mikado-Verlag:

Mikado-Buch Nr. 1

Angela Hasse: Neun Frauen und ich

Brustkrebs und Erotik - lassen sich diese Themen in einem
Buch vereinbaren? Die Fotodesignerin Angela Hasse, selbst
eine Betroffene, ist den Erfahrungen von neun Frauen nach-
gegangen. Das Ergebnis ist ein eindringliches Buch, das in
Wort und Bild allen jenen Frauen neuen Lebensmut gibt,
die von dieser heimtückischen Krankheit befallen werden,
die, statistisch gesehen, immerhin jede zehnte Frau trifft.

DM 49,80   ISBN 3-935436-00-9

Mikado-Buch Nr. 2

Dr. Paul Bernard: Mit Worten heilen

Die etablierte Medizin hat es bisher versäumt, die jedem Menschen innewohnenden Heilkräfte zu mobilisieren, sagt der Autor, der auf eine jahrzehntelange berufliche Praxis zurückblicken kann und in diesem Buch seine extensiven Erfahrungen auf dem Gebiet der Mentalhypnose preisgibt. Selbstheilung, so Bernard, ist für beinahe jede Erkrankung möglich. Bernard ist kein „Wunderheiler", sondern sieht sich als „Trainer" für Techniken, die mentale Selbstheilung ermöglichen. Das Buch ist unvermeidlich eine deutliche Auseinandersetzung mit der etablierten Schulmedizin.

DM 39,80   ISBN 3-935436-01-7

Mikado-Buch Nr. 3

Jürgen Hunke: Wohlfühlen. Der Megatrend

Eine Welt im Wandel, eine Welt, in der sich immer mehr
Menschen an neuen Werten orientieren: Der Megatrend
Wohlfühlen wird das Erscheinungsbild unserer demokratischen Gesellschaften gründlich umkrempeln. Politik
und Bürokratie werden große Teile ihrer Machtbefugnisse
abgeben - an den Bürger, der sich seinerseits in größerem
Umfang an gesellschaftlichen Aufgaben beteiligen wird.
Ein Buch über die bedeutenden gesellschaftlichen Entwicklungen im ersten Jahrzehnts des neuen Jahrhunderts.

DM 39,80 ISBN 3-935436-02-5

Mikado-Buch Nr. 4

Andreas Matern: Morgen sind wir unsterblich

Die Medizin eines neuen Jahrhunderts steht vor uner-
hörten Entwicklungen, dank Gentechnologie und Mikro-
Biologie. Der biologische Tod erscheint heute nur noch
als Folge von Alterskrankheiten, die man in Zukunft be-
siegen und abschaffen wird. Wie alt kann der Mensch
werden? Und: Welche Altersgruppe der heute Lebenden wird noch in den Genuß des medizinischen Fort-
schritts kommen? Fragen, auf die das Buch überraschende
Antworten parat hält.

DM 39,80   ISBN 3-935436-03-3

Neuerscheinungen aus dem Miko-Edition Verlag:

Amatai Etzioni:

Der Dritte Weg zu einer guten Gesellschaft

Dr. Amitai Etzioni ist Wirtschaftssoziologe und zur Zeit der Erste University-Professor der George Washington University in Washington, D.C., USA. Der Gründer des Communitarian Network (1992) war Berater des Weißen Hauses unter den US-Präsidenten Jimmy Carter, George W. Bush und Bill Clinton. Etzioni ist Autor von mehr als 20 Büchern, seine Aufätze und Abhandlungen erscheinen in führenden Nachrichtenblättern wie The New York Times, The Washington Post und The Wall Street Journal. Im vorliegenden Buch beschreibt er die Wege, die bei der Suche nach der neuen Mitte zu beschreiten sind. Ein hoch aktuelles Buch, herausgegeben von Jürgen Hunke und Prof. Hans U. Nübel.

DM 49,80   ISBN 3-935436-06-8

Neuerscheinungen aus dem Miko-Edition Verlag:

Doris Drucker:

„Erfinde Radium, oder ich wasch`dir den Kopf...“

Ein bemerkenswertes Zeitdokument (vom ersten Weltkrieg bis zur Machtergreifung der Nazis): Wir sehen eine
untergegangene Epoche, erst durch die Augen eines Kindes,
später durch die eines heranwachsenden jungen Mädchens.
Eine Autobiografie, geschrieben von einer in vielerlei
Hinsicht bemerkenswerten Autorin. Doris Drucker, verheiratet mit dem Begründer der Wirtschaftsmanagement-
Lehre, Peter F. Drucker, beschreibt ihr Heranwachsen in
einem großbürgerlichen Elternhaus und die mühsamen
Emanzipationsversuche in einer Zeit, in der Heirat, nicht
Berufsausbildung, die Bestimmung der Töchter war.

DM 49,80   ISBN 3-935436-05-X